KB217182

LG그룹
온라인 적성검사

최종모의고사 6회분 + 무료LG특강

시대에듀

2025 최신판 시대에듀 All-New LG그룹 온라인 적성검사 최종모의고사 6회분 + 무료LG특강

Always **with you**

사람의 인연은 길에서 우연하게 만나거나 함께 살아가는 것만을 의미하지는 않습니다.
책을 펴내는 출판사와 그 책을 읽는 독자의 만남도 소중한 인연입니다.
시대에듀는 항상 독자의 마음을 헤아리기 위해 노력하고 있습니다. 늘 독자와 함께하겠습니다.

머리말 PREFACE

LG그룹은 1947년 첫걸음을 내딛은 이래 수많은 '국내 최초'를 만들어 내며 우리 생활의 발전과 경영 패러다임의 변화를 주도해 왔으며, 1995년 이름을 LG로 바꾸고 여러 계열사를 거느린 글로벌 기업으로 '제2의 도약'을 이루어냈다. 이제 LG그룹은 우리나라를 대표하는 기업으로 성장하여 내일을 향한 뜨거운 열정으로 1등 LG라는 목표를 달성하기 위해 '제3의 도약'을 시작하고 있다.

현재 LG그룹은 공채를 폐지하고 수시채용을 확대하여 계열사별로 필요에 따라 채용을 진행하고 있으며, 지원자가 업무에 필요한 역량을 갖추고 있는지를 평가하기 위해 인적성검사를 실시하여 회사와 직무에 적합한 맞춤인재를 선발하고 있다. 인적성검사는 LG임직원의 사고 및 행동 방식의 기본 틀인 LG Way에 적합한 인재를 선별하기 위한 LG만의 평가방식이다. 이는 모든 신입/인턴 지원자에게 공통으로 실시되는 시험으로, 신입사원으로 입사하기 위한 필수 단계이며 인성검사와 적성검사로 구성되어 있다.

이에 시대에듀에서는 수험생들이 LG그룹 온라인 인적성검사를 준비하는 데 부족함이 없도록 다음과 같은 특징을 지닌 본서를 출간하게 되었다.

도서의 특징

❶ 언어이해/언어추리/자료해석/창의수리 총 4개 영역으로 구성된 최종모의고사 4회분을 수록하여 시험 직전 자신의 실력을 최종적으로 점검할 수 있도록 하였다.

❷ 전 회차에 도서 동형 온라인 실전연습 서비스를 제공하여 실제로 온라인 시험에 응시하는 것처럼 연습할 수 있도록 하였다.

❸ 온라인 모의고사 2회분을 더해 부족한 부분을 추가적으로 학습해 볼 수 있도록 하였다.

끝으로 본서로 LG그룹 채용을 준비하는 모든 수험생 여러분이 합격의 기쁨을 누리기를 진심으로 기원한다.

SDC(Sidae Data Center) 씀

◇ 비전

일등LG는 LG의 궁극적인 지향점으로
시장에서 인정받으며 시장을 리드하는 선도기업이 되는 것을 의미한다.

고객들이 신뢰하는 LG	탁월한 품질과 브랜드 가치로 고객을 감동시켜 고객 스스로 LG가 최고라고 인정하게 만드는 것
투자자들에게 가장 매력적인 LG	높은 투자수익률로 투자자들에게 가장 매력적인 가치를 지닌 회사로 인정받는 것
인재들이 선망하는 LG	최고의 인재가 모여 주인의식을 가지고 신명나게 일할 수 있는 최고의 직장이 되는 것
경쟁사들이 두려워하면서도 배우고 싶어하는 LG	일등 경영을 통해 탁월한 성과를 창출함으로써 경쟁사들이 두려워하면서도 배우고 싶어하는 기업이 되는 것

◇ 행동방식

정도경영은 윤리경영을 기반으로
꾸준히 실력을 배양해 정정당당하게 승부하는 LG만의 행동방식이다.

정직	원칙과 기준에 따라 투명하게 일한다.
공정한 대우	모든 거래관계에서 공평하게 기회를 제공하고 공정하게 대우한다.
실력을 통한 정당한 경쟁	정정당당하게 경쟁하여 이길 수 있는 실력을 키운다.

◇ 경영이념

고객을 위한 가치창조

고객중시	• 경영의 출발점이 되는 고객을 최우선으로 생각한다. • 항상 최종 소비자 관점을 중시하여 판단하고 평가한다.
실질적 가치 제공	• 고객의 잠재적 요구까지도 한발 앞서 찾아낸다. • 고객의 기대를 뛰어넘는 최고의 제품과 서비스를 제공한다.
혁신을 통한 창조	• 기존의 틀을 깨는 차별화된 아이디어를 창출한다. • 끊임없이 더 나은 방식을 찾아 실행한다.

인간 존중의 경영

창의 · 자율	• 고정관념에서 탈피하여 새로운 생각과 시도를 추구한다. • 자기 책임과 권한에 따라 주인의식을 가지고 일한다.
인간중시	• 개개인의 인격과 다양성을 존중한다. • 고객가치 창출의 원천인 구성원을 가장 중요한 자산으로 여긴다.
능력 개발 및 발휘 극대화	• 스스로 세계 최고가 되겠다는 신념으로 일하고 능력을 개발한다. • 개개인의 잠재력이 최대한 발휘될 수 있도록 기회를 제공한다.
성과주의	• 도전적인 목표를 세우고 지속적인 성과 창출에 노력한다. • 능력과 장 · 단기 성과에 따라 공정하게 평가하고 보상한다.

◇ CI

심벌마크의 의미

세계, 미래, 젊음, 인간, 기술의 5가지 개념과 정서를 형상화하였다. L과 G를 둥근 원 속에 형상화하여 인간이 그룹 경영의 중심에 있음을 상징하고, 세계 어디서나 고객과 친밀한 유대 관계로 고객 만족을 위해 최선을 다하는 LG인의 결의를 나타낸다.

신입사원 채용 안내 INFORMATION

◇ 모집시기
수시채용으로 계열사 또는 본부별로 신입사원 채용

◇ 지원방법
LG그룹 채용 포털(careers.lg.com) 접속 후 지원서 작성 및 제출

◇ 채용절차

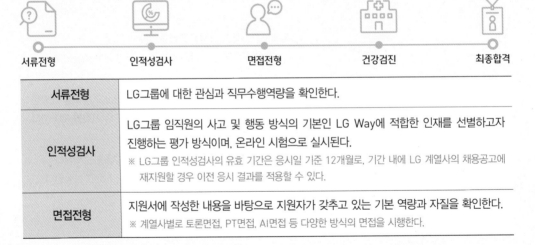

서류전형   인적성검사   면접전형   건강검진   최종합격

서류전형	LG그룹에 대한 관심과 직무수행역량을 확인한다.
인적성검사	LG그룹 임직원의 사고 및 행동 방식의 기본인 LG Way에 적합한 인재를 선별하고자 진행하는 평가 방식이며, 온라인 시험으로 실시된다. ※ LG그룹 인적성검사의 유효 기간은 응시일 기준 12개월로, 기간 내에 LG 계열사의 채용공고에 재지원할 경우 이전 응시 결과를 적용할 수 있다.
면접전형	지원서에 작성한 내용을 바탕으로 지원자가 갖추고 있는 기본 역량과 자질을 확인한다. ※ 계열사별로 토론면접, PT면접, AI면접 등 다양한 방식의 면접을 시행한다.

◇ 유의사항
❶ 각 부문에 따라 채용 프로세스가 달라질 수 있으며, 상황에 따라 유동적으로 운영될 수 있다.
❷ 지원서 작성 내용이 사실과 다르거나 증빙할 수 없는 경우, 합격 취소 또는 전형상의 불이익을 받을 수 있다.

❖ 채용절차는 채용유형·직무·시기 등에 따라 변동될 수 있으니 반드시 LG 계열사에서 발표하는 채용공고를 확인하기 바랍니다.

온라인 시험 Tip TEST TIP

◇ 필수 준비물
1. 타인과 접촉이 없으며 원활한 네트워크 환경이 조성된 응시 장소
2. 권장 사양에 적합한 PC, 스마트폰 및 주변 기기(웹캠, 마이크, 스피커, 키보드, 마우스)
3. 신분증(주민등록증, 운전면허증, 여권, 외국인등록증 중 택 1)

◇ 온라인 인적성검사 프로세스
1. 전형 안내사항 확인
2. 응시자 매뉴얼 숙지/검사 프로그램 다운로드 및 설치
3. 지정 기한 내 사전점검 진행(해당 계열사 한정)
4. 본 검사 응시

◇ 유의사항
1. 사전검사는 절대 잊지 않도록 미리미리 일정을 확인한다.
2. 난도가 낮아도 방심하지 말고 끝까지 집중력을 잃지 않도록 한다.
3. 빠르게 풀어서 시간이 남더라도 감독관이 확인하고 있으므로 의심받을 만한 행동은 삼간다.
4. 책, 연습장, 필기구 등이 책상 위에 올라와 있거나, 사용하면 부정행위로 간주된다.
5. 인적성검사의 문제가 선명하게 보이도록 해상도를 1,920×1,080으로 설정하고 프로그램에 접속한다.

◇ 알아두면 좋은 Tip
1. 20분/20문제로 변화하면서 전체적인 난도가 높아졌다. 짧은 시간 내에 실수 없이 많은 문제를 푸는 연습을 해야 한다.
2. 평소에도 문제를 풀 때 눈으로 확인하고 메모장 및 계산기 프로그램을 이용해 봐야 실전에서 당황하지 않을 수 있다. 이때 영역별로 20분씩 시간을 재면서 학습하면 더욱 도움이 된다.
3. 실제 시험에서는 문제마다 계산기와 메모판을 제공하고, 개인적으로 연필이나 펜, 연습장 등을 사용할 수 없도록 감독관이 1:1로 확인한다.
4. 시험 전에 LG그룹에서 제공하는 인적성검사 프로그램을 다운로드하고, 사전검사를 한다(사전검사 미응시 시 인적성검사 응시 불가).
5. 영역이 넘어갈 때마다 연습용으로 해당 영역의 예시 문제와 함께 1~3분의 준비 시간이 주어진다.

이 책의 차례 CONTENTS

제1회
LG그룹
온라인 적성검사

www.sdedu.co.kr

〈문항 수 및 시험시간〉

LG그룹 온라인 적성검사		
영역	문항 수	영역별 제한시간
언어이해	20문항	20분
언어추리	20문항	20분
자료해석	20문항	20분
창의수리	20문항	20분

제1회 모의고사

문항 수 : 80문항
시험시간 : 80분

제1영역 언어이해

01 다음 글을 읽고 추론한 내용으로 적절하지 않은 것은?

> 우리말은 오랜 역사 속에서 꿋꿋이 발전해 왔다. 우리말을 적는 우리글, 한글 역시 어려운 역사 속에서 지켜 왔다. 그런데 우리 말글의 역사 가운데 가장 어려웠던 시기를 꼽자면 바로 일제 강점기라 하겠다. 일제 강점기에 일본은 국토를 병합하고 나서 우리 민족을 저들에 통합시키고 문화를 빼앗으려 했고 그 문화의 알맹이라 할 우리말을 쓰지 못하게 했다. 이러한 상황이니 우리 선조들은 우리 민족을 지키기 위해, 우리 문화를 지키기 위해 우리 말글을 지키려 그 어느 때보다도 더 큰 힘을 쏟았다. 이러한 중심에 조선어학회가 있었다.
> 지금의 한글학회인 조선어학회는 민족혼을 지키기 위해 우리 말글을 연구할 목적으로 1908년 8월 31일 주시경, 김정진 선생 등이 창립한 국어연구학회를 모체로 한다. 조선어학회 학자들은 일본의 식민 통치 아래 나라와 민족을 되찾고 문화를 되살리기 위한 길은 오로지 우리 말글을 지키는 데 있다는 것에 뜻을 함께했다. 그 일을 펼치고자 한글날을 만들고(1926년), 조선어사전편찬회를 조직해 『우리말큰사전』을 편찬하기로 하고 (1928년), 이를 위해 한글맞춤법통일안을 제정하고(1933년), 표준말을 사정하고(1936년), 외래어표기법통일안도 제정했다(1940년).
> 그러나 침략전쟁에 광분하고 있었던 1940년대의 일본은 조선에 대한 식민 통치를 더욱 강화하면서 민족 말살 정책을 추진했다. 조선인의 이름과 성을 일본식으로 바꾸도록 하고 조선말을 쓰지 못하게 하고 학교에서 조선어 교육을 폐지했다. 이러한 암담한 상황에서 조선어학회 선열들은 핍박과 감시를 받아가며 우리 말글을 지키고 가꾸는 투쟁을 이어갔다.
> 조선어학회가 『우리말큰사전』 편찬에 밤낮을 가리지 않던 1942년, 함흥 영생고등여학교 학생 박영옥이 기차 안에서 친구들과 조선말로 대화하다가 경찰에 발각돼 취조를 받게 된 사건이 일어났다. 경찰은 조사 결과 학생들에게 민족혼을 일깨운 이가 조선어학회에서 사전을 편찬하고 있는 정태진 선생이라는 사실을 알았다. 그해 9월 5일에 정태진 선생을 연행, 조사해 조선어학회가 민족주의 단체로서 독립운동을 목적으로 하고 있다고 보고, 10월 1일부터 조선어학회 선열들을 검거하기 시작해 사전 편찬에 직접 참여했거나 재정적으로 후원한 분을 검거하니 1943년 4월 1일까지 모두 서른세 분에 이르렀다.

① 민족을 지키고자 하면 우리말과 글을 지켜야 한다.
② 자주독립을 향한 한글학자들의 노력을 독립운동으로 기억해야 한다.
③ 우리말을 지키고자 한 조선어학회의 투쟁은 말글 투쟁으로 한정된다.
④ 우리말은 곧 우리 겨레가 가진 정신적 및 물리적 재산의 총목록이다.
⑤ 민족의 독립을 위해 헌신하신 선열들의 높은 뜻을 기리고 보답해야 한다.

02 다음 글의 제목으로 가장 적절한 것은?

사전적 정의에 의하면 재즈는 20세기 초반 미국 뉴올리언스의 흑인 문화 속에서 발아한 후 미국을 대표하는 음악 스타일이자 문화가 된 음악 장르이다. 서아프리카의 흑인 민속음악이 18세기 후반과 19세기 초반의 대중적이고 가벼운 유럽의 클래식 음악과 만나서 탄생한 것이 재즈다. 그러나 이 정도의 정의로 재즈의 전모를 밝히기에는 역부족이다. 이미 재즈가 미국을 넘어 전 세계에서 즐겨 연주되고 있으며 그 기법 역시 트레이드 마크였던 스윙(Swing)에서 많이 벗어났기 때문이다.

한편 재즈 역사가들은 재즈를 음악을 넘어선 하나의 이상이라고 이야기한다. 그 이상이란 삶 속에서 우러나온 경험과 감정을 담고자 하는 인간의 열정적인 마음이다. 여기에서 영감을 얻은 재즈 작곡가나 연주자는 즉자적으로 곡을 작곡하고 연주해 왔으며, 그러한 그들의 의지가 바로 다사다난한 인생을 관통하여 재즈에 담겨 있다. 초기의 재즈가 미국 흑인들의 한과 고통을 담아낸 흔적이자 역사 그 자체인 점이 이를 증명한다. 억압된 자유를 되찾으려는 그들의 저항 의식은 아름답게 정제된 기존의 클래식 음악의 틀 안에서는 온전하게 표출될 수 없었다. 불규칙적으로 전개되는 과감한 불협화음, 줄곧 어긋나는 듯한 리듬, 정제되지 않은 멜로디, 이들의 총합으로 유발되는 긴장감과 카타르시스……. 당시 재즈 사운드는 충격 그 자체였다. 그렇지만 현 시점에서 이러한 기법과 형식을 담은 장르는 넘쳐날 정도로 많아졌고, 클래식 역시 아방가르드(Avantgarde)라는 새로운 영역을 개척한 지 오래이다. 그러므로 앞에서 언급한 스타일과 이를 가능하게 했던 이상은 더 이상 재즈만의 전유물이라 할 수 없다.

켄 번스(Ken Burns)의 영화 '재즈(Jazz)'에서 윈튼 마살리스(Wynton Marsalis)는 "재즈의 진정한 힘은 사람들이 모여서 즉흥적인 예술을 만들고 자신들의 예술적 주장을 타협해 나가는 것에서 나온다. 이러한 과정 자체가 곧 재즈라는 예술 행위이다."라고 말한다. 그렇다면 우리의 일상은 곧 재즈 연주와 견줄 수 있다. 출생과 동시에 우리는 다른 사람들과 관계를 맺으며 살아간다. 물론 자신과 타인은 호불호나 삶의 가치관이 제각각일 수밖에 없다. 따라서 자신과 타인의 차이가 옳고 그름의 차원이 아닌 '다름'이라는 것을 알아가는 것, 그리고 그러한 차이를 인정하고 그 속에서 서로 이해하고 배려하려는 노력이 필요하다. 이렇듯 자신과 다른 사람과 함께 '공통의 행복'이라는 것을 만들어 간다면 우리 역시 바로 '재즈'라는 위대한 예술을 구현하고 있는 것이다.

① 재즈의 기원과 본질
② 재즈를 감상하는 이유
③ 재즈의 장르적 우월성
④ 재즈와 클래식의 차이
⑤ 재즈와 인생의 유사성과 차이점

03

(가) 다만 각자에게 느껴지는 감각질이 뒤집혀 있을 뿐이고 경험을 할 때 겉으로 드러난 행동과 하는 말은 똑같다. 예컨대 그 사람은 신호등이 있는 건널목에서 똑같이 초록 불일 때 건너고 빨간 불일 때는 멈추며 초록 불을 보고 똑같이 "초록 불이네."라고 말한다. 그러나 그는 자신의 감각질이 뒤집혀 있는지 전혀 모른다. 감각질은 순전히 사적이며 다른 사람의 감각질과 같은지를 확인할 수 있는 방법이 없기 때문이다.

(나) 그래서 어떤 입력이 들어올 때 어떤 출력을 내보낸다는 기능적·인과적 역할로써 정신을 정의하는 기능론이 각광을 받게 되었다. 기능론에서는 정신이 물질에 의해 구현되므로 그 둘이 별개의 것은 아니라고 주장한다는 점에서 이원론과 다르면서도, 정신의 인과적 역할이 뇌의 신경 세포에서든 로봇의 실리콘 칩에서든 어떤 물질에서도 구현될 수 있음을 보여 준다는 점에서 동일론의 문제점을 해결할 수 있기 때문이다.

(다) 심신 문제는 정신과 물질의 관계에 대해 묻는 오래된 철학적 문제이다. 정신 상태와 물질 상태는 별개의 것이라고 주장하는 이원론이 오랫동안 널리 받아들여졌으나 신경 과학이 발달한 현대에는 그 둘은 동일하다는 동일론이 더 많은 지지를 받고 있다. 그러나 똑같은 정신 상태라고 하더라도 사람마다 그 물질 상태가 다를 수 있고, 인간과 정신 상태는 같지만 물질 상태는 다른 로봇이 등장한다면 동일론에서는 그것을 설명할 수 없다는 문제가 생긴다.

(라) 그래도 정신 상태가 물질 상태와 다른 무엇이 있다고 생각하는 이원론에서는 '나'가 어떤 주관적인 경험을 할 때 다른 사람에게 그 경험을 보여줄 수는 없지만 나는 분명히 경험하는 그 느낌에 주목한다. 잘 익은 토마토를 봤을 때의 빨간색의 느낌, 시디신 자두를 먹었을 때의 신 느낌, 꼬집힐 때의 아픈 느낌이 그런 예이다. 이런 질적이고 주관적인 감각 경험, 곧 현상적인 감각 경험을 철학자들은 '감각질'이라고 부른다. 이 감각질이 뒤집혔다고 가정하는 사고 실험을 통해 기능론에 대한 비판이 제기된다. 나에게 빨강으로 보이는 것이 어떤 사람에게는 초록으로 보이고 나에게 초록으로 보이는 것이 그에게는 빨강으로 보인다는 사고 실험이 그것이다.

① (다) – (가) – (나) – (라)   ② (다) – (가) – (라) – (나)
③ (다) – (나) – (가) – (라)   ④ (다) – (나) – (라) – (가)
⑤ (다) – (라) – (나) – (가)

04

(가) 세조가 왕이 된 후 술자리에 대한 최초의 기록은 1455년 7월 27일의 "왕이 노산군에게 문안을 드리고 술자리를 베푸니 종친 영해군 이상과 병조판서 이계전 그리고 승지 등이 모셨다. 음악을 연주하니 왕이 이계전에게 명하여 일어나 춤을 추게 하고 지극히 즐긴 뒤에 파하였다. 드디어 영응대군 이염의 집으로 거둥하여 자그마한 술자리를 베풀고 한참 동안 있다가 환궁하였다."는 기록이다. 술자리에서 음악과 춤을 즐기고 1차의 아쉬움 때문에 2차까지 가지는 모습은 세조의 술자리에서 거의 공통적으로 나타나는 특징이다.

(나) 세조(1417 ~ 1468, 재위 1455 ~ 1468)하면 어린 조카를 죽이고 왕위에 오른 비정한 군주로 기억하는 경우가 많다. 1453년 10월 계유정난의 성공으로 실질적으로 권력의 1인자가 된 수양대군은 2년 후인 1455년 6월 단종을 압박하여 세조가 되어 왕위에 오른다. 불법적인 방식으로 권력을 잡은 만큼 세조에게는 늘 정통성에 대한 시비가 따라 붙게 되었다. 이후 1456년에 성삼문, 박팽년 등이 중심이 되어 단종 복위운동을 일으킨 것은 세조에게는 정치적으로 큰 부담이 되었다. 이로 인해 세조는 왕이 된 후 문종, 단종 이후 추락된 왕권 회복을 정치적 목표로 삼고, 육조 직계제를 부활시키는가 하면 경국대전과 동국통감 같은 편찬 사업을 주도하여 왕조의 기틀을 잡아 갔다.

(다) 이처럼 세조실록의 기록에는 세조가 한명회, 신숙주, 정인지 등 공신들과 함께 자주 술자리를 마련하고 대화는 물론이고 흥이 나면 함께 춤을 추거나 즉석에서 게임을 하는 등 신하들과 격의 없이 소통하는 장면이 자주 나타난다. 이는 당시에도 칼로 권력을 잡은 이미지가 강하게 남았던 만큼 최대한 소탈하고 인간적인 모습을 보임으로써 자신의 강한 이미지를 희석시켜 나간 것으로 풀이된다. 또한 자신을 왕으로 만들어준 공신 세력을 양날의 검으로 인식했기 때문으로도 보인다. 자신을 위해 목숨을 바친 공신들이지만, 또 다른 순간에는 자신에게 칼끝을 겨눌 위험성을 인식했던 세조는 잦은 술자리를 통해 그들의 기분을 최대한 풀어주고 자신에게 충성을 다짐하도록 했던 것이다.

(라) 세조가 왕권 강화를 바탕으로 자신만의 정치를 펴 나가는 과정에서 특히 주목되는 점은 자주 술자리를 베풀었다는 사실이다. 이것은 세조실록에 '술자리'라는 검색어가 무려 467건이나 나타나는 것에서도 단적으로 확인할 수가 있다. 조선의 왕 중 최고의 기록일 뿐만 아니라 조선왕조실록의 '술자리' 검색어 974건의 거의 절반에 달하는 수치이다. 술자리의 횟수에 대한 한 세조는 조선 최고의 군주라 불릴 만하다.

① (나) – (가) – (다) – (라)

② (나) – (라) – (가) – (다)

③ (나) – (라) – (다) – (가)

④ (라) – (가) – (다) – (나)

⑤ (라) – (나) – (가) – (다)

05

(가) 대부분의 반딧불이는 빛을 사랑의 도구로 사용하지만, 어떤 반딧불이는 번식 목적이 아닌 적대적 목적으로 사용하기도 한다. 포투루스(Photurus)라는 반딧불이의 암컷은 아무렇지 않게 상대 반딧불이를 잡아 먹는다. 이 무시무시한 작업을 벌이기 위해 암컷 포투루스는 포티너스(Photinus) 암컷의 불빛을 흉내 낸다. 이를 자신과 같은 종으로 생각한 수컷 포티너스가 사랑이 가득 찬 마음으로 암컷 포투루스에게 달려들지만, 정체를 알았을 때는 이미 너무 늦었다는 것을 알게 된다.

(나) 먼저 땅에 사는 반딧불이 1마리가 60마리 정도의 다른 반딧불이들과 함께 일렬로 빛을 내뿜는 경우가 있다. 수많은 반딧불이가 기차처럼 한 줄을 지어 마치 리더의 지시에 따르듯 한 반딧불이의 섬광을 따라 불빛을 내는 모습은 마치 작은 번개처럼 보인다. 이처럼 반딧불이는 집단으로 멋진 작품을 연출하는데 그중 가장 유명한 것은 동남아시아에 서식하는 반딧불이다. 이들은 공동으로 동시에 그리고 완벽하게 발광함으로써 크리스마스트리의 불빛을 연상시키기도 한다. 그러다 암컷을 발견한 반딧불이는 무리에서 빠져나와 암컷을 향해 직접 빛을 번쩍거리기도 한다.

(다) 이렇게 다른 종의 불빛을 흉내 내는 반딧불이는 북아메리카에서 흔히 찾아볼 수 있다. 그러므로 짝을 찾아 헤매는 수컷 반딧불이에게 황혼이 찾아드는 하늘은 유혹의 무대인 동시에 위험한 장소이기도 하다. 성욕을 채우려 연인을 찾다 그만 식욕만 왕성한 암컷을 만나게 되는 비운을 맞을 수 있기 때문이다.

(라) 사랑과 관련하여 반딧불이의 섬광은 여러 가지 형태의 신호가 있으며 빛 색깔의 다양성, 밝기, 빛을 내는 빈도, 빛의 지속성 등에서 반딧불이 자신만의 특징을 가지기도 한다. 예를 들어 황혼 무렵에 사랑을 나누고 싶어 하는 반딧불이는 오렌지색을 선호하며 그래도 역시 사랑엔 깊은 밤이 최고라는 반딧불이는 초록계열의 색을 선호한다. 발광 장소도 땅이나 공중, 식물 등 그 선호도가 다양하다. 반딧불이는 이런 모든 요소를 결합하여 다양한 모습을 보여주는데 이런 다양성이 조화를 이루거나 또는 동시에 이루어지게 되면 말 그대로 장관을 이루게 된다.

(마) 이처럼 혼자 행동하기를 좋아하는 반딧불이는 빛을 번쩍거리면서 서식지를 홀로 돌아다니기도 한다. 대표적인 뉴기니 지역의 반딧불이는 짝을 찾아 좁은 해안선과 근처 숲 사이를 반복적으로 왔다 갔다 한다. 반딧불이 역시 달이 빛나고 파도가 철썩이는 해변을 사랑을 나누기에 최적인 로맨틱한 장소로 여기는 것이다.

① (가) - (나) - (다) - (라) - (마)   ② (가) - (다) - (라) - (나) - (마)
③ (라) - (가) - (다) - (나) - (마)   ④ (라) - (나) - (마) - (가) - (다)
⑤ (라) - (다) - (나) - (마) - (가)

06 다음 제시된 문단에 이어질 문단을 논리적 순서대로 바르게 나열한 것은?

> 과거에 우리 사회의 미래가 어떻게 될 것인가를 고민하던 소설가가 두 명 있었다. 한 명은 '조지 오웰(George Orwell)'이고, 한 명은 '올더스 헉슬리(Aldous Huxley)'이다. 둘 다 미래 세계에 대해 비관적이었지만 그들이 그린 미래 세계는 각각 달랐다.

(가) 모든 성적인 활동은 자유롭고, 아이들은 인공수정으로 태어나며 모든 아이의 양육은 국가가 책임진다. 그러나 사랑의 방식은 성애로 한정되고 시나 음악과 같은 방법을 통한 낭만적인 사랑, 혹은 결혼이나 부모라는 개념은 비문명적인 것으로 인식된다. 그리고 태어나기 전의 지능에 따라서 사회적 계급은 이미 결정되어 있는 사회다.

(나) '조지 오웰'은 그의 소설 『1984』에서 국가권력에 감시당하는 개인과 사회를 설정했다. 이제는 신문에서도 자주 볼 수 있는 감시적 국가권력의 상징인 '빅브라더'가 바로 『1984』에서 가공의 나라 오세아니아의 최고 권력자를 일컫는 명칭이다.

(다) 『1984』와 『멋진 신세계』 중 어느 쪽이 미래의 암울한 면을 잘 그려냈는지 우열을 가리기는 어렵다. 현재 산업 발전의 이면에 있는 사회의 어두운 면은 『1984』와 『멋진 신세계』에 나타난 모든 부분을 조금씩 포함하고 있다. 즉, 우리가 두려워해야 할 것은 두 작품이 예상한 단점 중 한쪽만 나타나지 않고 중첩되어 나타나고 있다는 점이다.

(라) 반면에 '올더스 헉슬리'는 그의 소설 『멋진 신세계』에서 다른 미래를 생각해 냈다. 『1984』가 '빅브라더'에게 지배받고 감시당함으로써 시민들의 개인적 자유와 권리가 보장받지 못하는, 우리가 생각하는 전형적인 디스토피아였다면 『멋진 신세계』가 그려내는 미래는 그와는 정반대에 있다.

① (나) – (가) – (라) – (다)
② (나) – (라) – (가) – (다)
③ (나) – (라) – (다) – (가)
④ (다) – (가) – (나) – (라)
⑤ (다) – (나) – (가) – (라)

07 다음 글의 글쓴이의 태도를 비판한 내용으로 가장 적절한 것은?

생물 다양성(Biodiversity)이란 원래 한 지역에 살고 있는 생물의 종(種)이 얼마나 다양한가를 표현하는 말이었다. 그런데 오늘날에는 종의 다양성은 물론이고, 각 종이 가지고 있는 유전적 다양성과 생물이 살아가는 생태계의 다양성까지를 포함하는 개념으로 확장해서 사용한다. 특히 최근에는 생태계를 유지시키고 인류에게 많은 이익을 가져다준다는 점이 부각되면서 생물 다양성의 가치가 크게 주목받고 있다.

생물 다양성의 가장 기본적인 가치로 생태적 봉사 기능을 들 수 있다. 생물은 생태계의 엔지니어라 불릴 정도로 환경을 조절하고 유지하는 커다란 힘을 가지고 있다. 숲의 경우를 예로 들어 보자. 나무들은 서늘한 그늘을 만들어 주고 땅속에 있는 물을 끌어 올려 다양한 생물종이 서식할 수 있는 적절한 환경을 제공해 준다. 숲이 사라지면 수분 배분 능력이 떨어져 우기에는 홍수가 나고 건기에는 토양이 완전히 말라 버린다. 이로 인해 생물 서식지의 환경이 급격하게 변화되고 마침내 상당수의 종이 사라지게 된다. 이처럼 숲을 이루고 있는 나무, 물, 흙과 그곳에서 살아가는 다양한 생명체는 서로 유기적인 관계를 형성하면서 생태계의 환경을 조절하고 유지하는 역할을 담당하는 것이다.

또한 생물 다양성은 경제적으로도 커다란 가치가 있다. 대표적인 사례로 의약품 개발을 꼽을 수 있다. 자연계에 존재하는 수많은 식물 중에서 인류는 약 20,000여 종의 식물을 약재로 사용해 왔다. 그 가운데 특정 약효 성분을 추출하여 상용화한 것이 이제 겨우 100여 종에 불과하다는 사실을 고려하면 전체 식물이 가지고 있는 잠재적 가치는 상상을 뛰어넘는다. 그리고 부전나비의 날개와 사슴벌레의 다리 등에서 항암 물질을 추출한 경우나 야생의 미생물에서 페니실린, 마이신 등 약 3,000여 가지의 항생제를 추출한 경우에서도 알 수 있듯이, 동물과 미생물 역시 막대한 경제적 이익을 가져다준다. 의약품 개발 외에도 다양한 생물이 화장품과 같은 상품 개발에 이용되고 있으며 생태 관광을 통한 부가가치 창출에도 기여한다.

생물 다양성은 학술적으로도 매우 중요하다. 예를 들어 다윈(C. Darwin)은 현존하는 여러 동물들의 상이한 눈을 비교하여, 정교하고 복잡한 인간의 눈이 진화해 온 과정을 추적하였다. 그에 따르면 인간의 눈은 해파리에서 나타나는 원시적 빛 감지 세포로부터, 불가사리처럼 빛의 방향을 감지할 수 있는 오목한 원시 형태의 눈을 거친 다음 빛에 대한 수용력과 민감도를 높인 초기 수정체 형태의 눈을 지나 선명한 상을 제공하는 현재의 눈으로 진화되었다는 것이다. 이 사례에서 보듯이 모든 생물종은 고유한 형태적 특성을 가지고 있어서 생물 진화의 과정을 추적하는 데 중요한 정보를 제공해 준다. 형태적 특성 외에도 각각의 생물종이 지닌 독특한 생리적·유전적 특성 등에 대한 비교 연구를 통해 생물을 더 깊이 있게 이해할 수 있다. 그리고 이렇게 축적된 정보는 오늘날 눈부시게 성장하고 있는 생명과학의 기초가 된다.

이와 같이 인간은 생물 다양성에 기초하여 무한한 생태적·경제적 이익을 얻고 과학 발전의 토대를 구축한다. 그런데 최근 급격한 기후 변화와 산업화 및 도시화에 따른 자연 파괴로 생물 다양성이 크게 감소하고 있다. 따라서 이를 억제하기 위한 생태계 보존 대책을 시급히 마련해야 한다. 동시에 생물 다양성 보존을 위한 연구 기관을 건립하고 전문 인력의 양성 체계를 갖추어야 할 것이다.

① 문제 해결을 위한 실천 의지가 전혀 없다.
② 생물 다양성의 경제적 가치를 지나치게 강조하고 있다.
③ 생물 다양성 문제를 주로 인간 중심적 시각으로 해석하고 있다.
④ 자연을 우선시하여 자연과 인간의 공존 가능성을 모색하고 있다.
⑤ 인간과 자연을 대립 관계로 보면서 문제를 단편적으로 해석하고 있다.

08

언어는 생성, 변천, 소멸과 같은 과정을 거치면서 발전해 간다. 또한 각 언어는 서로 영향을 미치고 영향을 받으면서 변천하여 간다. 그런데 어떤 언어는 오랜 역사 기간 동안에 잘 변동되지 않는가 하면 어떤 언어는 쉽게 변한다. 한 나라의 여러 지역 방언들도 이와 같은 차이가 일어날 수 있다. 즉, 어떤 지역의 방언은 빨리 변천하여 옛말을 찾아보기 어려운 반면, 어떤 지역 방언은 그 변천의 속도가 느려서 아직도 옛말의 흔적이 많이 남아 있는 경우가 있다.

방언의 변천은 지리적·문화적·정치적인 면에서 그 원인을 찾을 수 있다. 지리적으로는 교통이 원활히 소통되는 곳이 그렇지 않은 곳보다 전파가 빨리 이루어진다. 문화적으로는 문화가 발달한 곳에서 발달하지 못한 곳으로 영향을 미치게 된다. 이는 대개의 표준말이 수도를 중심으로 결정되며 도시의 언어가 시골의 언어에 침투됨이 쉽다는 말과 같다. 또한 정치적으로는 정치의 중심지가 되는 곳에서 지배를 받는 지역으로 전파된다.

이러한 여러 요인으로 인한 방언의 전파에도 불구하고 자기 방언의 특성을 지키려는 노력을 하게 되는데 이것이 방언의 유지성이다. 각 지역의 방언은 그 유지성에도 불구하고 서로 영향을 끼쳐서 하나의 방언일지라도 사실은 여러 방언의 요소가 쓰이고 있다. 따라서 각 방언을 엄밀히 분리한다는 것은 어려운 일이다.

방언은 한편으로는 통일되려는 성질도 가지고 있다. 즉 국가, 민족, 문화가 동일한 지역 내에 살고 있는 주민들은 원활한 의사소통을 위하여 방언의 공통성을 추구하려는 노력을 하는 것이다. 그 대표적인 결과가 표준어의 제정이다.

① 방언의 변화 양상은 언어의 변화 양상과 유사하다.
② 방언에는 다른 지역 방언의 요소들이 포함되어 있다.
③ 방언의 통일성은 표준어 제정에 영향을 주었을 것이다.
④ 방언이 유지되려는 힘이 클수록 방언의 통일성은 강화될 것이다.
⑤ 정치적·문화적·지리적 조건은 방언의 유지성과 통합성에 영향을 끼친다.

우리는 매일의 날씨를 직접 체감하며 살아간다. 어제는 더웠기 때문에 오늘은 옷을 얇게 입고, 저녁에 비가 내리기 시작했기 때문에 다음 날 가방에 우산을 챙기기도 한다. 즉, 과거의 날씨를 체험했기 때문에 오늘과 내일의 날씨를 준비하며 살아갈 수 있는 것이다. 이 때문에 19세기 중반부터 전 세계의 기상 관측소와 선박, 부표에서 온도를 측정해 왔고, 이를 통해 지난 160년 동안의 온도 변화를 알아낼 수 있었다. 또한 수천 년 동안의 역사 기록물을 통하여 기후와 관련된 정보를 파악함은 물론, 위성 체계가 갖춰진 1979년 이후부터는 지상 위 인간의 시야를 벗어나 대류권, 성층권에서도 지구의 기후 변화를 감시할 수 있게 되었다.

그렇다면 기록 이전의 기후를 알 수 있는 방법은 무엇일까? 인류는 '기후 대리지표'라고 불리는 바다의 퇴적 물이나 산호, 빙하, 나무 등에 나타난 반응을 토대로 과거 기후를 추측하고 있다. 이러한 기후 대리지표를 분석하기 위해서는 물리학, 화학, 생물학 등 기초과학을 필요로 한다.

바다의 퇴적물은 1억 7,000만 년 이상 된 해저가 없어 최대 1억 5,000만 년 전까지의 기후가 산출된다. 특히 고요한 바닷가의 물에서 어떠한 방해 없이 쌓인 퇴적물은 대륙에서만 발견되며 1억 7,000만 년을 넘는 과거의 기후를 알 수 있는데, 퇴적물에 포함된 플랑크톤 껍질에 당시의 기후 변화가 담겨 있다.

'얼음 기둥'은 극지방에 쌓인 눈이 얼음으로 변하고, 또 다시 눈이 쌓여 얼음이 되는 과정을 수십만 년 동안 반복해 만들어진 빙하를 막대기 모양으로 시추한 것을 의미한다. 남극 대륙의 빙하 기둥에서는 약 80만 년 전, 그린란드 빙하에서는 12만 5,000년 전 기후를 알 수 있으며 산악 빙하의 경우에는 최대 1만 년 전까지의 기후 정보를 담고 있다.

한편, 위와 같은 퇴적물이나 빙하 기둥 안에 있는 산소동위원소를 이용하여 과거 온도를 알 수도 있다. 빙하의 물 분자는 가벼운 산소로 구성되는 비율이 높고 빙하기에는 바닷물에 무거운 산소 비율이 높아지기 때문에, 온도가 낮은 물에서 무거운 산소는 가벼운 산소보다 탄산칼슘에 더 많이 녹아 들어간다. 이를 이용해 퇴적물의 플랑크톤 껍질 속 탄산칼슘의 산소동위원소 비율로 과거 바닷물 온도를 알 수 있는 것이다. 또한 빙하를 만드는 눈의 경우 기온이 높아질수록 무거운 산소 비율이 높아지는 것을 이용해 과거 온도를 추정하기도 한다.

① 기후 대리지표를 통하여 인류가 기록하기 전의 기후도 알 수 있게 되었다.

② 대륙의 퇴적물을 이용하면 바다의 퇴적물로는 알 수 없는 과거의 기후 변화를 알 수 있다.

③ 빙하를 만드는 눈은 기온이 높아질수록 무거운 산소에 비해 가벼운 산소 비율이 낮아진다.

④ 19세기 후반부터 세계 각지에서 온도를 측정하기 시작해 1979년 이후부터는 전 세계가 기후 변화를 감시하게 되었다.

⑤ 얼음 기둥으로 가장 오래 전 기후를 알기 위해서는 산악 빙하나 그린란드 빙하보다는 남극 대륙의 빙하를 시추해야 한다.

10

현대 물리학의 확장 과정을 고려해 볼 때 우리는 현대 물리학의 발전 과정을 산업이나 공학, 그리고 다른 자연 과학, 나아가서는 현대 문화 전반에 걸친 영역에서의 발전 과정과 분리해서 생각할 수 없다. 현대 물리학은 베이컨, 갈릴레이 그리고 케플러의 업적 또한 17, 18세기에 걸쳐 이루어진 자연 과학의 실제적인 응용 과정에서부터 형성된 일련의 과학 발전의 맥락을 타고 탄생된 결과이다. 또한 산업 과학의 진보, 새로운 산업계 장치의 발명과 증진은 자연에 대한 첨예한 지식을 촉구하는 결과를 낳았다. 그리고 자연에 대한 이해력의 성숙과 자연 법칙에 대한 수학적 표현의 정교함은 산업 과학의 급격한 진전을 이루게 하였다.

자연 과학과 산업 과학의 성공적인 결합은 인간 생활의 폭을 넓히게 되는 결과를 낳았다. 교통과 통신망의 발전으로 인해 기술 문화의 확장 과정이 더욱 촉진되었고, 의심할 바 없이 지구상의 생활 조건은 근본에서부터 변화를 가져왔다. 우리들이 그 변화를 긍정적으로 보든 부정적으로 보든, 그 변화가 진정으로 인류의 행복에 기여하는 것인지 저해하는 것인지는 모르지만 어쨌든 우리는 그 변화가 인간의 통제 능력 밖으로 자꾸 치닫고 있음을 인정할 수밖에 없는 상황에 놓여 있다.

새로운 무기, 특히 핵무기의 발명은 이 세계의 정치적 판도를 근본적으로 바꾸어 놓은 것이 사실이다. 핵무기를 갖지 않은 모든 국가는 어떤 방식으로든지 핵무기 소유국에 의존하고 있는 것이 현실이므로 독립 국가라는 의미조차도 다시 생각해 보아야 할 것이다. 또한 핵무기를 수단으로 해서 전쟁을 일으키려는 것은 실제로 자멸의 길을 스스로 택하는 격이 된다. 그 역으로 이런 위험 때문에 전쟁은 결코 일어나지 않는다는 낙관론도 많이 있지만, 이 입장은 자칫 잘못하면 그 낙관론 자체에만 빠질 우려가 있다.

핵무기의 발명은 과학자에게 새로운 방향으로의 문제 전환을 가져다주었다. 과학의 정치적 영향력은 제2차 세계 대전 이전보다 비약적으로 증대되어 왔다. 이 사실은 과학자, 특히 원자 물리학자들에게 이중의 책임감을 지워 주게 되었다. 그는 우선 그가 속한 사회에 대하여 과학의 중요성을 인식시켜야 하는 책임감을 갖고 있다. 어떤 경우에, 그는 대학 연구실의 굴레에서 벗어나야만 하는 일도 생긴다. 두 번째 그의 부담은 과학에 의해서 생긴 결과에 대한 책임감이다. 과학자들은 정치적인 문제에 나서기를 꺼려한다. 그리고 위정자들은 자신의 무지 때문에 과학의 소산물을 잘못 이용할 수가 있다. 그러므로 과학자는 항상 과학의 소산물이 잘못 이용될 때에 생기는 예기치 못한 위험 상황을 위정자들에게 자세히 알려 줄 의무가 있다. 또한 과학자는 사회 참여를 자주 요청받고 있다. 특히, 세계 평화를 위한 결의안 참여 등이 그것이다. 동시에 과학자는 자신의 분야에 있어서 국제적인 공동 작업의 조성을 위하여 최선을 다해야만 한다. 오늘날 많은 국가의 과학자들이 모여 핵물리학에 대한 탐구를 하고 있는 것은 아주 중요한 일로 평가된다.

① 핵무기의 발명으로 인해 물리학자들에게 책임감이 배가되었다.

② 자연과학과 산업과학의 결합으로 우리 삶의 폭은 더욱 넓어졌다.

③ 과학으로 인한 변화는 인간의 통제를 벗어날 수 있는 여지가 있다.

④ 과학은 제2차 세계 대전 당시에 비해 정치적 영향력이 강화되었다.

⑤ 핵무기를 수단으로 하는 전쟁은 자멸의 길이기 때문에 전쟁은 결코 일어나지 않는다.

11 다음 글의 빈칸에 들어갈 내용으로 가장 적절한 것은?

민주주의의 목적은 다수가 폭군이나 소수의 자의적인 권력행사를 통제하는 데 있다. 민주주의의 이상은 모든 자의적인 권력을 억제하는 것으로 이해되었는데 이것이 오늘날에는 자의적 권력을 정당화하기 위한 장치로 변화되었다. 이렇게 변화된 민주주의는 민주주의 그 자체를 목적으로 만들려는 이념이다. 이것은 법의 원천과 국가권력의 원천이 주권자 다수의 의지에 있기 때문에 국민의 참여와 표결 절차를 통하여 다수가 결정한 법과 정부의 활동이라면 그 자체로 정당성을 갖는다는 것이다. 즉, 유권자 다수가 원하는 것이면 무엇이든 실현할 수 있다는 말이다.

이런 민주주의는 '무제한적 민주주의'이다. 어떤 제약도 없는 민주주의라는 의미이다. 이런 민주주의는 자유주의와 부합할 수가 없다. 그것은 다수의 독재이고 이런 점에서 전체주의와 유사하다. 폭군의 권력이든, 다수의 권력이든, 군주의 권력이든, 위험한 것은 권력 행사의 무제한성이다. 중요한 것은 이러한 권력을 제한하는 일이다.

민주주의 그 자체를 수단이 아니라 목적으로 여기고 다수의 의지를 중시한다면, 그것은 다수의 독재를 초래하고, 그것은 전체주의만큼이나 위험하다. 민주주의 존재 그 자체가 언제나 개인의 자유에 대한 전망을 밝게 해준다는 보장은 없다. 개인의 자유와 권리를 보장하지 못하는 민주주의는 본래의 민주주의가 아니다. 본래의 민주주의는 _____

① 다수의 의견을 수렴하여 이를 그대로 정책에 반영해야 한다.
② 서로 다른 목적의 충돌로 인한 사회적 불안을 해소할 수 있어야 한다.
③ 다수 의견보다는 소수 의견을 채택하면서 진정한 자유주의의 실현에 기여해야 한다.
④ 무제한적 민주주의를 과도기적으로 거치며 개인의 자유와 권리 보장에 기여해야 한다.
⑤ 민주적 절차 준수에 그치는 것이 아니라 과도한 권력을 실질적으로 견제할 수 있어야 한다.

12 다음 〈보기〉의 문단이 들어갈 위치로 가장 적절한 곳은?

사물인터넷(IOT; Internet Of Things)은 각종 사물에 센서와 통신 기능을 내장하여 인터넷에 연결하는 기술 즉 무선 통신을 통해 각종 사물을 연결하는 기술을 의미한다. (가) 우리들은 이 같은 사물인터넷의 발전을 상상할 때 더 똑똑해진 가전제품들을 구비한 가정집 혹은 더 똑똑해진 자동차들을 타고 도시로 향하는 모습 등 유선형의 인공미 넘치는 근미래 도시를 떠올리곤 한다. 하지만 발달한 과학의 혜택은 인간의 근본적인 삶의 조건인 의식주 또한 풍요롭고 아름답게 만든다. 아쿠아포닉스(Aquaponics)는 이러한 첨단기술이 1차 산업에 적용된 대표적인 사례이다. (나)

아쿠아포닉스는 물고기양식(Aquaculture)과 수경재배(Hydro-ponics)가 결합된 합성어로 양어장에 물고기를 키우며 발생한 유기물을 이용하여 식물을 수경재배하는 순환형 친환경 농법이다. (다) 물고기를 키우는 양어조, 물고기 배설물로 오염된 물을 정화시켜 주는 여과시스템, 정화된 물로 채소를 키워 생산할 수 있는 수경재배 시스템으로 구성되어 있으며 농약이나 화학비료 없이 물고기와 채소를 동시에 키울 수 있어 환경과 실용 모두를 아우르는 농법으로 주목받고 있다. (라)

이러한 수고로움을 덜어주는 것이 바로 사물인터넷이다. 사물인터넷은 적절한 시기에 물고기 배설물을 미생물로 분해하여 농작물의 영양분으로 활용하고, 최적의 온도를 알아서 맞추는 등 실수 없이 매일매일 세심한 관리가 가능하다. 전기로 가동하여 별도의 환경오염 또한 발생하지 않으므로 가히 농업과 찰떡궁합이라고 할 수 있을 것이다. (마)

〈보기〉

물론 단점도 있다. 물고기와 식물이 사는 최적의 조건을 만족시켜야 하며 실수나 사고로 시스템에 큰 문제가 발생할 수도 있다. 물이 지나치게 오염되지 않도록 매일매일 철저한 관리는 필수이다. 아쿠아포닉스는 그만큼 신경 써야 할 부분이 많고 사람의 손이 많이 가기에 자칫 배보다 배꼽이 더 큰 상황이 발생할 수도 있다.

① (가)
② (나)
③ (다)
④ (라)
⑤ (마)

13 다음 글의 서술상 특징으로 가장 적절한 것은?

> 미국의 언어생태학자 '드와잇 볼링거'는 물과 공기 그리고 빛과 소리처럼 흐르는 것은 하나같이 오염 물질을 지니고 있으며 그것은 언어도 예외가 아니라고 밝힌다. 실제로 환경 위기나 생태계 위기 시대에 언어 오염은 환경오염에 못지않게 아주 심각하다. 환경오염이 자연을 죽음으로 몰고 가듯이 언어 오염도 인간의 정신을 황폐하게 만든다.
>
> 그동안 말하고 글을 쓰는 방법에서 그야말로 엄청난 변화가 일어났다. 얼마 전까지만 하더라도 사람들은 말을 하거나 글을 쓸 때에는 어느 정도 격식과 형식을 갖추었다. 그러나 구어든 문어든 지금 사람들이 사용하는 말이나 글은 불과 수십 년 전 사람들이 사용하던 그것과는 달라서 마치 전보문이나 쇼핑 목록을 적어 놓은 쪽지와 같다. 전통적인 의사소통에서는 '무엇'을 말하느냐와 마찬가지로 중요한 것이 '어떻게' 말하느냐 하는 것이었다. 그러나 지금은 '어떻게' 말하느냐는 뒷전으로 밀려나고 오직 '무엇'을 말하느냐가 앞쪽에 나선다. 그러다 보니 말이나 글이 엑스레이로 찍은 사진처럼 살은 없고 뼈만 앙상하게 드러나 있다.
>
> 전자 기술의 눈부신 발달에 힘입어 영상 매체가 활자 매체를 밀어내고 그 자리에 이미지의 왕국을 세우면서 언어 오염은 날이 갈수록 더욱 심해져만 간다. 문명이 발달하면서 어쩔 수 없이 환경오염이 생겨나듯이 언어 오염도 문명의 발달에 따른 자연스러운 언어 현상이므로 그렇게 우려할 필요가 없다고 주장하는 학자도 없지 않다. 그러나 컴퓨터를 통한 통신어에 따른 언어 오염은 이제 위험 수준을 훨씬 넘어 아주 심각한 지경에 이르렀다. 환경오염을 그대로 방치해 두면 환경 재앙을 맞게 될 것이 불을 보듯 뻔한 것처럼 언어 오염도 인간의 영혼과 정신을 멍들게 할 뿐만 아니라 궁극적으로는 아예 의사소통 자체를 불가능하게 만들지도 모른다. '언어 재앙'이 이제 눈앞의 현실로 바짝 다가왔다.

① 비유를 사용하여 상대방의 논리를 지지하고 있다.
② 기존의 견해를 비판하면서 새로운 견해를 제시하고 있다.
③ 권위 있는 학자의 주장을 인용하여 내용을 전개하고 있다.
④ 구체적인 근거를 제시하여 자신의 주장을 뒷받침하고 있다.
⑤ 현상의 문제점을 분석하고, 이에 대한 해결책을 제시하고 있다.

14 다음 중 비효율적인 일중독자의 사례로 적절하지 않은 것은?

일중독자란 일을 하지 않으면 초조해하거나 불안해하는 증상이 있는 사람을 지칭한다. 이는 1980년대 초부터 사용하기 시작한 용어로, 미국의 경제학자 W. 오츠의 저서 『워커홀릭』에서도 확인할 수 있다. 일중독에는 여러 원인이 있지만 보통 경제력에 대해 강박관념을 가지고 있는 사람, 완벽을 추구하거나 성취지향적인 사람, 자신의 능력을 과장되게 생각하는 사람, 배우자와 가정으로부터 도피하려는 성향이 강한 사람, 외적인 억압으로 인하여 일을 해야만 한다고 정신이 변한 사람 등에게 나타나는 경향이 있다.

일중독 증상을 가진 사람들의 특징은 일을 하지 않으면 불안해하고 외로움을 느끼며 자신의 가치가 떨어진다고 생각한다는 것이다. 따라서 일에 지나치게 집착하는 모습을 보이며 이로 인해 사랑하는 연인 또는 가족과 소원해지며 인간관계에 문제를 겪는 모습을 볼 수 있다. 하지만 모든 일중독이 이렇듯 부정적인 측면만 있는 것은 아니다. 노는 것보다 일하는 것이 더욱 즐겁다고 여기는 경우도 있다. 예를 들어, 자신의 관심사를 직업으로 삼은 사람들이 이에 해당한다. 이 경우 일 자체에 흥미를 느끼게 된다.

일중독에도 유형이 다양하다. 그중 계획적이고 합리적인 관점에서 업무를 수행하는 일중독자가 있는 반면 일명 '비효율적인 일중독자'라 일컬어지는 일중독자도 있다. 비효율적인 일중독자는 크게 '지속적인 일중독자', '주의결핍형 일중독자', '폭식적 일중독자', '배려적 일중독자' 네 가지로 나누어 설명할 수 있다. 첫 번째로 '지속적인 일중독자'는 매일 야근도 불사하고, 휴일이나 주말에도 일을 놓지 못하는 유형이다. 이러한 유형의 일중독자는 완벽에 대해 기준을 높게 잡고 있기 때문에 본인은 물론이고 주변 동료에게도 완벽을 강요한다. 두 번째로 '주의결핍형 일중독자'는 모두가 안 될 것 같다고 만류하는 일이나 한 번에 소화할 수 없을 만큼 많은 업무를 담당하는 유형이다. 이러한 유형의 일중독자는 완벽하게 일을 해내고 싶다는 부담감 등으로 인해 결국 업무를 제대로 마무리하지 못하는 경우가 대부분이다. 세 번째로 '폭식적 일중독자'는 음식을 과다 섭취하는 폭식처럼 일을 한 번에 몰아서 하는 유형이다. 간단히 보면 이러한 유형은 일중독과는 거리가 멀다고 생각할 수 있지만, 일을 완벽하게 해내고 싶다는 사고에 사로잡혀 있으나 두려움에 선뜻 일을 시작하지 못한다는 점에서 일중독 중 하나로 간주한다. 마지막으로 '배려적 일중독자'는 다른 사람의 업무 등에 지나칠 정도로 책임감을 느끼는 유형이다.

이렇듯 일중독자란 일에 지나치게 집착하는 사람으로 생각할 수도 있지만 일중독인 사람들은 일로 인해 자신의 자존감이 올라가고, 가치가 매겨진다 생각하기도 한다. 그러나 이러한 일중독자가 단순히 업무에 많은 시간을 소요하는 사람이라는 인식은 재고할 필요가 있다.

① 장기적인 계획을 세워 업무를 수행하는 A사원
② L사원의 업무에 책임감을 느끼며 괴로워하는 B대리
③ 마감 3일 전에 한꺼번에 일을 몰아서 하는 C주임
④ 휴일이나 주말에도 집에서 업무를 수행하는 D사원
⑤ 혼자서 소화할 수 없는 양의 업무를 자발적으로 담당한 E대리

15 다음 글을 읽고, 뒤에 이어질 내용으로 가장 적절한 것을 고르면?

> 스마트폰의 대중화와 함께 빅데이터·AI 등의 디지털 신기술이 도입됨에 따라 핀테크 스타트업 창업이 활성화되고, 플랫폼 사업자가 금융 분야에 진출하는 등 금융 산업의 구조가 근본적으로 변화하고 있다. 또한 최근 코로나19에 따른 온라인 거래 선호 경향과 금융 회사의 재택근무 확대 등이 금융의 비대면화를 심화시키면서 금융의 디지털 전환은 더욱 가속화되고 있다.
>
> 대표적인 비대면 산업의 디지털금융은 전자적 방식의 결제·송금 등에서 신기술과 결합한 금융 플랫폼으로 성장하고 있다. 결제와 송금이 간편해지고 인증이나 신원 확인 기술이 발전함에 따라 금융 플랫폼의 구축 경쟁은 더욱 심화되었고, 이를 통해 이용자 규모도 크게 성장하게 되었다.
>
> 이러한 이용자의 빅데이터를 기반으로 데이터 경제와 연계한 디지털금융은 포스트 코로나의 주요 산업 분야로서 ICT 등 연관 산업의 자극제로 작용하여 선도형 디지털 경제에 기여하고 있다. AI·인증기술 등을 통해 고객에게 맞춤형 금융서비스를 제공할 수 있게 되었고, 디지털 신기술에 따른 생산성 향상은 금융의 경계를 확대시켰다.
>
> 이에 따라 EU 등의 해외 주요 국가는 디지털금융의 중요성을 인식하고, 금융 산업의 경쟁과 혁신을 촉진하기 위해 앞 다투어 법과 제도를 정비하고 있다. 그러나 빠르게 발전하는 글로벌 디지털금융의 흐름에도 불구하고 국내 디지털금융을 규율하는 전자금융거래법은 제정 이후 큰 변화가 없어 아날로그 시대의 규제 체계가 지속되고 있다.

① 고객이 새로운 디지털금융 서비스를 경험할 수 있도록 보다 혁신적인 기술 개발에 대한 금융 회사의 노력이 필요하다.

② 디지털금융을 통해 서비스 간의 융·복합이 활성화됨에 따라 통합된 기능이 불필요한 시간을 단축시키고 있다.

③ 디지털금융의 발전으로 공인인증서 위조, 해킹 등을 통한 금융 사고가 증가하면서 개인정보 보호에 대한 필요성이 커지고 있다.

④ 디지털금융의 소외 현상을 방지하고, 세대 간 디지털 정보화 격차를 줄이기 위해서는 고령자 대상의 금융 교육이 필요하다.

⑤ 디지털금융의 혁신과 안정의 균형적인 발전을 위해서는 전자금융거래법의 전면 개정이 필요하다.

16 다음 글을 읽고 보인 반응으로 적절하지 않은 것은?

> 열차 내에서의 범죄가 급격하게 증가함에 따라 한국철도공사는 열차 내에서의 범죄 예방과 안전 확보를 위해 2023년까지 현재 운행하고 있는 모든 열차의 모든 객실에 CCTV를 설치하고, 모든 열차 승무원에게 바디캠을 지급하겠다고 밝혔다.
>
> CCTV는 열차 종류에 따라 운전실에서 비상시 실시간으로 상황을 파악할 수 있는 '네트워크 방식'과 각 객실에서의 영상을 저장하는 '개별 독립 방식'의 2가지 방식으로 사용 및 설치가 진행될 예정이며, 각 객실에는 사각지대를 없애기 위해 4대가량의 CCTV가 설치된다. 이 중 2대는 휴대 물품 도난 방지 등을 위해 휴대 물품 보관대 주변에 위치하게 된다.
>
> 이에 따라 한국철도공사는 CCTV 제품 품평회를 가져 각 제품의 형태와 색상, 재질 등에 대한 의견을 나누고 각 제품이 실제로 열차 운행 시 진동과 충격 등에 적합한지에 대한 시험을 진행한 후 도입할 예정이다.

① 현재는 모든 열차에 CCTV가 설치되어 있진 않겠군.
② 과거에 비해 승무원에 대한 승객의 범죄행위 증거 취득이 유리해질 수 있겠군.
③ CCTV의 설치를 통해 인적 피해와 물적 피해 모두 파악할 수 있겠군.
④ CCTV의 설치를 통해 실시간으로 모든 객실을 모니터링할 수 있겠군.
⑤ CCTV의 내구성뿐만 아니라 외적인 디자인도 제품 선택에 영향을 줄 수 있겠군.

17 다음은 동물의 공간을 침해하는 로드킬(Road Kill)에 대한 글이다. 이에 대한 해결 방안으로 적절하지 않은 것은?

> 로드킬(Road Kill)은 야생동물, 곤충을 비롯한 야생동물 등이 도로로 나와 자동차 등의 운송수단에 치여서 사망하는 것을 말한다. 인간의 편의를 위해 각종 시설물이 계속 만들어질수록 야생동물은 삶의 터전을 잃고 고립되어 죽거나, 동족들을 찾아 헤매다 인간이 만든 길 위에서 죽임을 당하고 있는 것이다. 국토개발로 생태축을 관통하는 여러 도로들이 생겨남에 따라 전국적으로 로드킬의 발생이 증가하고 있으나, 실제 그 발생지점 파악과 이를 예방하기 위한 생태통로 등의 설치는 매우 미흡한 상황이다.
>
> 따라서 지구상의 모든 생명이 함께 거닐 수 있는 국토환경 조성을 위해 가깝게는 로드킬 현황을 제대로 파악하고, 적재적소에 야생동물 보호를 위한 생태통로 설치가 필요하다. 그리고 이제부터라도 야생동물의 생명을 보호하여 인간과 하나의 공간에서 함께 할 수 있도록 하는 배려심이 발휘되어야 한다. 야생동물은 계절과 종별로 활동 시기가 다르므로 생태통로의 배치는 로드킬 발생지점의 야생동물 종을 비롯한 그 주변 생태환경을 고려해야만 큰 효과를 볼 수 있다. 그리고 야생동물의 이동을 통제하거나 고립시키는 생태통로 정책이 아닌, 본래 서식지를 자유롭게 이동할 수 있도록 도와 줄 수 있어야 한다. 또한 로드킬 발생이 특정 도로에 집중하여 발생하므로 그 유형과 지점에 대한 충분한 검토 작업이 이루어져야 하며 로드킬에 관한 자료를 신속·정확하게 확보하여 통합·운영하는 체계가 이루어져야 할 것이다.

① 야생동물은 계절과 종별로 활동 시기가 다르므로 야생동물의 종을 고려하여 생태통로를 설치한다.
② 로드킬 발생이 특정 도로에 집중하여 발생하므로 그 유형과 지점에 대해 충분히 검토한다.
③ 도로 신설 시 인간의 편의를 우위에 놓고 도로를 설치한 다음, 야생동물의 이동을 위한 생태통로를 설치한다.
④ 로드킬을 예방하기 위해 로드킬에 관한 자료를 확보하여 이를 통합·운영한다.
⑤ 야생동물의 생명을 보호하기 위해 로드킬 발생지점 주변의 생태환경을 고려하여 생태통로를 배치한다.

18 다음 글의 전개 방식으로 가장 적절한 것은?

생활 속 보안을 위해 우리들이 가장 먼저 생각해야 하는 것은 무엇일까? 그것은 우리가 무엇을 가지고 있으며 그 가치가 얼마나 되는지 확인하는 것이다. 그 가치가 얼마인지 정확히 모르겠다면, 그것을 잃어버렸을 때 어떤 일이 벌어질지 생각해 보자.

만약 당신이 기업연구소에서 일하고 있고, 몇 년 동안 쌓인 연구 자료가 컴퓨터에 저장되어 있다고 가정해 볼 때, 컴퓨터 속에는 구하기 힘든 각종 연구보고서, 논문, 발표자료, 회사의 기밀자료, 도면 등이 저장되어 있을 것이다. 열심히 연구하던 중에 잠깐 메일을 확인하다가 당신의 호기심을 자극하는 제목의 전자메일을 클릭한 뒤, 그 메일의 첨부파일을 열어보는 것만으로도 당신의 컴퓨터는 랜섬웨어에 감염될 수 있다. 몇 년 동안 쌓아두었던 연구자료가 모두 암호화되어서 열어 볼 수 없는 상황이 벌어질 수 있다는 것이다.

또 크리스마스 카드가 도착했다는 문자가 수신된 상황을 가정해 보자. 문자를 보고 흥분되고 기대되는 마음에 문자 속 인터넷주소(URL)를 클릭했더니, 크리스마스 카드를 보려면 앱을 설치하라고 한다. '좀 번거롭기는 하지만, 뭐 어때?'라는 마음으로 그 앱을 설치하면 스마트폰에 있는 당신의 모든 정보는 해커들의 손에 들어갈 수 있다. 당신의 연락처, 동영상, 사진, 통화 내역, 문자 메시지, 인증서 등이 해커의 손에 들어가고 그 내용 중 공개되어서는 안 될 정보를 가지고 협박한다면 어떻게 되겠는가?

그렇다면 랜섬웨어에 대한 대비책은 무엇일까? 첫째, 철저한 백업이다. 백업이야말로 여러 가지 재난적인 상황에 효과적인 대비책이다. 둘째, 잘 알고 있는 사람이 보낸 메일이 아니라면 첨부파일 다운로드나 실행에 주의한다. 셋째, 인터넷에서 받은 실행 파일은 위변조를 확인한 뒤 설치한다. 그리고 스미싱 문자에 대한 대비책은 문자로 전송된 경로를 클릭하거나 출처가 확인되지 않은 앱을 설치하지 않는 것이다. 문자로 전송된 경로를 클릭하는 것만으로도 악성코드가 스마트폰에 설치되어 해킹을 당할 수 있으므로 문자 속 URL을 클릭하지 말아야 한다.

현재 새로운 해킹 기술들이 계속 나오고 있지만, 간단한 원칙만 실천해도 해킹당할 가능성이 확 낮아진다. 컴퓨터는 정해진 일을 위해서만 쓰는 것, 스마트폰에 남들이 보면 안 되는 사항을 저장해 놓지 않는 것만으로도 우선은 안심이다. 내 것을 지키기 위해서는 내가 무엇을 가지고 있는지 그 가치를 제대로 알고 있어야 한다. 그리고 하지 말라고 주의를 주는 행위를 할 때는 주의를 기울여야 한다.

① 두 가지 상반되는 주장을 비교하여 제시하고 있다.
② 대상에 대한 옳은 예와 옳지 않은 예를 제시하고 있다.
③ 대상에 대한 장점을 부각시켜 상대방을 설득하고 있다.
④ 사건이 가지는 역사적 의의와 시사점에 대해 서술하고 있다.
⑤ 문제 상황에 대해 사례를 들어 설명하고, 그에 대한 대책 방안을 제시하고 있다.

19

휴대전화를 새 것으로 바꾸기 위해 대리점에 간 소비자가 있다. 대리점에 가면서 휴대전화 가격으로 30만 원을 예상했다. 그런데 마음에 드는 것을 선택하니 가격이 25만 원이라고 하였다. 소비자는 흔쾌히 구입을 결정했다. 그러면서 뜻밖의 이익이 생겼음에 좋아할지도 모른다. 처음 예상했던 휴대전화의 가격과 실제 지불한 금액의 차이, 즉 5만 원의 이익을 얻었다고 보는 것이다. 경제학에서는 이것을 '소비자잉여(消費者剩餘)'라고 부른다. 어떤 상품에 대해 소비자가 최대한 지불해도 좋다고 생각하는 가격에서 실제로 지불한 가격을 뺀 차액이 소비자 잉여인 셈이다. 결국 낮은 가격으로 상품을 구입하면 할수록 소비자 잉여는 커질 수밖에 없다.

휴대전화를 구입하고 나니, 대리점 직원은 휴대전화의 요금제를 바꾸라고 권유했다. 현재 이용하고 있는 휴대전화 서비스보다 기본요금이 조금 더 비싼 대신 분당 이용료가 싼 요금제로 바꾸는 것이 더 이익이라는 설명도 덧붙였다. 소비자는 지금까지 휴대전화의 요금이 기본요금과 분당 이용료로 나누어져 있는 것을 당연하게 생각해 왔다. 그런데 곰곰이 생각해 보니, 이건 정말 특이한 가격 체계였다. 다른 제품이나 서비스는 보통 한 번만 값을 지불하면 되는데 왜 휴대전화 요금은 기본요금과 분당 이용료의 이원 체제로 이루어져 있는 것일까?

휴대전화 회사는 기본요금과 분당 이용료의 이원 체제 전략, 즉 '이부가격제(二部價格制)'를 채택하고 있다. 이부가격제는 소비자가 어떤 상품을 사려고 할 때, 우선적으로 그 권리에 상응하는 가치를 값으로 지불하고 실제 상품을 구입할 때 그 사용량에 비례하여 또 값을 지불해야 하는 체제를 말한다. 이부가격제를 적용하면 휴대전화 회사는 소비자의 통화량과 관계없이 기본 이윤을 확보할 수 있다.

이부가격제를 적용하는 또 다른 예로 놀이공원을 들 수 있다. 이전에는 놀이공원에 갈 때 저렴한 입장료를 지불했고, 놀이기구를 이용할 때마다 표를 구입했다. 그렇기 때문에 놀이기구를 골라서 이용하여 사료료를 절약할 수 있었고, 구경만 하고 사용료를 지불하지 않는 것도 가능했다. 그러나 요즘의 놀이공원은 입장료를 이전보다 엄청나게 비싸게 하고 놀이기구의 사용료를 상대적으로 낮게 했다. 게다가 '빅3'니 '빅5'니 하는 묶음표를 만들어 놀이기구 이용자로 하여금 가격의 부담이 적은 것처럼 느끼게 만들었다. 결국 놀이공원의 가격 전략은 사용료를 낮추고 입장료를 높게 받는 이부가격제로 굳어지고 있는 것이다. 여기서 놀이공원의 입장료는 상품을 살 수 있는 권리를 얻기 위해 지불해야 하는 금액에 해당한다. 그리고 입장료를 내고 들어간 사람들이 놀이기구를 이용할 때마다 내는 요금은 상품의 가격에 해당하는 부분이다. 우리가 모르는 가운데 기업의 이윤 극대화를 위한 모색은 계속되고 있다.

① 놀이공원의 '빅3'나 '빅5' 등의 묶음표는 이용자를 위한 가격제이다.
② 이부가격제는 이윤 극대화를 위해 기업이 채택할 수 있는 가격 제도이다.
③ 소비자 잉여의 크기는 구입한 상품에 대한 소비자의 만족감과 반비례한다.
④ 휴대전화 요금제는 기본요금과 분당 이용료가 비쌀수록 소비자에게 유리하다.
⑤ 가정으로 배달되는 우유를 한 달 동안 먹고 지불하는 값에는 이부가격제가 적용됐다.

흔히 지방은 비만의 주범으로 지목된다. 대부분의 영양학자는 지방이 단백질이나 탄수화물보다 단위 질량당 더 많은 열량을 내기 때문에 과체중을 유발하는 것으로 보았다. 그래서 저지방 식단이 비만을 막는 것으로 여겨지기도 했다. 하지만 저지방 식단의 다이어트 효과는 오래가지 않는 것으로 밝혀졌다. 최근의 연구를 따르면 비만을 피하는 최선의 방법은 섭취하는 지방의 양을 제한하는 것이 아니라 섭취하는 총열량을 제한하는 것이다.

또한 지방하면 여러 질병의 원인으로서 인체에 해로운 것으로 인식되기도 한다. 문제가 되는 것은 '전이지방'이다. 전이지방은 천연 상태의 기름에 수소를 첨가하여 경화시키는 특수한 물리·화학적 처리에 따라 생성되는 것으로서, 몸에 해로운 포화지방의 비율이 자연 상태의 기름보다 높다. 전이지방은 '부분 경화유'나 '야채 쇼트닝' 등의 형태로 치킨, 케이크, 라면, 쿠키 등 각종 식품에 첨가된다. 전이지방은 각종 신선 식품의 신선도를 유지하고 과자류를 잘 부서지지 않게 하므로 그 유해성에도 불구하고 식품 첨가물로 흔히 쓰인다. 전이지방을 섭취하면 동맥경화, 협심증, 심근경색 등 심혈관계 질환이나 유방암 등이 발병할 수 있다. 이러한 전이지방이 지방을 대표하는 것으로 여겨지면서 지방이 심장 질환을 비롯한 여러 질병의 원인으로 지목됐다.

그렇다면 지방의 누명을 어떻게 벗겨줄 것인가? 중요한 것은 지방이라고 모두 같은 지방은 아니라는 사실을 일깨우는 것이다. 지방은 인체에서 비타민이나 미네랄만큼 유익한 작용을 많이 한다. 견과류와 채소 기름, 생선 등에서 얻는 필수지방산은 면역계와 피부, 신경섬유 등에 이로운 구실을 하고 정신 건강을 유지해 준다. 불포화지방의 섭취는 오히려 각종 질병의 위험을 감소시키며 체내의 지방세포는 장수에 도움을 주기도 한다. 그렇다고 해서 불포화지방을 무턱대고 많이 섭취하라는 것은 아니다. 인체의 필수영양소가 균형을 이루는 선에서 섭취하는 것이 바람직하다.

사람 중에는 지방을 제거하기 위해 체내의 지방 흡수를 인위적으로 차단하는 비만 치료제를 이용하는 이도 있는데 이러한 비만 치료제는 인체 시스템에 악영향을 끼치기도 한다. 만일 이 비만 치료제가 몸에 좋은 지방과 그렇지 않은 지방을 구별하는 눈을 가졌다면 권장할 만하다. 하지만 모든 유형의 지방이 우리 몸에 흡수되는 것을 막는 것이 문제다. 게다가 이 비만 치료제는 지방질만 제거하는 것이 아니라 지방질과 함께 소화 흡수되어 시력 보호나 노화 방지를 돕는 지용성 비타민까지 걸러내게 마련이다. 시력을 떨어뜨리고 노화를 촉진하는 약품을 먹을 이유는 없다. 그것도 만만찮은 비용까지 부담하면서 말이다.

지방이 각종 건강상의 문제를 일으키는 것은 지방 그 자체의 속성 때문이라기보다는 지방을 섭취하는 인간의 자기 관리가 허술했기 때문이다. 체지방의 경우 과다하게 축적되면 비만한 체형을 형성하는 주 요인이 되기도 하고 건강을 위협할 수도 있지만, 적당히 신체에 고루 분포된 체지방은 균형 잡힌 체형의 필수 조건이다. 그러므로 지방과 다른 영양소와의 조화를 염두에 두고, 좋고 나쁜 지방을 분별력 있게 가려 섭취한다면 지방 걱정은 한낱 기우에 불과할 수도 있다.

① 저지방 식단은 다이어트 효과를 지속해서 유지해 준다.
② 전이지방은 인체에 유해하므로 식품에 쓰이지 않고 있다.
③ 불포화지방산은 각종 질병의 위험을 감소시키므로 많이 섭취하는 것이 좋다.
④ 지방이 단백질과 탄수화물보다 단위 질량당 열량이 높다는 것은 최근에 오류로 밝혀졌다.
⑤ 지방을 섭취하면서 자기 관리를 철저히 한다면 지방이 일으키는 여러 질병을 피할 수 있다.

※ 다음 명제가 참일 때, 빈칸에 들어갈 명제로 가장 적절한 것을 고르시오. **[1~4]**

01

- 전공 강의를 듣지 않는 대학생들은 교양 강의를 듣지 않는다.
- 모든 대학생들은 교양 강의를 듣는다.
- 전공 강의를 듣는 어떤 대학생들은 심화 강의를 듣는다.
- 그러므로 _____

① 모든 대학생들은 심화 강의를 듣는다.
② 모든 대학생들은 교양, 전공, 심화 강의를 듣는다.
③ 어떤 대학생들은 교양과 심화 강의만 듣는다.
④ 어떤 대학생들은 교양, 전공, 심화 강의를 듣는다.
⑤ 모든 대학생들은 교양 강의를 듣거나 전공 강의를 듣는다.

02

- 전쟁이 없어지면 세계 평화가 온다.
- _____
- 그러므로 세계 평화가 오지 않으면 냉전체제가 계속된다.

① 전쟁이 없어지면 냉전체제가 계속된다.
② 세계 평화가 오면 전쟁이 없어진다.
③ 전쟁이 없어지지 않으면 냉전체제가 계속된다.
④ 세계 평화가 오려면 전쟁이 없어져야 한다.
⑤ 냉전체제가 계속되면 세계 평화가 온다.

03

- 경찰에 잡히지 않으면 도둑질을 하지 않은 것이다.
- _____
- 그러므로 감옥에 안 가면 도둑질을 하지 않은 것이다.

① 도둑질을 하면 감옥에 간다.
② 감옥에 가면 도둑질을 한다.
③ 도둑질을 하면 경찰에 잡힌다.
④ 경찰에 잡히면 감옥에 간다.
⑤ 경찰은 도둑질을 하지 않는다.

04

> • 승용차를 탄다면 서울에 거주한다는 것이다.
> • _____
> • 연봉이 높아졌다는 것은 야근을 많이 했다는 것이다.
> • 그러므로 연봉이 높다는 것은 서울에 거주한다는 것이다.

① 서울에 거주한다면 연봉이 높다는 것이다.
② 야근을 많이 해도 서울에 거주하는 것은 아니다.
③ 승용차를 타지 않는다면 야근을 많이 하지 않은 것이다.
④ 승용차를 탄다고 해도 야근을 많이 하지는 않는다.
⑤ 승용차를 타는 것과 연봉은 서로 상관관계가 없다.

05 L회사의 A ~ D 네 개의 부서에서 한 명씩 신입사원을 선발하였다. 지원자는 총 다섯 명이었으며, 선발 결과에 대해 다음과 같이 진술하였다. 이 중 한 명의 진술만 거짓으로 밝혀졌을 때, 항상 옳은 것은?

> • 지원자 1 : 지원자 2가 A부서에 선발되었다.
> • 지원자 2 : 지원자 3은 A부서 또는 D부서에 선발되었다.
> • 지원자 3 : 지원자 4는 C부서가 아닌 다른 부서에 선발되었다.
> • 지원자 4 : 지원자 5는 D부서에 선발되었다.
> • 지원자 5 : 나는 D부서에 선발되었는데, 지원자 1은 선발되지 않았다.

① 지원자 1은 B부서에 선발되었다.
② 지원자 2는 A부서에 선발되었다.
③ 지원자 3은 D부서에 선발되었다.
④ 지원자 4는 B부서에 선발되었다.
⑤ 지원자 5는 C부서에 선발되었다.

06 다음은 해외 출장이 잦은 해외사업팀 A ~ D사원의 항공 마일리지 현황이다. 항상 참이 되지 않는 것은?

- A사원의 항공 마일리지는 8,500점이다.
- A사원의 항공 마일리지는 B사원보다 1,500점 많다.
- C사원의 항공 마일리지는 B사원보다 많고 A사원보다 적다.
- D사원의 항공 마일리지는 7,200점이다.

① A사원의 항공 마일리지가 가장 많다.
② B사원의 항공 마일리지는 4명 중 가장 적다.
③ C사원의 정확한 항공 마일리지는 알 수 없다.
④ D사원의 항공 마일리지가 4명 중 가장 적지는 않다.
⑤ 항공 마일리지가 많은 순서는 'A – D – C – B' 사원이다.

07 L회사에서는 자사 온라인 쇼핑몰에서 제품을 구매하는 경우 구매 금액 1만 원당 이벤트에 참여할 수 있는 응모권 1장을 준다. 응모권의 개수가 많을수록 이벤트에 당첨될 확률이 높다고 할 때, 참이 아닌 것은?

- A는 L회사의 온라인 쇼핑몰에서 85,000원을 결제하였다.
- A는 B보다 응모권을 2장 더 받았다.
- C는 B보다 응모권을 더 많이 받았으나, A보다는 적게 받았다.
- D는 S회사의 오프라인 매장에서 40,000원을 결제하였다.

① A의 이벤트 당첨 확률이 가장 높다.
② B의 구매 금액은 6만 원 이상 7만 원 미만이다.
③ C의 응모권 개수는 정확히 알 수 없다.
④ D는 이벤트에 응모할 수 없다.
⑤ 구매 금액이 높은 순서는 'A – C – B – D'이다.

08 A필라테스 센터에서 평일에는 바렐, 체어, 리포머의 세 가지 수업이 동시에 진행되며, 토요일에는 리포머 수업만 진행된다. 센터 회원은 전용 어플을 통해 자신이 원하는 수업을 선택하여 일주일간의 운동 스케줄을 등록할 수 있다. 센터 회원인 L씨가 월요일부터 토요일까지 다음과 같이 운동 스케줄을 등록할 때, 옳지 않은 것은?

- 바렐 수업은 일주일에 1회 참여한다.
- 체어 수업은 일주일에 2회 참여하되, 금요일에 1회 참여한다.
- 리포머 수업은 일주일에 3회 참여한다.
- 동일한 수업은 연달아 참여하지 않는다.
- 월요일부터 토요일까지 하루에 1개의 수업을 듣는다.
- 하루에 1개의 수업만 들을 수 있다.

① 월요일에 리포머 수업을 선택한다면, 화요일에는 체어 수업을 선택할 수 있다.
② 월요일에 체어 수업을 선택한다면, 수요일에는 바렐 수업을 선택할 수 있다.
③ 화요일에 체어 수업을 선택한다면, 수요일에는 바렐 수업을 선택할 수 있다.
④ 화요일에 바렐 수업을 선택한다면, 수요일에는 리포머 수업을 선택할 수 있다.
⑤ 수요일에 리포머 수업을 선택한다면, 목요일에는 바렐 수업을 선택할 수 있다.

09 다음 〈조건〉에 따라 추론할 때, 항상 거짓이 되는 것은?

─〈조건〉─
- 6대를 주차할 수 있는 2행3열로 구성된 G주차장이 있다.
- G주차장에는 자동차 a, b, c, d가 주차되어 있다.
- 1행과 2행에 빈자리가 한 곳씩 있다.
- a자동차는 대각선을 제외하고 주변에 주차된 차가 없다.
- b자동차와 c자동차는 같은 행 바로 옆에 주차되어 있다.
- d자동차는 1행에 주차되어 있다.

① a자동차는 2열에 주차되어 있다.
② b자동차의 앞 주차공간은 비어있다.
③ c자동차의 옆 주차공간은 빈자리가 없다.
④ a자동차와 d자동차는 같은 행에 주차되어 있다.
⑤ c자동차와 d자동차는 같은 열에 주차되어 있지 않다.

10 어젯밤 회사에 남아있던 A ~ E 5명 중에서 창문을 깬 범인을 찾고 있다. 범인은 2명이고, 범인은 거짓을 말하며, 범인이 아닌 사람은 진실을 말한다. 5명의 진술이 다음과 같을 때, 동시에 범인이 될 수 있는 사람끼리 짝지어진 것은?

- A : B와 C가 함께 창문을 깼어요.
- B : A가 창문을 깨는 것을 봤어요.
- C : 저랑 E는 확실히 범인이 아니에요.
- D : C가 범인이 확실해요.
- E : 제가 아는데, B는 확실히 범인이 아닙니다.

① A, B
② A, C
③ B, C
④ C, D
⑤ D, E

11 Z사 기획처에 근무하는 A ~ E 5명 중 2명은 L카드를 사용하고 3명은 K카드를 사용한다. L카드 이용자는 모두 30대이고 K카드를 사용하는 사람은 자동차가 있다. 다음 중 4명만 참을 말하고 있을 때, 거짓을 말하고 있는 사람은?

① A : "C의 나이는 30대야."
② B : "나는 K카드를 사용하고 있어."
③ C : "A는 L카드를 사용하고 있어."
④ D : "E는 L카드를 사용하지 않아."
⑤ E : "C와 D는 서로 다른 카드를 사용하고 있어."

12 가와 나 마을에 A ~ F 6명이 살고 있다. 가와 나 마을에는 3명씩 살고 있으며, 가 마을 사람들은 항상 진실만을 말하고 나 마을 사람들은 항상 거짓만을 말한다. F가 가 마을에 살고 있고, 다음 〈조건〉을 고려했을 때 나 마을 사람으로 옳은 것은?

〈조건〉
- A : B, D 중 1명은 가 마을이야.
- C : A, E 중 1명은 나 마을이야.

① A, B, C
② A, B, D
③ B, C, D
④ B, C, E
⑤ C, D, E

13 연경, 효진, 다솜, 지민, 지현 다섯 명 중에서 한 명이 선생님의 책상에 있는 화병에 꽃을 꽂아 두었다. 이 중 두 명의 이야기는 거짓이지만 세 명의 이야기는 참이라고 할 때, 선생님 책상에 꽃을 꽂아둔 사람은 누구인가?

> • 연경 : 화병에 꽃을 꽂아두는 것을 나와 지현이만 보았다. 효진이의 말은 모두 맞다.
> • 효진 : 화병에 꽃을 꽂아둔 사람은 지민이다. 지민이가 그러는 것을 지현이가 보았다.
> • 다솜 : 지민이는 꽃을 꽂아두지 않았다. 지현이의 말은 모두 맞다.
> • 지민 : 화병에 꽃을 꽂아두는 것을 세 명이 보았다. 효진이는 꽃을 꽂아두지 않았다.
> • 지현 : 나와 연경이는 꽃을 꽂아두지 않았다. 나는 누가 꽃을 꽂는지 보지 못했다.

① 연경   ② 효진
③ 다솜   ④ 지민
⑤ 지현

14 체육 수업으로 인해 한 학급의 학생들이 모두 교실을 비운 사이 도난 사고가 발생했다. 담임 선생님은 체육 수업에 참여하지 않은 A ~ E 5명과 상담을 진행하였고, 다음과 같이 진술하였다. 이 중 2명의 학생은 거짓말을 하고 있으며 거짓말을 하는 학생 중 1명이 범인일 때, 범인은 누구인가?

> • A : 저는 그 시간에 교실에 간 적이 없어요. 저는 머리가 아파 양호실에 누워있었어요.
> • B : A의 말은 사실이에요. 제가 넘어져서 양호실에 갔었는데, A가 누워있는 것을 봤어요.
> • C : 저는 정말 범인이 아니에요. A가 범인이에요.
> • D : B의 말은 모두 거짓이에요. B는 양호실에 가지 않았어요.
> • E : 사실 저는 C가 다른 학생의 가방을 열어 물건을 훔치는 것을 봤어요.

① A   ② B
③ C   ④ D
⑤ E

15 어느 호텔 라운지에 둔 화분이 투숙자 중 1명에 의하여 깨진 사건이 발생했다. 이 호텔에는 갑 ~ 무 5명의 투숙자가 있었으며, 각 투숙자는 다음과 같이 진술하였다. 5명의 투숙자 중 4명은 진실을 말하고 1명이 거짓말을 하고 있다면, 거짓말을 하고 있는 사람은 누구인가?

- 갑 : '을'은 화분을 깨뜨리지 않았다.
- 을 : 화분을 깨뜨린 사람은 '정'이다.
- 병 : 내가 깨뜨렸다.
- 정 : '을'의 말은 거짓말이다.
- 무 : 나는 깨뜨리지 않았다.

① 갑
② 을
③ 병
④ 정
⑤ 무

16 A ~ E 5명 중 단 1명만 거짓을 말하고 있을 때, 범인은 누구인가?

- A : C가 범인입니다.
- B : A는 거짓말을 하고 있습니다.
- C : B가 거짓말을 하고 있습니다.
- D : 저는 범인이 아닙니다.
- E : A가 범인입니다.

① A
② A, B
③ A, C
④ C, D
⑤ D, E

17 은호네 가족(아빠, 엄마, 은호, 은수)은 각각 서로 다른 사이즈의 신발을 신는다. 다음 내용이 모두 참일 때, 항상 참이 되는 것은?(단, 신발은 5mm 단위로 판매된다)

- 아빠는 은호네 가족 중 가장 큰 사이즈인 270mm의 신발을 신는다.
- 엄마는 은호의 신발보다 5mm 더 큰 사이즈의 신발을 신는다.
- 은호에게 230mm의 신발은 조금 작고, 240mm의 신발은 조금 크다.
- 은수의 신발 사이즈는 230mm 이하로 가족 중 가장 작은 사이즈의 신발을 신는다.

① 은수의 신발 사이즈는 225mm이다.
② 아빠와 엄마의 신발 사이즈 차이는 20mm이다.
③ 아빠와 은호의 신발 사이즈 차이는 35mm이다.
④ 은호와 은수의 신발 사이즈 차이는 5mm 이하이다.
⑤ 엄마와 은수의 신발 사이즈는 10mm 이하의 차이가 난다.

18 A ~ E 다섯 명의 직원이 원탁에 앉아 저녁을 먹기로 했다. 다음과 같이 원탁에 앉을 때, C직원을 첫 번째로 하여 시계 방향으로 세 번째에 앉은 사람은 누구인가?

- C 바로 옆 자리에 E가 앉고, B는 앉지 못한다.
- D가 앉은 자리와 B가 앉은 자리 사이에 한 명 이상 앉아 있다.
- A가 앉은 자리의 바로 오른쪽은 D가 앉는다.
- 좌우 방향은 원탁을 바라보고 앉은 상태를 기준으로 한다.

① A   ② B

③ C   ④ D

⑤ E

19 L씨는 진찰을 받기 위해 병원에 갔다. 진찰 대기자는 L씨를 포함하여 총 5명이 있다. 이들의 순서가 다음과 같을 때, L씨는 몇 번째로 진찰을 받을 수 있는가?

- A씨는 B씨의 바로 앞에 이웃하여 있다.
- A씨는 C씨보다 뒤에 있다.
- L씨는 A씨보다 앞에 있다.
- L씨와 D씨 사이에는 2명이 있다.

① 첫 번째   ② 두 번째

③ 세 번째   ④ 네 번째

⑤ 다섯 번째

20 8명이 달리기 경기를 하였다. 8명 중 A ~ E 5명에 대한 정보가 다음과 같을 때, 항상 옳은 것은?

- A와 D는 연속으로 들어왔으나, C와 D는 연속으로 들어오지 않았다.
- A와 B 사이에 3명이 있다.
- B는 일등도, 꼴찌도 아니다.
- E는 4등 또는 5등이고, D는 7등이다.
- A ~ E 5명을 제외한 3명 중에 꼴찌는 없다.

① C가 3등이다.   ② A가 C보다 늦게 들어왔다.

③ E가 C보다 일찍 들어왔다.   ④ B가 E보다 늦게 들어왔다.

⑤ D가 E보다 일찍 들어왔다.

제3영역 자료해석

01 다음은 매년 해외·국내여행 평균 횟수에 대하여 연령대별로 50명씩 설문조사한 결과이다. 빈칸에 들어갈 수치로 옳은 것은?(단, 각 수치는 매년 일정한 규칙으로 변화한다)

〈연령대별 해외·국내여행 평균 횟수〉

(단위 : 회)

구분	2016년	2017년	2018년	2019년	2020년	2021년
20대	35.9	35.2	40.7	42.2	38.4	37.0
30대	22.3	21.6	24.8	22.6	20.9	24.1
40대	19.2	24.0	23.7	20.4	24.8	22.9
50대	27.6	28.8	30.0	31.2		33.6
60대 이상	30.4	30.8	28.2	27.3	24.3	29.4

① 32.4

② 33.1

③ 34.2

④ 34.5

⑤ 35.1

02 다음은 우리나라 부패인식지수(CPI) 연도별 변동 추이에 대한 자료이다. 이에 대한 설명으로 옳지 않은 것은?

〈우리나라 부패인식지수(CPI) 연도별 변동 추이〉

구분		2017년	2018년	2019년	2020년	2021년	2022년	2023년
CPI	점수	4.5	5.0	5.1	5.1	5.6	5.5	5.4
	조사대상국	146	159	163	180	180	180	178
	순위	47	40	42	43	40	39	39
	백분율	32.2	25.2	25.8	23.9	22.2	21.6	21.9
OECD	회원국	30	30	30	30	30	30	30
	순위	24	22	23	25	22	22	22

※ CPI : 0 ~ 10점. 점수가 높을수록 청렴

① CPI를 확인해 볼 때, 우리나라는 다른 해에 비해 2021년에 가장 청렴했다고 볼 수 있다.

② CPI 순위는 2022년에 처음으로 30위권에 진입했다.

③ 청렴도가 가장 낮은 해와 2023년의 청렴도 점수의 차이는 0.9점이다.

④ 우리나라의 OECD 순위는 2017년부터 현재까지 상위권이라 볼 수 있다.

⑤ CPI 조사대상국은 2020년까지 증가하고 이후 2022년까지 유지되었다.

03 다음은 L시, K시의 연도별 회계 예산액 현황 자료이다. 이에 대한 설명으로 옳지 않은 것은?

〈L시, K시의 연도별 회계 예산액 현황〉

(단위 : 백만 원)

구분	L시			K시		
	합계	일반회계	특별회계	합계	일반회계	특별회계
2019년	1,951,003	1,523,038	427,965	1,249,666	984,446	265,220
2020년	2,174,723	1,688,922	485,801	1,375,349	1,094,510	280,839
2021년	2,259,412	1,772,835	486,577	1,398,565	1,134,229	264,336
2022년	2,355,574	1,874,484	481,090	1,410,393	1,085,386	325,007
2023년	2,486,125	2,187,790	298,335	1,510,951	1,222,957	287,994

① L시의 전체 회계 예산액이 증가한 시기에는 K시의 전체 회계 예산액도 증가했다.
② L시의 일반회계 예산액은 항상 K시의 일반회계 예산액보다 1.5배 이상 더 많다.
③ 2021년 K시 특별회계 예산액의 L시 특별회계 예산액 대비 비중은 50% 이상이다.
④ 2022년 K시 전체 회계 예산액에서 특별회계 예산액의 비중은 25% 이상이다.
⑤ L시와 K시 일반회계의 연도별 증감 추이는 다르다.

04 다음은 L인터넷쇼핑몰의 1 ~ 4월 판매내역을 정리한 자료이며, 자료의 일부 내용에 잉크가 번져 보이지 않는 상황이다. 1 ~ 4월까지의 총반품금액에 대한 4월 반품금액의 비율과 1 ~ 4월까지의 총배송비에 대한 1월 배송비의 비율을 뺀 값으로 옳은 것은?

〈L인터넷쇼핑몰 판매내역〉

(단위 : 원)

구분	판매금액	반품금액	취소금액	배송비	매출
1월	2,400,000	300,000			1,870,000
2월	1,700,000		160,000	30,000	1,360,000
3월	2,200,000	180,000	140,000		1,840,000
4월			180,000	60,000	1,990,000
합계	8,800,000	900,000		160,000	7,040,000

※ (매출)＝(판매금액)−(반품금액)−(취소금액)−(배송비)

① 11.25%p
② 11.5%p
③ 11.75%p
④ 12%p
⑤ 12.25%p

05 다음은 A ~ D사의 연간 매출액에 대한 자료이다. 연간 매출액이 일정한 증감률을 보인다고 할 때, 빈칸에 들어갈 수로 옳은 것은?

〈A ~ D사의 연간 매출액〉

(단위 : 백억 원)

구분		2017년	2018년	2019년	2020년	2021년	2022년
A사	매출액	300	350	400	450	500	550
	순이익	9	10.5	12	13.5	15	16.5
B사	매출액	200	250	200	250	200	250
	순이익	4	7.5	4	7.5	4	7.5
C사	매출액	250	350	300	400	350	450
	순이익	5	10.5	12	20		31.5
D사	매출액	350	300	250	200	150	100
	순이익	7	6	5	4	3	2

※ (순이익)＝(매출액)×(이익률)

① 21

② 23

③ 25

④ 27

⑤ 29

06 다음은 방송사별 연간 방송시간 및 편성 비율에 대한 자료이다. 이에 대한 설명으로 옳지 않은 것을 〈보기〉에서 모두 고르면?

〈방송사별 연간 방송시간 및 편성 비율〉

(단위 : 시간)

구분	보도시간	교양시간	오락시간
A방송사	2,343	3,707	1,274
B방송사	791	3,456	2,988
C방송사	1,584	2,520	3,243
D방송사	1,586	2,498	3,310

─────〈보기〉─────

ㄱ. 4개 방송사의 총 연간 방송시간은 교양시간, 오락시간, 보도시간의 순이다.

ㄴ. A방송사의 연간 방송시간 중 보도시간 비율은 D방송사의 교양시간 비율보다 높다.

ㄷ. 각 방송사의 연간 방송시간 중 보도시간 비율이 가장 높은 곳은 A방송사이다.

ㄹ. 4개 방송사의 총 연간 방송시간 중 오락시간 비율은 40% 이상이다.

① ㄱ, ㄴ

② ㄱ, ㄷ

③ ㄴ, ㄷ

④ ㄴ, ㄹ

⑤ ㄷ, ㄹ

07 다음은 2023년 7월 국내공항 항공 통계에 대한 자료이다. 이에 대한 설명으로 옳은 것은?(단, 소수점 둘째 자리에서 반올림한다)

〈2023년 7월 국내공항 항공 통계〉

(단위 : 편, 명, 톤)

구분	운항			여객			화물		
	도착	출발	합계	도착	출발	합계	도착	출발	합계
인천공항	15,878	15,843	31,721	2,697,760	2,696,932	5,394,692	161,775	168,171	329,946
김포공항	6,004	6,015	12,019	1,034,808	1,023,256	2,058,064	12,013	11,087	23,100
김해공항	4,548	4,546	9,094	676,182	672,813	1,348,995	7,217	7,252	14,469
제주공항	7,296	7,295	14,591	1,238,100	1,255,050	2,493,150	10,631	12,614	23,245
대구공항	1,071	1,073	2,144	151,341	151,933	303,274	1,208	1,102	2,310
광주공항	566	564	1,130	82,008	80,313	162,321	529	680	1,209
합계	35,363	35,336	70,699	5,880,199	5,880,297	11,760,496	193,373	200,906	394,279

① 6개 공항 모두 출발 여객보다 도착 여객의 수가 많다.
② 제주공항 화물은 김해공항 화물의 1.5배 이상이다.
③ 인천공항 운항은 전체 공항 운항의 48%를 차지한다.
④ 도착 운항이 두 번째로 많은 공항은 도착 화물도 두 번째로 높은 수치를 보인다.
⑤ 김해공항과 제주공항의 운항을 합한 값은 김포공항 화물의 총합보다 작다.

08 L사에서는 사원들의 업무효율을 위하여 오래된 책상을 교체해 주려고 한다. 다음은 부서별 책상 현황과 책상 교체 조건을 나타낸 자료이다. 다음 〈조건〉에 따라 부서별로 교체할 책상의 개수가 바르게 짝지어진 것은?

〈부서별 책상 현황〉

(단위 : 개)

구입날짜	E부서	F부서	G부서	H부서
2017.02.17.	15	8	5	12
2018.08.01.	10	8	12	0
2021.07.30.	5	2	0	3

※ 부서별 책상의 개수와 인원은 같음

〈조건〉

• 기존 책상은 교체하지 않은 책상을 말한다.
• 오늘은 2023년 8월 15일이다.
• 구입한 지 5년 이상인 책상을 대상으로 교체할 예정이다.
• 기존 책상과 교체할 책상의 개수 비율은 전체의 10 : 90 또는 20 : 80이다.
• 부서별 기존 책상의 수는 전체 책상 수의 10%를 넘지 않는다.

	E부서	F부서	G부서	H부서
①	25개	17개	12개	10개
②	23개	10개	8개	15개
③	22개	12개	16개	12개
④	22개	14개	16개	12개
⑤	23개	12개	8개	14개

09 다음은 연도별 관광통역 안내사 자격증 취득 현황에 대한 자료이다. 이에 대한 설명으로 옳지 않은 것을 〈보기〉에서 모두 고르면?

〈연도별 관광통역 안내사 자격증 취득 현황〉

(단위 : 명)

구분	영어	일어	중국어	불어	독어	스페인어	러시아어	베트남어	태국어
2022년	464	153	1,418	6	3	3	6	5	15
2021년	344	137	1,963	7	3	4	5	5	17
2020년	379	266	2,468	3	1	4	6	15	35
2019년	238	244	1,160	3	4	3	4	4	8
2018년	166	278	698	2	3	2	3	–	12
2017년	156	357	370	2	2	1	5	1	4
합계	1,747	1,435	8,077	23	16	17	29	30	91

──────────〈보기〉──────────

ㄱ. 영어와 스페인어 관광통역 안내사 자격증 취득자 수는 2018년부터 2022년까지 매년 전년 대비 증가하였다.

ㄴ. 중국어 관광통역 안내사 자격증 취득자 수는 2020년부터 2022년까지 매년 일어 관광통역 안내사 자격증 취득자 수의 8배 이상이다.

ㄷ. 태국어 관광통역 안내사 자격증 취득자 수 대비 베트남어 취득자 수 비율은 2019년부터 2021년까지 매년 증가하였다.

ㄹ. 불어 관광통역 안내사 자격증 취득자 수와 스페인어 관광통역 안내사 자격증 취득자 수는 2018년부터 2022년까지 전년 대비 증감추이가 동일하다.

① ㄱ
② ㄱ, ㄷ
③ ㄴ, ㄹ
④ ㄱ, ㄷ, ㄹ
⑤ ㄴ, ㄷ, ㄹ

10 다음은 고령취업자 현황에 대한 통계자료이다. 이에 대한 설명으로 옳지 않은 것은?

<고령취업자 현황>

(단위 : 천 명, %)

구분	고령취업자 수	고령취업자 비율				
		전체	성별		직종	
			남성	여성	농가	비농가
2016년	1,688	11.3	10.8	12.0	24.3	6.8
2017년	2,455	13.6	13.1	14.3	35.9	8.3
2018년	3,069	15.0	14.4	16.0	46.5	10.1
2019년	3,229	15.5	15.0	16.2	48.2	10.7
2020년	3,465	16.3	15.9	17.1	50.2	11.6
2021년	3,273	16.4	15.9	17.0	52.0	10.9
2022년	3,251	16.5	15.8	17.5	53.0	11.4
전년 대비 (21/22)	−22%p	0.1%p	−0.1%p	0.5%p	1.0%p	0.5%p

※ 고령취업자 비율(%)=(고령취업자 수÷전체 취업자 수)×100
※ 항목별 고령취업자 비율(%)=(해당 항목의 고령취업자 수÷해당 항목의 전체 취업자 수)×100

① 2022년 농가에서의 고령취업자 비율은 53%로, 농가에서 취업한 두 명 중 한 명은 고령자이다.

② 2022년 고령취업률은 비농가보다 농가가 높다.

③ 2016년 이후 남녀 고령취업자 비율을 비교하면 여성이 남성보다 높다.

④ 2022년 고령취업자 중 농가취업자 수가 전체의 약 82%를 차지한다.

⑤ 2018～2022년 농가의 고령취업자 비율은 매년 증가한다.

11 다음은 2013 ~ 2023년까지 우리나라의 유엔 정규분담률 현황에 대한 자료이다. 다음 중 2014년과 2020년의 전년 대비 유엔 정규분담률의 증가율을 바르게 구한 것은?(단, 소수점 둘째 자리에서 반올림한다)

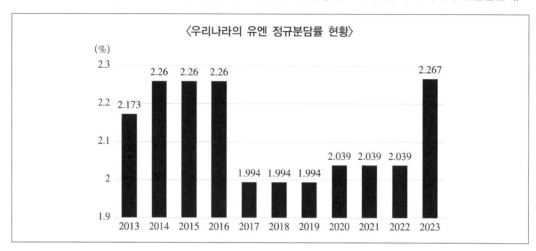

〈우리나라의 유엔 정규분담률 현황〉

	2014년	2020년
①	4.0%	2.1%
②	4.0%	2.3%
③	4.0%	2.5%
④	3.2%	2.3%
⑤	3.2%	2.5%

12 다음은 2023년 1 ~ 7월 서울 지하철 승차인원에 대한 자료이다. 이에 대한 설명으로 옳지 않은 것은?

〈1 ~ 7월 서울 지하철 승차인원〉

(단위 : 만 명)

구분	1월	2월	3월	4월	5월	6월	7월
1호선	818	731	873	831	858	801	819
2호선	4,611	4,043	4,926	4,748	4,847	4,569	4,758
3호선	1,664	1,475	1,807	1,752	1,802	1,686	1,725
4호선	1,692	1,497	1,899	1,828	1,886	1,751	1,725
5호선	1,796	1,562	1,937	1,910	1,939	1,814	1,841
6호선	1,020	906	1,157	1,118	1,164	1,067	1,071
7호선	2,094	1,843	2,288	2,238	2,298	2,137	2,160
8호선	548	480	593	582	595	554	566
합계	14,243	12,537	15,480	15,007	15,389	14,379	14,665

① 3월의 전체 승차인원이 가장 많았다.

② 4호선을 제외한 7월의 호선별 승차인원은 전월보다 모두 증가했다.

③ 8호선의 7월 승차인원은 1월 대비 3% 이상 증가했다.

④ 2호선과 8호선의 전월 대비 2 ~ 7월의 증감 추이는 같다.

⑤ 3호선과 4호선의 승차인원 차이는 5월에 가장 컸다.

13 은행에 근무 중인 귀하는 퇴직연금 계약관리를 맡고 있다. 자사의 성과를 평가하기 위해 퇴직연금 시장의 현황을 파악하고자 한다. 다음 중 퇴직연금사업장 취급실적 현황을 보고 판단한 내용으로 옳지 않은 것은?

〈퇴직연금사업장 취급실적 현황〉

(단위 : 건)

구분		합계	확정급여형 (DB)	확정기여형 (DC)	확정급여·기여형 (DB & DC)	IRP 특례
2019년	1분기	152,910	56,013	66,541	3,157	27,199
	2분기	167,460	60,032	75,737	3,796	27,893
	3분기	185,689	63,150	89,571	3,881	29,087
	4분기	203,488	68,031	101,086	4,615	29,756
2020년	1분기	215,962	70,868	109,820	4,924	30,350
	2분기	226,994	73,301	117,808	5,300	30,585
	3분기	235,716	74,543	123,650	5,549	31,974
	4분기	254,138	80,107	131,741	6,812	35,478
2021년	1분기	259,986	80,746	136,963	6,868	35,409
	2분기	262,373	80,906	143,450	6,886	32,131
	3분기	272,455	83,003	146,952	7,280	35,220
	4분기	275,547	83,643	152,904	6,954	32,046

① 퇴직연금을 도입한 사업장 수는 매 분기 꾸준히 증가하고 있다.

② 퇴직연금제도 형태별로는 확정기여형이 확정급여형보다 많은 것으로 나타난다.

③ 2020년 중 전년 동분기 대비 확정기여형을 도입한 사업장 수가 가장 많이 증가한 시기는 2분기이다.

④ 2021년 4분기에 IRP 특례를 제외한 나머지 퇴직연금 취급실적은 모두 전년 동분기 대비 증가하였다.

⑤ 2019년부터 2021년까지 분기별 확정급여형 취급실적은 동기간 IRP 특례의 2배 이상이다.

14 다음은 경기 일부 지역의 2022 ~ 2023년 월별 미세먼지 도시오염도 현황에 대한 자료이다. 이에 대한 설명으로 옳지 않은 것은?(단, 소수점 첫째 자리에서 반올림한다)

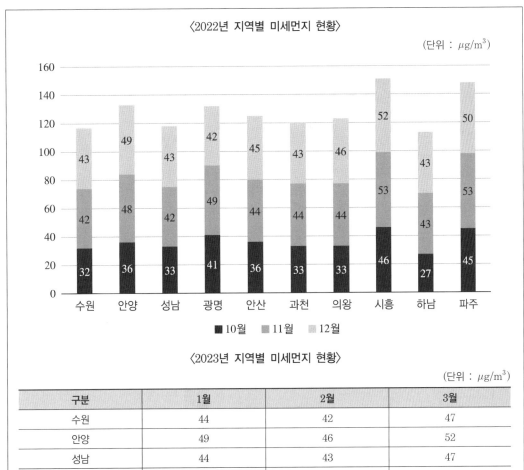

〈2022년 지역별 미세먼지 현황〉
(단위 : $\mu g/m^3$)

■ 10월   ■ 11월   ■ 12월

〈2023년 지역별 미세먼지 현황〉
(단위 : $\mu g/m^3$)

구분	1월	2월	3월
수원	44	42	47
안양	49	46	52
성남	44	43	47
광명	50	47	52
안산	49	44	46
과천	45	43	48
의왕	47	43	46
시흥	54	47	52
하남	46	43	45
파주	48	43	50

① 2022년 10 ~ 12월까지 미세먼지 농도의 합이 150$\mu g/m^3$ 이상인 지역은 한 곳이다.

② 2023년 1월 미세먼지 농도의 전월 대비 증감률이 0%인 지역의 2023년 2월 농도는 45$\mu g/m^3$ 이상이다.

③ 2022년 10월부터 2023년 3월까지 각 지역마다 미세먼지 농도가 가장 높은 달이 3월인 지역은 네 곳 이하이다.

④ 2023년 1월 대비 2월에 미세먼지 현황이 좋아진 지역은 모두 3월에 다시 나빠졌다.

⑤ 2022년 10월의 미세먼지 농도가 35$\mu g/m^3$ 미만인 지역의 2023년 2월 미세먼지 농도의 평균은 약 43$\mu g/m^3$ 이다.

15 다음은 2020 ~ 2022년까지 지역별 우유생산량에 대한 자료이다. 이에 대한 설명으로 옳은 것을 〈보기〉에서 모두 고르면?(단, 소수점 둘째 자리에서 반올림한다)

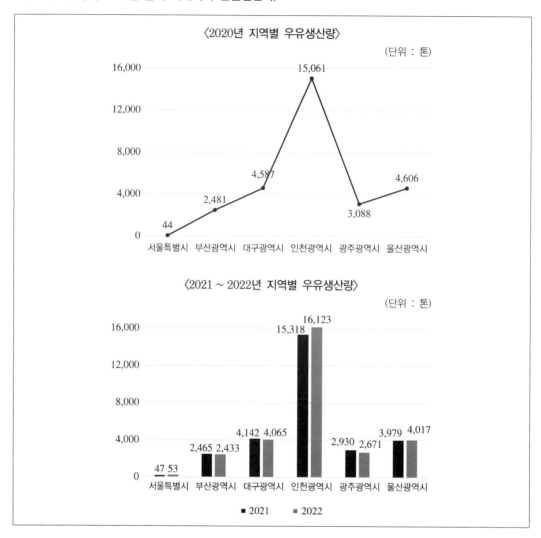

〈보기〉

ㄱ. 2021 ~ 2022년 동안 전년 대비 우유생산량이 증가하는 지역은 감소하는 지역보다 한 곳이 많다.
ㄴ. 2022년 우유생산량이 4,000톤 이상인 지역은 2020년 우유생산량도 4,000톤 이상이다.
ㄷ. 2021년 우유생산량이 두 번째로 많은 지역은 2020년에도 두 번째로 많다.
ㄹ. 2022년 부산광역시 우유생산량의 2020년 대비 감소율은 3% 미만이다.

① ㄱ, ㄷ
② ㄴ, ㄹ
③ ㄱ, ㄴ, ㄷ
④ ㄴ, ㄷ, ㄹ
⑤ ㄱ, ㄴ, ㄷ, ㄹ

16 다음은 2023년 2분기와 3분기의 산업별 대출금 현황에 대한 자료이다. 이에 대한 설명으로 옳지 않은 것을 〈보기〉에서 모두 고르면?

〈국내 산업별 대출금 현황〉

(단위 : 억 원)

구분	2분기	3분기
농업, 임업 및 어업	21,480.7	21,776.9
광업	909.0	905.0
제조업	315,631.7	319,134.5
전기, 가스, 증기 및 공기조절 공급업	11,094.0	11,365.6
수도·하수 및 폐기물 처리, 원료재생업	6,183.4	6,218.0
건설업	27,582.8	27,877.2
도매 및 소매업	110,526.2	113,056.5
운수 및 창고업	25,199.3	25,332.4
숙박 및 요식업	37,500.0	38,224.6
정보통신업, 예술, 스포츠, 여가 관련	24,541.3	25,285.9
금융 및 보험업	32,136.9	33,612.3
부동산업	173,886.5	179,398.1
전문, 과학 및 기술 서비스업	11,725.2	12,385.7
사업시설관리, 사업지원 및 임대서비스업	8,219.4	8,502.1
교육 서비스업	7,210.8	7,292.3
보건 및 사회복지서비스업	24,610.0	25,301.1
공공행정 등 기타서비스	26,816.8	25,714.6
합계	865,254.0	881,382.8

──────────── 〈보기〉 ────────────

ㄱ. 전체 대출금 합계에서 광업이 차지하는 비중은 2023년 3분기에 전분기 대비 감소하였다.
ㄴ. 2023년 3분기 전문, 과학 및 기술 서비스업 대출금의 2분기 대비 증가율은 10% 미만이다.
ㄷ. 2023년 2분기 전체 대출금 합계에서 도매 및 소매업 대출금이 차지하는 비중은 15% 이상이다.
ㄹ. 2023년 3분기에 대출금이 전분기 대비 감소한 산업 수는 증가한 산업 수의 20% 이상이다.

① ㄴ
② ㄱ, ㄴ
③ ㄷ, ㄹ
④ ㄱ, ㄷ, ㄹ
⑤ ㄴ, ㄷ, ㄹ

17 다음은 우리나라 연도별 적설량에 대한 자료이다. 이를 그래프로 변환했을 때 옳은 것은?

〈우리나라 연도별 적설량〉

(단위 : cm)

구분	2020년	2021년	2022년	2023년
서울	25.3	12.9	10.3	28.6
수원	12.2	21.4	12.5	26.8
강릉	280.2	25.9	94.7	55.3

① (m)

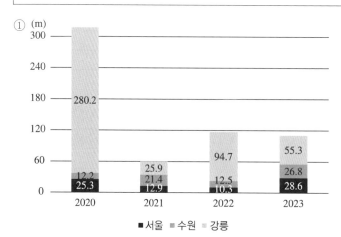

② (cm)

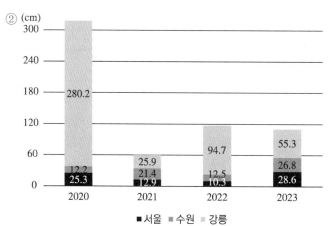

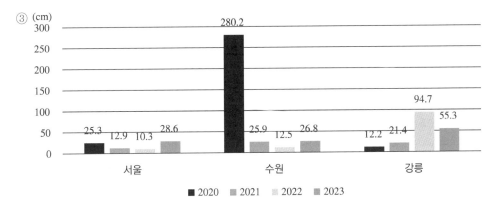

③ (cm)

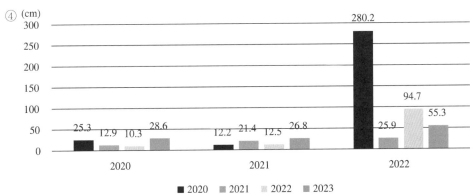

④ (cm)

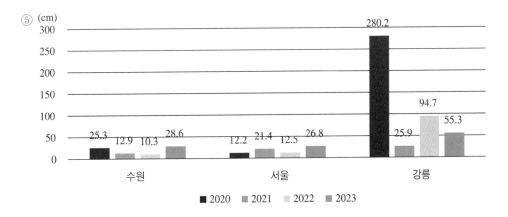

⑤ (cm)

18 다음은 L국 국회의원의 SNS(소셜네트워크서비스) 이용자 수 현황에 대한 자료이다. 이를 그래프로 변환했을 때 옳지 않은 것은?(단, 소수점 둘째 자리에서 반올림한다)

〈L국 국회의원의 SNS 이용자 수 현황〉

(단위 : 명)

구분	정당	당선 횟수별				당선 유형별		성별	
		초선	2선	3선	4선 이상	지역구	비례대표	남자	여자
여당	A	82	29	22	12	126	19	123	22
야당	B	29	25	13	6	59	14	59	14
	C	7	3	1	1	7	5	10	2
합계		118	57	36	19	192	38	192	38

① 국회의원의 여야별 SNS 이용자 수

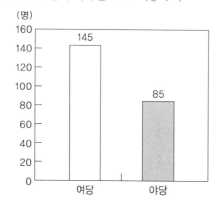

② 남녀 국회의원의 여야별 SNS 이용자 구성비

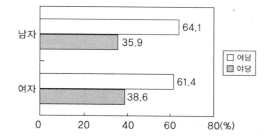

③ 야당 국회의원의 당선 횟수별 SNS 이용자 구성비

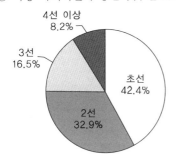

④ 2선 이상 국회의원의 정당별 SNS 이용자 수

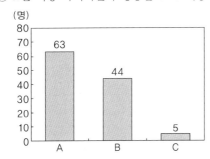

⑤ 여당 국회의원의 당선 유형별 SNS 이용자 구성비

☐ 지역구 ☐ 비례대표

19 다음은 지방자치단체별 신기술 A의 도입 현황에 대한 조사 결과이다. 이에 대한 설명으로 옳지 않은 것은? (단, 도입률과 응답률은 소수점 둘째 자리에서 반올림한다)

〈지방자치단체별 신기술 A의 도입 현황 조사 결과〉

(단위 : 개)

구분		지방자치단체 수	응답			미응답	도입률	응답률
			도입	미도입	소계			
광역지방자치단체	시	8	7	1	8	0		100.0
	도	9	7	1	8	1	77.8	88.9
	소계	17	14	2	16	1	82.4	
기초지방자치단체	시	74	51	15	66	8		89.2
	군	84	56	22	78	6	66.7	92.9
	구	69	43	19	62	7	62.3	89.9
	소계	227	150	56	206	21	66.1	90.7
전체		244	164	58	222	22	67.2	91.0

- 도입률(%) = $\dfrac{\text{'도입'으로 응답한 지방자치단체 수}}{\text{지방자치단체 수}} \times 100$

- 응답률(%) = $\dfrac{\text{응답한 지방자치단체 수}}{\text{지방자치단체 수}} \times 100$

① 광역지방자치단체의 응답률의 소계는 90%를 넘는다.

② 시의 도입률은 광역지방자치단체가 기초지방자치단체보다 높다.

③ 기초지방자치단체에서는 시의 도입률이 가장 크다.

④ 응답한 지방자치단체 중 '미도입'으로 응답한 비율이 30% 이상인 곳은 기초지방자치단체의 군과 구 두 곳이다.

⑤ 기초지방자치단체의 미응답한 구가 모두 '도입'으로 응답한다면 구의 도입률은 75% 이하이다.

20 다음은 음주율 상위 5개국의 음주율 현황을 나타낸 자료이다. 이에 대한 설명으로 옳은 것을 〈보기〉에서 모두 고르면?

〈2022년 음주율 상위 5개국 현황〉

(단위 : %)

순위	국가	남성	여성	전체
1	대한민국	37.5	12.8	24.7
2	리투아니아	50.8	6.3	24.4
3	헝가리	37.1	8.6	21.5
4	슬로베니아	32.8	7.2	19.8
5	핀란드	28.9	9.0	18.8

〈2021년 음주율 상위 5개국 현황〉

(단위 : %)

순위	국가	남성	여성	전체
1	리투아니아	51.2	8.2	27.6
2	대한민국	38.6	14.2	26.4
3	헝가리	38.2	9.1	26.1
4	슬로베니아	33.4	8.4	23.6
5	스위스	32.1	7.9	20.4

〈2020년 음주율 상위 5개국 현황〉

(단위 : %)

순위	국가	남성	여성	전체
1	리투아니아	53.1	8.2	28.5
2	대한민국	39.7	18.4	28.1
3	슬로베니아	33.2	9.4	25.4
4	헝가리	33.0	8.8	25.2
5	벨기에	32.7	9.2	23.8

〈보기〉

ㄱ. 2020 ~ 2022년 동안 음주율의 순위가 동일한 국가는 4개이다.

ㄴ. 대한민국, 리투아니아, 헝가리, 슬로베니아의 2021년과 2022년 전체 음주율은 전년 대비 낮아졌다.

ㄷ. 2020년에 음주율 1위인 국가의 남성 음주율은 2021년과 2022년에 전년 대비 낮아졌지만, 여성 음주율은 그렇지 않다.

ㄹ. 2020년 전체 음주율 대비 2022년 전체 음주율 감소율은 대한민국이 리투아니아보다 낮다.

① ㄱ, ㄴ
② ㄱ, ㄷ
③ ㄴ, ㄷ
④ ㄴ, ㄹ
⑤ ㄷ, ㄹ

01 일정한 규칙으로 수를 나열할 때, 빈칸에 들어갈 수로 알맞은 것은?

$$4\frac{3}{5} \quad 6\frac{1}{9} \quad 8\frac{5}{15} \quad 10\frac{3}{23} \quad (\quad) \quad 14\frac{5}{45} \quad 16\frac{9}{59}$$

① $12\dfrac{6}{33}$ ② $12\dfrac{7}{33}$

③ $12\dfrac{8}{33}$ ④ $12\dfrac{9}{33}$

⑤ $12\dfrac{10}{33}$

02 민석이의 지갑에는 1,000원, 5,000원, 10,000원짜리 지폐가 각각 8장씩 있다. 거스름돈 없이 물건 값 23,000원을 내려고 할 때 돈을 지불할 수 있는 방법은 총 몇 가지인가?

① 2가지 ② 3가지

③ 4가지 ④ 5가지

⑤ 6가지

03 일정한 규칙으로 수를 나열할 때, 빈칸에 들어갈 수로 알맞은 것은?

$$1.81 \quad 3.64 \quad 6.49 \quad 10.36 \quad 15.25 \quad 21.16 \quad 28.09 \quad (\quad) \quad 45.01 \quad 55$$

① 33.06 ② 35.05

③ 36.04 ④ 37.03

⑤ 38.02

04 스페이드, 하트, 다이아몬드 무늬의 카드가 각각 4장, 3장, 5장 들어 있는 상자에서 동시에 3장의 카드를 꺼낼 때, 두 가지 이상의 무늬의 카드가 나올 확률은?

① $\dfrac{37}{44}$ ② $\dfrac{19}{22}$

③ $\dfrac{39}{44}$ ④ $\dfrac{10}{11}$

⑤ $\dfrac{41}{44}$

※ 일정한 규칙으로 수를 나열할 때, 빈칸에 들어갈 알맞은 수를 고르시오. **[5~6]**

05

$$2\frac{1}{4} \quad 3\frac{4}{9} \quad 4\frac{9}{16} \quad 5\frac{16}{25} \quad (\quad) \quad 7\frac{36}{49} \quad 8\frac{49}{64}$$

① $5\dfrac{25}{36}$ ② $5\dfrac{36}{49}$

③ $6\dfrac{16}{25}$ ④ $6\dfrac{25}{36}$

⑤ $6\dfrac{36}{49}$

06

$$2 \quad 3.99 \quad 5.97 \quad 7.94 \quad (\quad) \quad 11.85 \quad 13.79 \quad 15.72 \quad 17.64 \quad 19.95$$

① 9.92   ② 9.91

③ 9.9   ④ 9.89

⑤ 9.88

07 어린이날을 맞아 행사장에서 아이들을 위한 색깔 실험을 하기 위해 호스 A, B, C를 준비했다. 호스 A, B, C는 각각 빨강, 파랑, 초록색 물이 1시간에 일정한 양만큼 나온다. 처음 호스 A와 B를 2시간 동안 틀고, 이후 세 호스를 4시간 동안 동시에 틀었더니 새로운 색이 되었다. 두 번째 실험에서 새로운 색과 똑같이 만들기 위해 A호스를 1시간 틀었다 잠그고, B호스와 C호스도 차례로 틀었다 잠갔다. 이때 B호스와 C호스를 틀었던 시간은 총 몇 분인가?(단, 각 호스의 색깔 농도는 일정하다)

① 40분   ② 70분
③ 100분   ④ 130분
⑤ 160분

08 일정한 규칙으로 수를 나열할 때, 빈칸에 들어갈 수로 알맞은 것은?

1   5   (   )   4   2   20   7   3   58

① 24   ② 26
③ 28   ④ 30
⑤ 32

09 원가가 2,000원인 제품에 15%의 마진을 붙여 정가로 판매하였다. 총 판매된 제품은 160개이고 그중 8개 제품에 하자가 발견되어 판매가격의 두 배를 보상금으로 지불했을 때, 얻은 이익은 총 얼마인가?

① 10,800원   ② 11,200원
③ 18,200원   ④ 24,400원
⑤ 26,500원

※ 일정한 규칙으로 수를 나열할 때, 빈칸에 들어갈 알맞은 수를 고르시오. [10~11]

10

$$2\frac{3}{5} \quad 6\frac{5}{11} \quad 14\frac{9}{23} \quad (\quad) \quad 62\frac{33}{95} \quad 126\frac{65}{191} \quad 254\frac{129}{383}$$

① $18\frac{23}{41}$ ② $24\frac{21}{45}$

③ $30\frac{17}{47}$ ④ $36\frac{13}{49}$

⑤ $42\frac{11}{53}$

11

$$30.55 \quad 28.53 \quad 32.57 \quad 26.51 \quad 34.59 \quad 24.49 \quad 36.61 \quad (\quad) \quad 38.63$$

① 21.95   ② 22.47

③ 23.73   ④ 36.85

⑤ 37.62

12 놀이기구를 타기 위해 줄을 서 있는 사람들을 놀이기구에 5명씩 탑승시키면 12명이 남고, 6명씩 탑승시키면 놀이기구 하나에는 2명이 타게 되고 놀이기구 1개가 빈다고 한다. 이때 줄을 서 있는 사람의 수와 놀이기구의 개수의 합은?

① 112   ② 122

③ 133   ④ 144

⑤ 150

13 일정한 규칙에 따라 수를 나열할 때, 빈칸에 들어갈 수로 알맞은 것은?

2	5	−3	16
6			6
20			−7
−8	11	( )	5

① 9   ② 12

③ 15   ④ 18

⑤ 21

14 어느 학교의 학생은 A과목과 B과목 중 한 과목만을 선택하여 수업을 받는다고 한다. A과목과 B과목을 선택한 학생의 비율이 각각 전체의 40%, 60%이고, A과목을 선택한 학생 중 여학생은 30%, B과목을 선택한 학생 중 여학생은 40%라고 하자. 이 학교의 3학년 학생 중에서 임의로 뽑은 학생이 여학생일 때, 그 학생이 B과목을 선택한 학생일 확률은?

① $\dfrac{1}{3}$ ② $\dfrac{2}{3}$

③ $\dfrac{1}{4}$ ④ $\dfrac{3}{4}$

⑤ $\dfrac{2}{5}$

15 일정한 규칙으로 수를 나열할 때, 빈칸에 들어갈 수로 알맞은 것은?

$$3 \quad 7 \quad 16 \quad -1 \quad 3 \quad -8 \quad (\quad) \quad -4 \quad 3$$

① 4   ② 7
③ 0   ④ -2
⑤ -3

16 어떤 부부와 딸 1명이 있다. 현재 부부의 나이의 합은 딸의 나이의 7배가 되는데, 5년 전에는 12배였다고 한다. 부부의 나이의 합이 딸의 나이의 4배 이하가 될 때는 딸이 몇 살 때부터인가?

① 25살   ② 24살
③ 23살   ④ 22살
⑤ 21살

17 일정한 규칙으로 수를 나열할 때, 빈칸에 들어갈 수로 알맞은 것은?

$$5 \quad 4 \quad 9 \quad 8 \quad 4 \quad 48 \quad (\quad) \quad 3 \quad 72$$

① 3   ② 9
③ 15   ④ 18
⑤ 21

18 거리가 30km인 A, B 두 지점 사이에 P지점이 있다. A지점에서 P지점까지 시속 3km의 속력으로 P지점에서 B지점까지 시속 4km의 속력으로 갔더니, 총 9시간이 걸렸다. A지점에서 P지점 사이의 거리는 몇 km인가?

① 12km   ② 15km

③ 18km   ④ 21km

⑤ 24km

19 다음 전개도는 일정한 규칙에 따라 나열된 수열이다. 빈칸에 들어갈 수로 알맞은 것은?

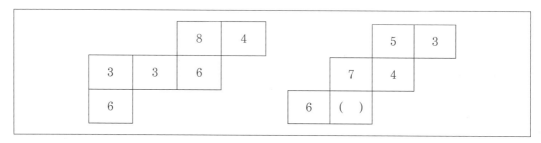

① 1   ② 4

③ 3   ④ 6

⑤ 8

20 농도가 각각 14%인 A설탕물 300g, 18%인 B설탕물 200g, 12%인 C설탕물 150g이 있다. A설탕물과 B설탕물을 합친 후 100g의 물을 더 넣고, 여기에 C설탕물을 합친 후 200g만 남기고 버렸다. 이때, 마지막 200g 설탕물에 녹아 있는 설탕의 질량은?

① 25.6g   ② 28.7g

③ 30.8g   ④ 32.6g

⑤ 34.8g

제2회
LG그룹
온라인 적성검사

www.sdedu.co.kr

〈문항 수 및 시험시간〉

LG그룹 온라인 적성검사		
영역	문항 수	영역별 제한시간
언어이해	20문항	20분
언어추리	20문항	20분
자료해석	20문항	20분
창의수리	20문항	20분

제2회 모의고사

문항 수 : 80문항
시험시간 : 80분

제 1 영역 언어이해

※ 다음 문단을 논리적 순서대로 바르게 나열한 것을 고르시오. [1~2]

01

(가) 고전주의 예술관에 따르면 진리는 예술 작품 속에 이미 완성된 형태로 존재한다. 독자는 작가가 담아 놓은 진리를 '원형 그대로' 밝혀내야 하고 작품에 대한 독자의 감상은 언제나 작가의 의도와 일치해야 한다. 결국 고전주의 예술관에서 독자는 작품의 의미를 수동적으로 받아들이는 존재일 뿐이다. 하지만 작품의 의미를 해석하고 작가의 의도를 파악하는 존재는 결국 독자이다. 특히 현대 예술에서는 독자에 따라 작품에 대한 다양한 해석이 가능하다고 여긴다. 바로 여기서 수용미학이 등장한다.

(나) 이저는 텍스트 속에 독자의 역할이 들어있다고 보았다. 그러나 독자가 어떠한 역할을 수행할지는 정해져 있지 않기 때문에 독자는 텍스트를 읽는 과정에서 텍스트의 내용과 형식에 끊임없이 반응한다. 이러한 상호작용 과정을 통해 독자는 작품을 재생산한다. 텍스트는 다양한 독자에 따라 다른 작품으로 태어날 수 있으며 같은 독자라도 시간과 장소에 따라 다른 작품으로 생산될 수 있는 것이다. 이처럼 텍스트와 독자의 상호작용을 강조한 이저는 작품의 내재적 미학에서 탈피하여 작품에 대한 다양한 해석의 가능성을 열어주었다.

(다) 야우스에 의해 제기된 독자의 역할을 체계적으로 정리한 사람이 '이저'이다. 그는 독자의 능동적 역할을 밝히기 위해 '텍스트'와 '작품'을 구별했다. 텍스트는 독자와 만나기 전의 것을, 작품은 독자가 텍스트와의 상호작용을 통해 그 의미가 재생산된 것을 가리킨다. 그런데 이저는 텍스트에는 '빈틈'이 많다고 보았다. 이 빈틈으로 인해 텍스트는 '불명료성'을 가진다. 텍스트에 빈틈이 많다는 것은 부족하다는 의미가 아니라 독자의 개입에 의해 언제나 새롭게 해석될 수 있다는 것을 의미한다.

(라) 수용미학을 처음으로 제기한 사람은 야우스이다. 그는 "문학사는 작품과 독자 간의 대화의 역사로 쓰여야 한다."고 주장했다. 이것은 작품의 의미는 작품 속에 갇혀 있는 것이 아니라 독자에 의해 재생산되는 것임을 말한 것이다. 이로부터 문학을 감상할 때 작품과 독자의 관계에서 독자의 능동성이 강조되었다.

① (가) – (다) – (라) – (나)
② (가) – (라) – (다) – (나)
③ (나) – (가) – (다) – (라)
④ (다) – (가) – (나) – (라)
⑤ (라) – (가) – (나) – (다)

(가) 이러한 수평적 연결은 사물인터넷 서비스로 새로운 성장 동력을 모색할 수 있다. 예를 들어 스마트 컵인 프라임베실(개인에게 필요한 수분 섭취량을 알려줌), 스마트 접시인 탑뷰(음식의 양을 측정함), 스마트 포크인 해피포크(식사 습관개선을 돕는 스마트 포크. 식사 속도와 시간, 1분간 떠먹는 횟수 등을 계산해 식사 습관을 분석함)를 연결하면 식생활 습관을 관리할 수 있을 것이다. 이를 식당, 병원, 헬스케어 센터에서 이용하면 고객의 식생활을 부가 서비스로 관리할 수 있다.

(나) 마치 100m 달리기를 하듯 각자의 트랙에서 목표를 향해 전력 질주하던 시대가 있었다. 선택과 집중의 논리로 수직 계열화를 통해 효율을 확보하고, 성능을 개선하고자 했었다. 그런데 세상이 변하고 있다. 고객 혹은 사용자를 중심으로 기존의 제품과 서비스가 재정의되고 있는 것이다. 이러한 산업의 패러다임적 전환을 신성장 동력이라 말한다.

(다) 기존의 가스 경보기를 만들려면 미세한 가스도 놓치지 않는 센서의 성능, 오래 지속되는 배터리, 크게 알릴 수 있는 알람 소리, 인테리어에 잘 어울리는 멋진 제품 디자인이 필요하다. 그런데 아무리 좋은 가스 경보기를 만들어도 사람의 안전을 담보하지는 못한다. 만약 집에서 가스 경보기가 울리면 아마 창문을 열어 환기시키고, 가스 밸브를 잠그고, 119에 신고를 해야 할 것이다. 사람의 안전을 담보하는, 즉 연결 지배성이 높은 가스 경보기는 이런 일을 모두 해내야 한다. 이런 가스 경보기를 만들려면 전기, 전자, 통신, 기계, 인테리어, 디자인 등의 도메인들이 사용자 경험을 중심으로 연결돼야 한다. 이를 수평적 연결이라 부른다.

(라) 똑똑한 사물인터넷은 점점 더 다양해진다. S텔레콤의 '누구'나 아마존 '에코' 같은 스마트 스피커는 사용자가 언제 어디든, 일상에서 인공 비서로 사용되는 시대가 되었다. 그리고 K보일러의 사물인터넷 서비스는 보일러 쪽으로 직접 가지 않아도 스마트폰 전용 앱으로 보일러를 관리한다. 이제 보일러가 언제, 얼마나, 어떻게 쓰이는지 그리고 보일러의 상태는 어떠한지, 사용하는 방식과 에너지 소모 등의 정보도 얻을 수 있다. 4차 산업혁명의 전진기지 역할을 하는 사물인터넷 서비스는 이제 거스를 수 없는 대세이다.

① (나) – (가) – (다) – (라) ② (나) – (다) – (가) – (라)
③ (다) – (가) – (라) – (나) ④ (다) – (나) – (가) – (라)
⑤ (다) – (라) – (나) – (가)

03 다음 글의 제목으로 가장 적절한 것은?

우리 고유의 발효식품이자 한식 제1의 반찬인 김치는 천 년이 넘는 역사를 함께해 온 우리 삶의 일부이다. 채소를 오래 보관하여 먹기 위한 절임 음식으로 시작된 김치는 양념을 버무리고 숙성시키는 우리만의 발효과학 식품으로 변신하였고, 김장은 우리 민족의 가장 중요한 행사 중 하나가 되었다. 다른 나라에도 소금 등에 채소를 절인 절임 음식이 존재하지만, 절임 후 양념으로 2차 발효시키는 음식으로는 우리 김치가 유일하다. 김치는 발효과정을 통해 원재료보다 영양이 한층 더 풍부하게 변신하며 암과 노화, 비만 등의 예방과 억제에 효과적인 기능성을 보유한 슈퍼 발효 음식으로 탄생한다.

김치는 지역마다, 철마다, 또 특별한 의미를 담아 다양하게 변신하여 300가지가 넘는 종류로 탄생하는데 기후와 지역 등에 따라서 다채로운 맛을 담은 김치들이 있으며 주재료로 채소뿐만 아니라 수산물이나 육류를 이용한 독특한 김치도 있고, 같은 김치라도 사람에 따라 특별한 김치로 재탄생되기도 한다. 지역과 집안마다 저마다의 비법으로 담그기 때문에 유서 깊은 종가마다 비법으로 만든 특별한 김치가 전해오며 김치를 담그고 먹는 일도 수행의 연속이라 여기는 사찰에서는 오신채를 사용하지 않은 김치가 존재한다.

우리 문화의 정수이자 자존심인 김치는 현대에 들어서는 문화와 전통이 결합한 복합 산업으로 펼쳐지고 있다. 김치에 들어가는 수많은 재료에 관련된 산업의 생산액은 3.3조 원이 넘으며 주로 배추김치로 형성된 김치 생산은 약 2.3조 원의 시장을 형성하고 있고, 시판 김치의 경우 대기업의 시장 주도력이 증가하고 있다. 소비자 요구에 맞춘 다양한 포장 김치가 등장하고 김치냉장고는 1.1조 원의 시장을 형성하고 있으며 정성과 기다림을 상징하는 김치는 문화산업의 소재로 활용되며 김치 문화는 관광 관련 산업으로 활성화되고 있다. 김치의 영양 기능성과 김치 유산균을 활용한 여러 기능성 제품이 개발되고, 부식뿐 아니라 새로운 요리의 식재료로서 김치는 39조 원의 외식산업 시장을 뒷받침하고 있다.

① 김치의 탄생
② 김치산업의 활성화 방안
③ 우리 민족의 축제, 김장
④ 지역마다 다양한 종류의 김치
⑤ 우리 민족의 전통이자 자존심, 김치

※ 다음 글의 내용으로 가장 적절한 것을 고르시오. [4~5]

04

> 비재무적 위험요인이 초래할 수 있는 재무적 충격을 숫자로 나타내고자 하는 노력은 점차 성과를 거두고 있다. 특히 ESG 중에서 E(환경)를 중심으로 가시화된 형태가 나타나고 있다. 이미 EU(유럽연합)를 시작으로 한국·미국 등 주요국에서는 온실가스 거래시장이 만들어졌다. 지구온난화를 초래하는 온실가스에 가격을 매겨 온실가스를 배출하는 기업들이 비용을 치르게 하자는 발상이 현실화된 대표적 사례다.
>
> 2008년 금융위기 극복을 위한 글로벌 협의체 G20(주요 20개국) 회의의 하부기구인 TCFD(기후변화 위험의 재무공시를 위한 태스크포스)를 비롯해 SASB(지속가능회계기준위원회), ISO(국제표준화기구) 등 기구들이 ESG 요소를 재무적으로 관측할 수 있도록 하는 수단을 만들어왔고 이를 보다 세련되게 다듬는 노력을 기울이고 있다. 예전에는 측정할 수 없다는 이유로 경영·투자판단에 고려되지 않았던 ESG 등 비재무적 요소들이 하나둘씩 숫자의 형태로 나타나기 시작했다는 것이다.
>
> 외국 기관투자자들의 전유물로만 여겨지곤 했던 ESG를 국내에서 가장 선도적으로 투자에 반영한 곳이 바로 국민연금이다. 국민 노후보장의 최후 보루인 국민연금 기금의 규모는 2020년 말기준 834조 원에 이르고 이 중 국내 주식 자산의 규모만 177조 원에 달한다. 코스피·코스닥 전체의 시가총액 합계가 약 2,300조 원인데 이 중 7.5%가량을 국민연금이 보유하고 있다는 얘기다. 더불어 국민연금은 국내 회사채·여신채 등 민간기업들이 발행한 채권도 75조 원가량을 보유하고 있다.
>
> 국내 기업들의 자금상환 능력이 쪼그라들거나 기업가치가 훼손될 경우 국민연금이 타격을 입을 수밖에 없는 구조다. 이 때문에 국민연금이 가장 선도적으로 ESG 요소를 투자에 접목해왔던 것이다. 국민연금은 이미 15년 전, 국내에선 아직 ESG 이슈가 낯설었던 2006년부터 위탁 운용을 통해 ESG 전략을 투자에 접목해왔고 ESG 투자 규모를 늘려왔다.
>
> 2020년 기준으로 전체 기금 자산에서 차지하는 ESG 투자자산의 비중은 현재 10%에 불과하지만 이를 내년까지 50%까지 늘리겠다는 비전을 제시한 바 있다. ESG 투자 대상 자산도 현재의 국내 주식 일부에서 국내 채권, 해외 주식·채권 등으로 대폭 확장될 예정이다.
>
> 국민연금은 2009년 UN PRI(유엔책임투자원칙) 서명 기관으로 가입한 것은 물론이고 2019년에는 ICGN(국제기업지배구조네트워크), 2020년에는 AIGCC(기후변화 관련 아시아 투자자 그룹)에 잇따라 가입했다. 글로벌 연기금 및 기관들과의 적극적인 정보교류와 협력 인프라를 구축하겠다는 차원에서다. 나아가 ESG투자와 관련한 글로벌 원칙과 기준을 형성하는 과정에도 국민연금의 목소리가 반영될 수 있을 것으로 보인다. 머지 않아 기금 규모 1,000조 원 돌파를 눈앞에 둔 국민연금의 ESG 투자는 세계 일류로 도약하는 우리 기업들의 지속가능성을 높이는 데도 기여하고 있다는 평가를 받는다.

① 국민연금의 기금 규모는 1,000조 원을 돌파했다.

② 국민연금은 10여 년 전부터 ESG 관련 투자를 해왔다.

③ 이전에도 사람들은 투자에 있어서 비재무적인 요소를 고려했다.

④ 미국에서 처음으로 온실가스 배출에 비용을 치르자는 제안을 했다.

⑤ 2020년을 기준으로 국민연금 전체 기금 자산에서 ESG 투자자산이 차지하는 비율은 50%에 달한다.

고갈되지 않는 천연자원 중에서도 가장 많이 보급된 재생에너지인 태양광발전은 전력변환 효율이 현재 평균 10% 이상으로 20%까지 오르기도 한다. 특히 에너지 기술의 발전과 태양광발전 장비의 대량생산 등으로 전 세계 여러 지역에서 태양광 발전원가가 석탄이나 가스 등과 같거나 더 저렴해지는 그리드 패리티(Grid Parity)* 시대에 접어들었다. 중국은 현재 태양광발전이 가스보다 저렴해졌고, 독일은 석탄발전 대비 20% 이상 저렴한 가격을 자랑한다. 한국 역시 지속적으로 생산 단가가 감소하면서 그리드 패리티 시대를 맞을 준비를 하고 있다.

태양에너지를 활용하는 두 가지 방법 태양광과 태양열은 어떻게 다를까? 태양광은 '빛(光)', 즉 햇빛을 이용해 전기에너지로 변환하는 방식이다. 햇빛을 받으면 광전효과에 의해 전기를 발생시키는 발전으로 태양광발전 모듈을 이용해 빛을 직접 전기로 바꿀 수 있다. 태양열발전은 태양에서 지구에 도달하는 열에너지를 이용한 발전방식으로 표면 온도 6,000°C인 태양열을 이용한다. 태양열은 흡수·저장·열변환 등을 통해 건물의 냉난방 및 급탕 등에 활용된다.

별이 빛나는 이유는 핵융합 과정에서 발생하는 핵에너지 때문이다. 수소로 이루어진 거대한 가스 덩어리가 높은 열을 받아 헬륨으로 변하는 핵융합이 끊임없이 계속되는 것이다. 그런 우주의 핵융합을 지구에서 실현하려고 만든 것이 바로 인공태양이다. 이러한 핵융합 에너지의 연료인 중수소는 바닷물에 들어 있어 원료가 고갈될 염려가 없다. 게다가 바닷물에서 얻은 연료 1그램이면 석유 8톤 분량의 에너지를 얻을 수 있다고 한다. 우리나라는 1995년부터 인공태양 연구를 시작했으며 KSTAR, ITER 등 세계적인 핵융합장치를 개발 중이다.

중국 산동성에 특별한 도로가 생겼다. 바로 1km 길이의 태양광 도로다. 중국 치루 교통그룹이 개발한 이 도로는 노면 자체가 곧 태양광 발전소다. 프랑스는 세계 최초로 노르망디의 와트웨이에 태양광 도로를 건설했고, 네덜란드 역시 2만 5,000km의 자전거 전용 태양광 도로가 있다. 태양광 도로는 도로에서 발전한 전력으로 전기차를 충전하거나 겨울철 빙판길 방지에도 활용할 수 있어 교통안전과 효율에도 긍정적으로 활약할 것으로 보인다.

태양과 닮은 해바라기는 광합성을 위해 빛이 강한 방향으로 줄기가 굴절되는 성질을 가지고 있다. 미국 로스앤젤레스 캘리포니아대학교와 애리조나 주립대 연구팀에서는 해바라기의 이런 특징에서 착안해 '선봇(Sunbot)'이라는 새로운 합성물질을 개발했다. 선봇은 해바라기처럼 햇빛을 따라 굴절한다. 연구팀은 이 물질이 태양광 패널, 스마트 글라스, 우주선 솔라세일, 레이더 등에 이용될 수 있다고 발표했다. 특히 태양전지에 활용하면 현재 20% 수준인 발전 효율을 90%까지 끌어올릴 수 있다.

* 그리드 패리티 : 석유·석탄 등을 쓰는 화력발전과 태양·바람 등을 이용하는 신재생에너지 발전 원가가 같아지는 시점

① 우리나라는 이미 1995년에 세계적인 핵융합장치를 개발했다.
② 태양열 발전은 열에너지를 이용한 광전효과를 통해 전기를 발생시킨다.
③ 독일, 중국과 마찬가지로 한국 역시 화력발전보다 태양광발전의 단가가 낮아졌다.
④ '선봇(Sunbot)'을 활용하면 10% 수준인 발전 효율을 20%까지 끌어올릴 수 있다.
⑤ 태양광 도로는 전력 발전뿐만 아니라 전기차 충전 등 다방면으로 사용이 가능하다.

06 다음 글을 읽은 독자의 반응으로 적절하지 않은 것은?

인간이 말하고 듣는 의사소통의 과정을 통하여 자신이 전달하고자 하는 바를 표현하고 상대방의 말을 잘 이해하며 서로 좋은 관계를 형성하고 지속해 나가기 위해서 지켜야 할 기본적인 규칙을 음성언어 의사소통의 원리라고 한다. 원활한 음성언어 의사소통을 위해 필요한 기본 원리로는 공손성, 적절성, 순환성, 관련성이 있다.

공손성의 원리는 음성언어 의사소통에서 상대방에게 부담을 적게 주고 상대방을 존중해 주는 표현과 태도를 지키는 것을 말한다. 공손성의 원리는 언어가 정보를 전달하는 기능 이외에 의사소통 참여자 사이의 사회적 관계 형성에도 기여한다는 것에 근거하여 설정된 것이다. 공손성의 원리가 효과적인 인간관계를 형성하고 유지할 수 있는 것은 이것이 바로 인간의 내적 욕구를 충족시켜 주는 행위이기 때문이다. 공손성의 원리는 좋은 인간관계 형성이라는 사회적 기능뿐만 아니라 언어 표현의 효과성도 만족시킨다. 그러나 의사소통 참여자 사이의 인간관계에 맞지 않는 지나친 공손함은 오히려 상대를 향한 빈정거림의 표현이 되므로 의사소통의 걸림돌이 될 수 있다.

적절성의 원리는 음성언어 의사소통의 상황, 목적, 유형에 맞는 담화 텍스트의 형식과 내용으로 표현되어야 한다는 것이다. 음성언어 의사소통에서 발화되는 담화 텍스트가 적절성의 원리를 만족한다는 것은 발화된 담화 텍스트가 상황과 표현 의도에 맞게 상대에게 받아들여질 수 있는, 텍스트적 요인을 만족하는 형태로 표현된 것을 의미한다.

순환성의 원리는 음성언어 의사소통의 상황에 맞게 참여자의 역할이 원활하게 교대되고 정보가 순환되어 의사소통의 목적이 달성되는 것을 말한다. 말하기와 듣기의 연속적 과정인 음성언어 의사소통에서 참여자의 역할이 적절히 분배되고 교환되지 않으면 일방적인 의사 표현과 수용이 되므로 효과적인 의사소통을 기대하기 어렵다.

음성언어 의사소통에서 듣기는 상대방이 전달하려는 의미를 재구성하는 적극적인 과정이다. 관련성의 원리는 의사소통 참여자가 상대방이 발화한 담화 텍스트의 의미를 상대방의 의도에 따라 재구성하여 이해하는 것을 말한다. 발화문의 의미와 의도된 의미가 일치하지 않는 경우 참여자는 담화 맥락을 이해하고, 추론을 통해 대화의 함축을 찾으려는 적극적인 자세를 지녀야 한다.

① 상대방이 부담을 느끼지 않도록 요청하면서 정중한 표현을 사용해야겠어.
② 무언가를 지시할 때는 추상적인 표현보다 실행 가능한 구체적인 행동을 이야기해야겠어.
③ 앞으로는 내 이야기만 주장하지 않고 상대방의 이야기도 귀 기울여 듣도록 노력해야겠어.
④ 상대방의 이야기를 들을 때는 상대방의 의도를 파악하면서 의미를 이해하는 것이 좋겠어.
⑤ 상대방이 말을 하던 중이더라도 대화 주제에 대한 생각이 떠오른다면 까먹기 전에 바로 이야기해야 해.

07 다음 글의 내용으로 적절하지 않은 것은?

마이클 포터(Michael Porter)는 특정 산업의 경쟁 강도, 수익성 및 매력도가 산업의 구조적 특성에 의하여 영향을 받으며, 이는 5가지 힘에 의하여 결정된다고 보았다. 마이클 포터가 제시한 5가지 힘에는 기존 경쟁자, 구매자, 공급자, 신규참가자, 대체품의 힘이 있으며 이 중에서 가장 강한 힘이 경쟁전략을 책정하는 결정 요소가 된다. 이러한 5가지 힘의 분석을 통해 조직이 속한 시장이 이익을 낼 수 있는 시장인지 아닌지를 판단하는데 이것을 산업의 매력도 측정이라 부른다.

먼저 기존 경쟁자 간의 경쟁은 해당 산업의 경쟁이 얼마나 치열한지를 보여준다. 통상적으로 같은 산업에 종사하는 기업이 많을수록 경쟁이 치열할 수밖에 없다. 따라서 특허 등이 필요한 독과점 형태의 산업은 매력적이지만, 누구나 할 수 있는 완전경쟁시장 형태의 산업은 매력이 떨어지게 된다.

한편, 대형마트가 물건을 대량으로 구매하면서 공급 가격을 내리라고 한다면 제조업체는 이를 거절할 수 있을까? 최근 대형마트 등의 유통업체들이 제조업체에 상당한 가격 협상력을 갖게 되면서 구매자의 힘이 업계의 힘보다 강해지고 있다. 이처럼 구매량과 비중이 클수록, 제품 차별성이 낮을수록, 구매자가 가격에 민감할수록 구매자의 힘은 커지게 된다. 산업의 매력도는 이러한 구매자의 힘이 셀수록 떨어지고, 반대로 구매자의 힘이 약할수록 높아진다.

공급자가 소수 기업에 의해 지배되는 경우, 즉 독과점에 해당하는 경우나 공급자가 공급하는 상품이 업계에서 중요한 부품인 경우 공급자의 힘이 강해져 산업의 매력도는 떨어지게 된다. 반대로 공급자가 다수 기업에 의해 지배되는 경우, 즉 완전경쟁에 해당하는 경우나 공급자가 공급하는 상품이 업계에서 그다지 중요하지 않은 부품인 경우에는 공급자의 힘이 적어지고 산업의 매력도는 올라가게 된다.

현재의 산업에 신규참가자가 진입할 가능성이 높으면 그 산업의 매력도는 떨어진다. 신규 진입의 정도는 해당 업계의 진입 장벽이 얼마나 높은가에 따라 결정된다. 예를 들어 반도체나 조선업 등은 대규모의 투자가 필요하므로 신규 진입이 쉽지 않다. 진입 장벽이 높을수록 산업의 매력도는 높아지며 반대로 진입 장벽이 낮을수록 산업의 매력도는 떨어지게 된다.

마이클 포터가 제시한 5가지 힘 중 가장 무서운 것은 대체품의 힘이다. 현재의 상품보다 가격이나 성능에 있어 훨씬 뛰어난 대체품이 나올 경우 해당 산업이 사라져버릴 수도 있기 때문이다. 따라서 대체품의 위협이 낮을수록 산업의 매력도는 높아진다.

① 구매자의 힘이 약하면 산업 매력도가 높아진다.
② 공급자의 힘이 커지면 산업 매력도가 높아진다.
③ 대체품의 힘이 커지면 산업 매력도가 낮아진다.
④ 신규참가자의 힘이 커지면 산업 매력도가 낮아진다.
⑤ 기존 경쟁자의 힘이 커지면 산업 매력도가 높아진다.

08 다음 글에서 언급한 여러 진리론에 대한 비판으로 적절하지 않은 것은?

우리는 일상생활이나 학문 활동에서 '진리' 또는 '참'이라는 말을 자주 사용한다. 예를 들어 '그 이론은 진리이다.'라고 말하거나 '그 주장은 참이다.'라고 말한다. 그렇다면 우리는 무엇을 '진리'라고 하는가? 이 문제에 대한 대표적인 이론에는 대응설, 정합설, 실용설이 있다.

대응설은 어떤 판단이 사실과 일치할 때 그 판단을 진리라고 본다. 감각을 사용하여 확인했을 때 그 말이 사실과 일치하면 참이고, 그렇지 않으면 거짓이라는 것이다. 대응설은 일상생활에서 참과 거짓을 구분할 때 흔히 취하고 있는 관점으로 우리가 판단과 사실의 일치 여부를 알 수 있다고 여긴다. 우리는 특별한 장애가 없는 한 대상을 있는 그대로 정확하게 지각한다고 생각한다. 예를 들어 책상이 네모 모양이라고 할 때 감각을 통해 지각된 '네모 모양'이라는 표상은 책상이 지니고 있는 객관적 성질을 그대로 반영한 것이라고 생각한다. 그래서 '그 책상은 네모이다.'라는 판단이 지각 내용과 일치하면 그 판단은 참이 되고, 그렇지 않으면 거짓이 된다는 것이다.

정합설은 어떤 판단이 기존의 지식 체계에 부합할 때 그 판단을 진리라고 본다. 진리로 간주하는 지식 체계가 이미 존재하며, 그것에 판단이나 주장이 들어맞으면 참이고 그렇지 않으면 거짓이라는 것이다. 예를 들어 어떤 사람이 '물체의 운동에 관한 그 주장은 뉴턴의 역학의 법칙에 어긋나니까 거짓이다.'라고 말했다면, 그 사람은 뉴턴의 역학의 법칙을 진리로 받아들여 그것을 기준으로 삼아 진위를 판별한 것이다.

실용설은 어떤 판단이 유용한 결과를 낳을 때 그 판단을 진리라고 본다. 어떤 판단을 실제 행동으로 옮겨 보고 그 결과가 만족스럽거나 유용하다면 그 판단은 참이고 그렇지 않다면 거짓이라는 것이다. 예를 들어 어떤 사람이 '자기 주도적 학습 방법은 창의력을 기른다.'라고 판단하여 그러한 학습 방법을 실제로 적용해 보았다고 하자. 만약 그러한 학습 방법이 실제로 창의력을 기르는 등 만족스러운 결과를 낳았다면 그 판단은 참이 되고, 그렇지 않다면 거짓이 된다.

① 수학이나 논리학에는 경험적으로 확인하기 어렵지만 참인 명제도 있는데, 그 명제가 진리임을 입증하기 힘들다는 문제가 대응설에서는 발생한다.

② 판단의 근거가 될 수 있는 이론 체계가 아직 존재하지 않을 경우에 그 판단의 진위를 판별하기 어렵다는 문제가 정합설에서는 발생한다.

③ 새로운 주장의 진리 여부를 기존의 이론 체계를 기준으로 판단한다면, 기존 이론 체계의 진리 여부는 어떻게 판단할 수 있는지의 문제가 정합설에서는 발생한다.

④ 실용설에서는 감각으로 검증할 수 없는 존재에 대한 관념은 그것의 실체를 확인할 수 없기 때문에 거짓으로 보아야 하는 문제가 발생한다.

⑤ 실제 생활에서의 유용성은 사람이나 상황에 따라 다르기 때문에 어떤 지식의 진리 여부가 사람이나 상황에 따라 달라지는 문제가 실용설에서는 발생한다.

우리 마을 사람들의 대부분은 산에 있는 밭이나 과수원에서 일한다. 그런데 마을 사람들이 밭이나 과수원에 갈 때 주로 이용하는 도로의 통행을 가로막은 울타리가 설치되었다. 그 도로는 산의 밭이나 과수원까지 차량이 통행할 수 있는 유일한 길이었다. 이러한 도로가 사유지 보호라는 명목으로 막혀서 땅 주인과 마을 사람들 간의 갈등이 심해지고 있다.

마을 사람들의 항의에 대해서 땅 주인은 자신의 사유 재산이 더 이상 훼손되는 것을 간과할 수 없어 통행을 막았다고 주장한다. 그 도로가 사유 재산이므로 독점적이고 배타적인 사용 권리가 있어서 도로 통행을 막은 것이 정당하다는 것이다.

마을 사람들은 그 도로가 10년 가까이 공공으로 사용되어 왔는데 사유 재산이라는 이유로 갑자기 통행을 금지하는 것은 부당하다고 주장하고 있다. 도로가 막히면 밭이나 과수원에서 농사를 짓는 데 불편함이 크고 수확물을 차에 싣고 내려올 수도 없는 등의 피해를 입게 되는데, 개인의 권리 행사 때문에 이러한 피해를 입는 것은 부당하다는 것이다.

사유 재산에 대한 개인의 권리가 보장받는 것도 중요하지만, 그로 인해 다수가 피해를 입게 된다면 사익보다 공익을 우선시하여 개인의 권리가 제한되어야 한다고 생각한다. 만일 개인의 권리가 공익을 위해 제한되지 않으면 이번 일처럼 개인과 다수 간의 갈등이 발생할 수밖에 없다.

땅 주인은 사유 재산의 독점적이고 배타적인 사용을 주장하기에 앞서 마을 사람들이 생업의 곤란으로 겪는 어려움을 염두에 두어야 한다. 공익을 우선시하는 태도로 조속히 문제 해결을 위해 노력해야 할 것이다.

① 공익으로 인해 침해된 땅 주인의 사익은 적절한 보상을 통해 해결될 수 있다.
② 마을 사람들과 땅 주인의 갈등은 민주주의의 다수결의 원칙에 따라 해결해야 한다.
③ 해당 도로는 10년 가까이 공공으로 사용되었기 때문에 사유 재산으로 인정받을 수 없다.
④ 땅 주인은 개인의 권리 추구에 앞서 마을 사람들과 함께 더불어 살아가는 법을 배워야 한다.
⑤ 땅 주인의 권리 행사로 발생하는 피해가 법적으로 증명되어야만 땅 주인의 권리를 제한할 수 있다.

10 다음 글의 빈칸에 들어갈 말로 가장 적절한 것은?

스트레스는 만병의 근원이란 말이 나돌고 있다. 정말로 스트레스는 의학적인 만병의 근원으로 우리에게 신체적 해가 되는 일 자체보다도 이를 극복해 나가는 고통스런 과정이 더 문제인 것 같다. 허나 살아가면서 아무리 큰 스트레스를 겪더라도 시간이 경과함에 따라 점차로 망각의 세계로 흘려보내게 되는 것은 천만다행인 일이 아닐 수 없다. 개인적 차이야 있겠지만 고독한 개별 존재로 살아가면서 겪는 삶의 갈등에서 '세월이 약이다.'라는 우리 속담의 역할은 우리에게 참으로 큰 위안을 준다. 과거 기억의 집착에서 빨리 벗어나는 것은 진정으로 필요한 일이며, 이러한 자각의 과정이야말로 결국 혼자인 자신을 성찰할 좋은 기회가 된다. 그러니 이런 의미의 건망증이야 하느님이 우리에게 주신 좋은 선물 가운데 하나가 아니겠는가.

이와 같은 공리적인 건망증과는 달리, 우리 속담에 _____는 말과 같이 순간적인 건망증은 우리 생활에 웃음을 주는 활력소가 된다. 주부가 손에 고무장갑을 끼고 장갑을 찾는다든가, 안경을 쓴 채 안경을 찾으러 이리저리 다니는 일 따위의 일이야 주변에서 흔히 목격할 수 있는 일이다. 영국의 명재상이면서 끽연가인 처칠이 파이프를 물고 파이프를 찾았다든가, 혹은 18세기 영국의 문명 비평가였던 사무엘 존슨이 자신의 결혼식 날을 잊고 그 시간에 서재에서 집필하고 있었다는 일화도 정말로 우리를 웃음 짓게 하는 유쾌한 건망증이다.

의학적으로 대충 50대를 전후하여 기억 세포의 사멸로 기억력이 점차로 쇠퇴하여지기 시작한다고 한다. 이제 이순(耳順)의 나이를 넘어서다 보니, 주변 친구들을 만나면 늙는다는 타령과 함께 건망증을 소재로 한담(閑談)의 공간을 채우는 경우가 많아지게 되었다. 한 번은 건망증을 화제로 한자리에서, 지우(知友)가 이젠 하도 잊어버리는 일이 많더니 급기야 잊지 않으려 적어 놓은 메모까지도 잊어 못 찾게 되었노라고 한숨을 짓는 것을 보고 나는 빙그레 웃어 주었다. 그리고 이 말을 해주었다. 그 자체가 바로 자연이고 순리인 것이라고. 잊지 않으려고 억지로 노력하는 일도 하나의 집착인 것이라고.

① 소경이 개천 나무란다
② 우물에 가 숭늉 찾는다
③ 장님 코끼리 말하듯 한다
④ 업은 아이 삼 년을 찾는다
⑤ 소문 난 잔치에 먹을 것 없다

※ 다음 글의 전개 방식으로 가장 적절한 것을 고르시오. [11~13]

11

현대의 도시에서는 정말 다양한 형태를 가진 건축물들을 볼 수 있다. 형태뿐만 아니라 건물 외벽에 주로 사용된 소재 또한 유리나 콘크리트 등 다양하다. 이렇듯 현대에는 몇 가지로 규정하는 것이 아예 불가능할 만큼 다양한 건축양식이 존재한다. 그러나 다양하고 복잡한 현대의 건축양식에 비해 고대의 건축양식은 매우 제한적이었다.

그리스 시기에는 주주식, 주열식, 원형식 신전을 중심으로 몇 가지의 공통된 건축양식을 보인다. 이러한 신전 중심의 그리스 건축양식은 시기가 지나면서 다른 건축물에 영향을 주었다. 신전에만 쓰이던 건축양식이 점차 다른 건물들의 건축에도 사용이 되며 확대되었던 것이다. 대표적으로 그리스 연못은 신전에 쓰이던 기둥의 양식들을 바탕으로 회랑을 구성하기도 하였다.

헬레니즘 시기를 맞이하면서 건축양식을 포함하여 예술 분야가 더욱 발전하며 고대 그리스 시기에 비해 다양한 건축양식이 생겨났다. 뿐만 아니라 건축 기술이 발달하면서 조금 더 다양한 형태의 건축이 가능해졌다. 다층구조나 창문이 있는 벽을 포함한 건축양식 등 필요에 따라서 실용적이고 실측적인 건축양식이 나오기 시작한 것이다. 또한 연극의 유행으로 극장이나 무대 등의 건축양식도 등장하기 시작하였다.

로마 시대에 이르러서는 원형 경기장이나 온천, 목욕탕 등 특수한 목적을 가진 건축물들에도 아름다운 건축양식이 적용되었다. 현재에도 많은 사람들이 관광지로서 찾을 만큼 로마시민들의 위락시설들에는 다양하고 아름다운 건축양식들이 적용되었다.

① 전문가의 말을 인용하여 신뢰도를 높이고 있다.
② 시대별 건축양식의 장단점을 분석하고 있다.
③ 역사적 순서대로 주제의 변천에 대해서 서술하고 있다.
④ 비유적인 표현 방법을 사용하여 문학적인 느낌을 주고 있다.
⑤ 현대에서 찾을 수 있는 건축물의 예시를 들어 독자의 이해를 돕고 있다.

12

우리가 어떤 개체의 행동이나 상태 변화를 설명하고 예측하고자 할 때는 물리적 태세, 목적론적 태세, 지향적 태세라는 전략을 활용할 수 있다. 소금을 물에 넣고, 물속의 소금에 어떤 변화가 일어날지 예측하기 위해서는 소금과 물 그리고 그것을 지배하는 물리적 법칙을 적용해야 한다. 이는 대상의 물리적 구성 요소와 그것을 지배하는 법칙을 통해 그 변화를 예측한 것이다. 이와 같은 전략을 '물리적 태세'라 한다.

'목적론적 태세'는 개체의 설계 목적이나 기능을 파악하여 그 행동을 설명하고 예측하는 전략이다. 가령 컴퓨터의 〈F8〉 키가 어떤 기능을 하는지 알기만 하면 〈F8〉 키를 누를 때 컴퓨터가 어떤 반응을 보일지 예측할 수 있다. 즉, 〈F8〉 키를 누르면 컴퓨터가 맞춤법을 검사할 것이라고 충분히 예측할 수 있다.

마지막으로 '지향적 태세'는 지향성의 개념을 사용하여 개체의 행동을 설명하고 예측하는 전략이다. 여기서 '지향성'이란 어떤 대상을 향한 개체의 의식, 신념, 욕망 등을 가리킨다. 가령 쥐의 왼쪽에 고양이가 나타났을 경우를 가정해 보자. 쥐의 행동을 예측하기 위해서는 어떤 전략을 사용해야 할까? 물리적 태세를 취해 쥐의 물리적 구성 요소나 쥐의 행동 양식을 지배하는 물리적 법칙을 파악할 수는 없다. 또한 쥐가 어떤 기능이나 목적을 수행하도록 설계된 개체로 보기도 어려우므로 목적론적 태세도 취할 수 없다. 따라서 우리는 쥐가 살고자 하는 지향성을 지닌 개체라고 전제하고 그 행동을 예측하는 것이 타당할 것이다. 즉, 쥐는 생존 욕구 때문에 '왼쪽에 고양이가 있으니 그쪽으로 가면 잡아먹힐 위험이 있다. 그러니 왼쪽으로는 가지 말아야지.'라는 믿음을 가질 것이다. 우리는 쥐가 고양이가 있는 왼쪽으로 가는 행동을 하지 않을 것으로 예측할 수 있다. 그런데 예측 과정에서 선행되어야 하는 것은 쥐가 살아남기 위해 합리적으로 행동하는 개체라는 점을 인식해야 한다는 것이다. 따라서 지향적 태세를 취한다는 것은 예측 대상이 합리적으로 행동하는 개체임을 가정하는 것이다.

유기체는 생존과 번성의 욕구를 성취하기 위한 지향성을 지닌다. 그리고 환경에 성공적으로 적응하기 위해 정보를 수집하고, 축적된 정보에 새로운 정보를 결합하여 가장 합리적이라고 판단되는 행동을 선택한다. 이처럼 대부분의 유기체는 외부 세계와의 관계 속에서 지향성을 지니며 진화해 왔다. 지향적 태세는 우리가 대상을 바라보는 새로운 자세와 관점을 제공했다는 점에서 의의를 찾을 수 있다.

① 구체적 사례를 통해 추상적인 개념을 설명하고 있다.
② 다양한 관점을 소개하면서 이를 서로 절충하고 있다.
③ 전문가의 견해를 토대로 현상의 원인을 분석하고 있다.
④ 기존 이론의 문제점을 밝히고 새로운 이론을 제시하고 있다.
⑤ 시대적 흐름에 따른 핵심 개념의 변화 과정을 규명하고 있다.

13

현대 사회에서 스타는 대중문화의 성격을 규정짓는 가장 중요한 열쇠이다. 스타가 생산, 관리, 활용, 거래, 소비되는 전체적인 순환 메커니즘이 바로 스타 시스템이다. 이것이 자본주의 대중문화의 가장 핵심적인 작동 원리로 자리 잡게 되면서 사람들은 스타되기를 열망하고, 또 스타 만들기에 진력하게 되었다.

스크린과 TV 화면에 보이는 스타는 화려하고 강하고 영웅적이며 누구보다 매력적인 인간형으로 비춰진다. 사람들은 스타에 열광하는 순간 스타와 자신을 무의식적으로 동일시하며 그 환상적 이미지에 빠진다. 스타를 자신들의 결점을 대리 충족시켜 주는 대상으로 생각하기 때문이다. 그런 과정이 가장 전형적으로 드러나는 장르가 영화이다. 영화는 어떤 환상도 쉽게 먹혀들어 갈 수 있는 조건에서 상영되며 기술적으로 완벽한 이미지를 구현하여 압도적인 이미지로 관객을 끌어들인다. 컴컴한 극장 안에서 관객은 부동자세로 숨죽인 채 영화에 집중하게 되며 자연스럽게 영화가 제공하는 이미지에 매료된다. 그리고 그 순간 무의식적으로 자신을 영화 속의 주인공과 동일시하게 된다. 관객은 매력적인 대상과 자신을 동일시하면서 자신의 진짜 모습을 잊고 이상적인 인간형을 간접 체험하게 되는 것이다.

스크린과 TV 화면에 비친 대중이 선망하는 스타의 모습은 현실적인 이미지가 아니라 허구적인 이미지에 불과하다. 사람들은 스타 역시 어쩔 수 없는 약점과 한계를 안고 사는 한 인간일 수밖에 없다는 사실을 아주 쉽게 망각해 버리곤 한다. 이렇게 스타에 대한 열광의 성립은 대중과 스타의 관계가 기본적으로 익명적일 수밖에 없다는 데서 가능해진다. 자본주의의 특징 가운데 하나는 필요 이상의 물건을 생산하고 그것을 팔기 위해 갖은 방법으로 소비자들의 욕망을 부추긴다는 것이다. 스타는 그 과정에서 소비자들의 구매 욕구를 불러일으키는 가장 중요한 연결고리 역할을 함과 동시에 그들도 상품처럼 취급되어 소비된다. 스타 시스템은 대중문화의 안과 밖에서 스타의 화려하고 소비적인 생활 패턴의 소개를 통해 사람들의 욕망을 자극하게 된다. 또한 스타들을 상품의 생산과 판매를 위한 도구로 이용하며, 끊임없이 오락과 소비의 영역을 확장하고 거기서 이윤을 발생시킨다. 이 모든 것이 가능한 것은 많은 대중이 스타를 닮고자 하는 욕구를 가지고 있어 스타의 패션과 스타일, 소비 패턴을 모방하기 때문이다.

스타 시스템을 건전한 대중문화의 작동 원리로 발전시키기 위해서는 우선 대중문화 산업에 종사하고 싶어 하는 사람들을 위한 활동 공간과 유통 구조를 확보하여 실험적이고 독창적인 활동을 다양하게 벌일 수 있는 토양을 마련해 주어야 한다. 나아가 이러한 예술 인력을 스타 시스템과 연결하는 중간 메커니즘도 육성해야 할 것이다.

① 현상의 문제점을 언급한 후 해결 방안을 제시하고 있다.
② 상반된 이론을 제시한 후 절충적 견해를 이끌어내고 있다.
③ 권위 있는 학자의 견해를 들어 주장의 정당성을 입증하고 있다.
④ 대상을 하위 항목으로 구분하여 논의의 범주를 명확히 하고 있다.
⑤ 현상의 변천 과정을 고찰하고 향후의 발전 방향을 제시하고 있다.

※ 다음 글을 읽고 추론한 내용으로 적절하지 않은 것을 고르시오. [14~16]

14

> 헤로도토스의 앤드로파기(식인종)나 신화나 전설적 존재들인 반인반양, 켄타우루스, 미노타우로스 등은 아무래도 역사적인 구체성이 크게 결여된 편이다. 반면에 르네상스의 야만인 담론에 등장하는 야만인들은 서구의 전통 야만인관에 의해 각색되는 것은 여전하지만 이전과는 달리 현실적 구체성을 띠고 나타난다. 하지만 이때도 문명의 시각이 작동하기는 마찬가지며 야만인이 저질 인간으로 인식되는 것도 마찬가지다. 다만 이제 이런 인식은 서구 중심의 세계체제 형성과 관련을 맺는다. 르네상스 야만인 상은 서구인의 문명건설 과업과 관련하여 만들어진 것이다. '신대륙 발견'과 더불어 '문명'과 '야만'의 접촉이 빈번해지자 야만인은 더는 신화적·상징적·문화적 이해 대상이 아니다. 이제 그는 실제 경험의 대상으로서 서구인의 일상생활까지 모습을 드러내는 존재이다.
>
> 특히 주목해야 할 점은 콜럼버스의 '신대륙 발견' 이후로 야만인 담론은 유럽인이 '발견'한 지역의 원주민들과 직접, 그리고 집단으로 만나는 실제 체험과 관련되어 있다는 사실이다. 르네상스 이전이라고 해서 이방의 원주민들을 만나지 않았을 리 없겠지만 그때에는 원주민에 대한 정보가 직접 경험에 의한 것이라기보다는 뜬소문에 근거하거나 아니면 순전히 상상의 산물인 경우가 많았다. 반면에 르네상스 시대 야만인은 그냥 원주민이 아니다. 이때 원주민은 식인종이며 바로 이 점 때문에 문명인의 교화를 받거나 정복과 절멸의 대상이 된다. 이 점은 코르테스가 정복한 아스테카 제국인 멕시코를 생각하면 쉽게 이해할 수 있다. 멕시코는 당시 거대한 제국으로써 유럽에서도 유례를 찾아보기 힘들 정도로 거대한 인구 25만의 도시를 건설한 '문명국'이었지만 코르테스를 수행하여 멕시코 정벌에 참여하고 나중에 이 경험에 대한 회고록으로 『뉴스페인 정복사』를 쓴 베르날 디아즈에 따르면 지독한 식인습관을 가진 것으로 매도된다. 멕시코 원주민들이 식인종으로 규정되고 나면 그들이 아무리 스페인 정복군이 눈이 휘둥그레질 정도로 발달된 문화를 가지고 있어도 소용이 없다. 집단으로 '식인' 야만인으로 규정됨으로써 정복의 대상이 되고 또 이로 말미암아 세계사의 흐름에 큰 변화가 오게 된다. 거대한 대륙의 주인이 바뀌는 것이다.

① 고대에 형성된 야만인 이미지들은 경험에 의한 것이기보다 허구의 산물이었다.
② 르네상스 이후 서구인의 야만인 담론은 전통적인 야만인관과 단절을 이루었다.
③ 르네상스 이후 야만인은 서구의 세계 제패 전략의 관점에서 인식되고 평가되었다.
④ 스페인 정복군에 의한 아스테카 문명의 정복은 서구 야만인 담론을 통해 합리화되었다.
⑤ 콜럼버스 신대륙 발견 이후 야만인은 문명에 의해 교화되거나 정복되어야 할 잔인한 존재로 매도되었다.

15

언어는 배우는 아이들이 있어야 지속된다. 그러므로 성인들만 사용하는 언어가 있다면 그 언어의 운명은 어느 정도 정해진 셈이다. 언어학자들은 이런 방식으로 추리하여 인류 역사에 드리워진 비극에 대해 경고한다. 한 언어학자는 현존하는 북미 인디언 언어의 약 80%인 150개 정도가 빈사 상태에 있다고 추정한다. 알래스카와 시베리아 북부에서는 기존 언어의 90%인 40개 언어, 중앙아메리카와 남아메리카에서는 23%인 160개 언어, 오스트레일리아에서는 90%인 225개 언어, 그리고 전 세계적으로는 기존 언어의 50%인 3,000개의 언어들이 소멸해 가고 있다고 한다. 이 중 사용자 수가 10만 명을 넘는 약 600개의 언어들은 비교적 안전한 상태에 있지만, 그 밖의 언어는 21세기가 끝나기 전에 소멸할지도 모른다.

언어가 이처럼 대규모로 소멸하는 원인은 중첩적이다. 토착 언어 사용자들의 거주지가 파괴되고, 종족 말살과 동화(同化)교육이 이루어지며 사용 인구가 급격히 감소하는 것 외에 '문화적 신경가스'라고 불리는 전자 매체가 확산되는 것도 그 원인이 된다. 물론 우리는 소멸을 강요하는 사회적, 정치적 움직임들을 중단시키는 한편, 토착어로 된 교육 자료나 문학작품, 텔레비전 프로그램 등을 개발함으로써 언어 소멸을 어느 정도 막을 수 있다. 나아가 소멸 위기에 처한 언어라도 20세기의 히브리어처럼 지속적으로 공식어로 사용할 의지만 있다면 그 언어를 부활시킬 수도 있다.

합리적으로 보자면 우리가 지구상의 모든 동물이나 식물종들을 보존할 수 없는 것처럼 모든 언어를 보존할 수는 없으며, 어쩌면 그래서는 안 되는지도 모른다. 가령, 어떤 언어 공동체가 경제적 발전을 보장해 주는 주류 언어로 돌아설 것을 선택할 때, 그 어떤 외부 집단이 이들에게 토착 언어를 유지하도록 강요할 수 있겠는가? 또한 한 공동체 내에서 이질적인 언어가 사용되면 사람들 사이에 심각한 분열을 초래할 수도 있다. 그러나 이러한 문제가 있더라도 전 세계 언어의 50% 이상이 빈사 상태에 있다면 이를 보고만 있을 수는 없다.

① 소멸 위기에 있는 언어라도 사용자들의 의지에 따라 유지될 수 있다.
② 타의적·물리적 압력에 의해서만 언어 소멸이 이루어지는 것은 아니다.
③ 언어 소멸은 지구상의 동물이나 식물종 수의 감소와 같이 자연스럽고 필연적인 현상이다.
④ 소멸 위기 언어 사용자가 처한 현실적인 문제는 언어의 다양성을 보존하기 어렵게 만들 수 있다.
⑤ 현재 소멸해 가고 있는 전 세계 언어 중 약 2,400여 개의 언어들은 사용자 수가 10만 명 이하이다.

16 선거 기간 동안 여론 조사 결과의 공표를 금지하는 것이 사회적 쟁점이 되고 있다. 조사 결과의 공표가 유권자 투표 의사에 영향을 미쳐 선거의 공정성을 훼손한다는 주장과, 공표 금지가 선거 정보에 대한 언론의 접근을 제한하여 알 권리를 침해한다는 주장이 맞서고 있기 때문이다.

찬성론자들은 먼저 '밴드왜건 효과'와 '열세자 효과' 등의 이론을 내세워 여론 조사 공표의 부정적인 영향을 부각시킨다. 밴드왜건 효과에 의하면, 선거일 전에 여론 조사 결과가 공표되면 사표(死票) 방지 심리로 인해 표심이 지지도가 높은 후보 쪽으로 이동하게 된다. 이와 반대로 열세자 효과에 따르면 열세에 있는 후보자에 대한 동정심이 발동하여 표심이 그쪽으로 움직이게 된다.

각각의 이론을 통해 알 수 있듯이, 여론 조사 결과의 공표가 어느 쪽으로든 투표 행위에 영향을 미치게 되고 선거일에 가까워질수록 공표가 갖는 부정적 효과가 극대화되기 때문에 이를 금지해야 한다는 것이다. 이들은 또한 공정한 여론 조사가 진행될 수 있는 제반 여건이 아직은 성숙되지 않았다는 점도 강조한다. 그리고 금권, 관권 부정 선거와 선거 운동의 과열 경쟁으로 인한 폐해가 많았다는 것이 경험적으로도 확인되었다는 사실을 그 이유로 든다.

이와 달리 반대론자들은 무엇보다 표현의 자유를 실현하는 수단으로서 알 권리의 중요성을 강조한다. 알 권리는 국민이 의사를 형성하는 데 전제가 되는 권리인 동시에 국민 주권 실천 과정에 참여하는 데 필요한 정보와 사상 및 의견을 자유롭게 구할 수 있음을 강조하는 권리이다. 그리고 이 권리는 언론 기관이 '공적 위탁 이론'에 근거해 국민들로부터 위임받아 행사하는 것이므로 정보에 대한 언론의 접근이 보장되어야 충족된다. 후보자의 지지도나 당선 가능성 등에 관한 여론의 동향 등은 이 알 권리의 대상에 포함된다. 따라서 언론이 위임받은 알 권리를 국민의 뜻에 따라 대행하는 것이기 때문에 여론 조사 결과의 공표를 금지하는 것은 결국 표현의 자유를 침해하여 위헌이라는 논리이다. 또 이들은 조사 결과의 공표가 선거의 공정성을 방해한다는 분명한 증거가 제시되지 않고 있기 때문에 조사 결과의 공표가 선거에 부정적인 영향을 미친다는 점이 확실하게 증명되지 않았음도 강조한다.

우리나라 현행 선거법은 선거일 전 6일부터 선거 당일까지 조사 결과의 공표를 금지하고 있다. 선거 기간 내내 공표를 제한했던 과거와 비교해 보면 금지 기간이 대폭 줄었음을 알 수 있다. 이점은 공표 금지에 대한 찬반 논쟁에 시사하는 바가 크다.

① 공표 금지 기간이 길어질수록 알 권리는 강화된다.
② 알 권리에는 정보 수집의 권리도 포함되어 있다.
③ 알 권리가 제한되면 표현의 자유가 약화된다.
④ 알 권리는 법률에 의해 제한되기도 한다.
⑤ 언론 기관이 알 권리를 대행하기도 한다.

17 다음 글을 읽고 추론한 내용으로 가장 적절한 것은?

최근 환경에 대한 관심이 증가하면서 상표에도 '에코, 녹색' 등 '친환경'을 표방하는 상표 출원이 꾸준히 증가하는 것으로 나타났다. 특허청에 따르면, '친환경' 관련 상표 출원은 최근 10여 년간 연평균 1,200여 건이 출원돼 꾸준한 관심을 받아온 것으로 나타났다. '친환경' 관련 상표는 제품의 '친환경'을 나타내는 대표적인 문구인 '친환경, 에코, ECO, 녹색, 그린, 생태' 등의 문자를 포함하고 있는 상표이며 출원건수는 상품류를 기준으로 한다. 즉, 단류 출원은 1건, 2개류에 출원된 경우 2건으로 계산한다.

작년 한 해 친환경 상표가 가장 많이 출원된 제품은 화장품(79건)이었으며, 그다음으로 세제(50건), 치약(48건), 샴푸(47건) 순으로 조사됐다. 특히 출원건수 상위 10개 제품 중 7개가 일상생활에서 흔히 사용하는 미용, 위생 등 피부와 관련된 상품인 것으로 나타나 깨끗하고 순수한 환경에 대한 관심이 친환경제품으로 확대되고 있는 것으로 분석됐다.

2007 ~ 2017년까지의 '친환경' 관련 상표의 출원실적을 보면, 영문자 'ECO'가 4,820건으로 가장 많이 사용되어 기업이나 개인은 제품의 '친환경'을 나타내는 상표 문구로 'ECO'를 가장 선호하는 것으로 드러났다. 다음으로는 '그린'이 3,862건, 한글 '에코'가 3,156건 사용됐고 '초록', '친환경', '녹색', '생태'가 각각 766건, 687건, 536건, 184건으로 그 뒤를 이었다. 특히 '저탄소·녹색성장'이 국가 주요 정책으로 추진되던 2010년에는 '녹색'을 사용한 상표 출원이 매우 증가한 것으로 나타났고, 친환경·유기농 먹거리 등에 대한 수요가 늘어나면서 2015년에는 '초록'이 포함된 상표 출원이 상대적으로 증가한 것으로 조사됐다.

최근 환경과 건강에 대한 관심이 증가하면서 이러한 '친환경' 관련 상표를 출원하여 등록받는 것이 소비자들의 안전한 구매를 촉진하는 길이 될 수 있다.

① 국가 주요 정책이나 환경에 대한 관심이 상표 출원에 많은 영향을 미친다.

② 친환경 상표가 가장 많이 출원된 제품인 화장품의 경우 대부분 안전하다고 믿고 사용해도 된다.

③ 환경과 건강에 대한 관심이 증가하지만 '친환경'을 강조하는 상표 출원의 증가세가 주춤할 것으로 전망된다.

④ 영문 'ECO'와 한글 '에코'의 의미가 동일하므로 한글 '에코'의 상표 문구 출원이 높아져 영문 'ECO'를 역전할 가능성이 높다.

⑤ 친환경 세제를 개발한 P사는 ECO 달세제, ECO 별세제 2개의 상품을 모두 '표백제 및 기타 세탁용 제제'의 상품류로 등록하여 출원건수는 2건으로 계산될 수 있다.

18 다음 제시된 글을 읽고, 이어질 문단을 논리적 순서대로 바르게 나열한 것은?

> 서양연극의 전통적이고 대표적인 형식인 비극은 인생을 진지하고 엄숙하게 바라보는 견해에서 생겼다. 근본 원리는 아리스토텔레스의 견해에 의존하지만, 개념과 형식은 시대 배경에 따라 다양하다. 특히 16세기 말 영국의 대표적인 극작가 중 한 명인 셰익스피어의 등장은 비극의 역사에 새로운 장을 열었다. 셰익스피어는 1600년 이후, 이전과는 다른 분위기의 비극을 발표하기 시작하는데 이 중 대표적인 작품 4개를 '셰익스피어의 4대 비극'이라고 한다. 셰익스피어는 4대 비극을 통해 영국의 사회적·문화적 가치관과 인간의 보편적 정서를 유감없이 보여주는데, 특히 당시 영국 사회 질서의 개념과 관련되어 있다. 보통 사회 질서가 깨어지고 그 붕괴의 양상이 매우 급하고 강렬할수록 사회의 변혁 또한 크게 일어날 가능성이 큰데, 이와 같은 질서의 파괴로 일어나는 격변을 배경으로 하여 쓴 대표적인 작품이 바로 『맥베스』이다.

> (가) 이로 인해 『맥베스』는 인물 내면의 갈등이 섬세하게 묘사된 작품이라는 평가는 물론, 다른 작품들에 비해 비교적 짧지만 사건이 속도감 있고 집약적으로 전개된다는 평가도 받는다.
> (나) 특히 셰익스피어는 작품의 전개를 사건 및 정치적 욕망의 경위가 아닌 인간의 양심과 영혼의 붕괴를 집중적으로 다룬다.
> (다) 『맥베스』는 셰익스피어의 고전적 특성과 현대성이 가장 잘 드러나 있는 작품으로, 죄책감에 빠진 주인공 맥베스가 왕위 찬탈 과정에서 공포와 절망 속에 갇혀 파멸해가는 과정을 그린 작품이다.
> (라) 이는 질서의 파괴 속에서 인간 내면에 자리하고 있는 선과 악에 대한 근본적인 자세에 의문을 가지면서 그로 인한 번민, 새로운 깨달음, 그리고 비극적인 파멸의 과정을 깊이 있게 보여주고자 함이다.

① (가) – (나) – (다) – (라)
② (가) – (다) – (라) – (나)
③ (나) – (다) – (라) – (가)
④ (다) – (나) – (가) – (라)
⑤ (다) – (나) – (라) – (가)

19 다음 글의 표제와 부제로 가장 적절한 것은?

검무는 칼을 들고 춘다고 해서 '칼춤'이라고 부르기도 하며, '황창랑무(黃倡郎舞)'라고도 한다. 검무의 역사적 기록은 『동경잡기(東京雜記)』의 「풍속조(風俗條)」에 나타난다. 신라의 소년 황창랑은 나라를 위하여 백제 왕궁에 들어가 왕 앞에서 칼춤을 추다 왕을 죽이고 자신도 잡혀서 죽는다. 신라 사람들이 이러한 그의 충절을 추모하여 그의 모습을 본뜬 가면을 만들어 쓰고 그가 추던 춤을 따라 춘 것에서 검무가 시작되었다고 한다. 이처럼 민간에서 시작된 검무는 고려시대를 거쳐 조선시대로 이어지며 궁중으로까지 전해진다. 이때 가면이 사라지는 형식적 변화가 함께 일어난다.

조선시대 민간의 검무는 기생을 중심으로 전승되었으며 재인들과 광대들의 판놀이로까지 이어졌다. 조선 후기 에는 각 지방까지 전파되었는데, 진주검무와 통영검무가 그 대표적인 예이다. 한편 궁중의 검무는 주로 궁중의 연회 때에 추는 춤으로 전해졌으며 후기에 정착된 순조 때의 형식이 중요무형문화재로 지정되어 현재까지 보 존되고 있다.

궁중에서 추어지던 검무의 구성은 다음과 같다. 전립을 쓰고 전복을 입은 4명의 무희가 쌍을 이루어, 바닥에 놓여진 단검(短劍)을 어르는 동작부터 시작한다. 그 후 칼을 주우면서 춤이 이어지고, 화려한 춤사위로 검을 빠르게 돌리는 연풍대(筵風擡)로 마무리한다.

검무의 절정인 연풍대는 조선시대 풍속화가 신윤복의 「쌍검대무(雙劍對舞)」에서 잘 드러난다. 그림 속의 두 무용수를 통해 춤의 회전 동작을 예상할 수 있다. 즉, 이 장면에는 오른쪽에 선 무희의 자세에서 시작해 왼쪽 무희의 자세로 회전하는 동작이 나타나 있다. 이렇게 무희들이 쌍을 이루어 좌우로 이동하면서 원을 그리며 팽이처럼 빙빙 도는 동작을 연풍대라 한다. 이 명칭은 대자리를 걷어 내는 바람처럼 날렵하게 움직이는 모습 에서 비롯한 것이다.

오늘날의 검무는 검술의 정밀한 무예 동작보다 부드러운 곡선을 그리는 춤 형태로만 남아 있다. 칼을 쓰는 살벌함은 사라졌지만, 민첩하면서도 유연한 동작으로 그 아름다움을 표출하고 있는 것이다. 검무는 신라 시 대부터 면면히 이어지는 고유한 문화이자 예술미가 살아 있는 몇 안 되는 소중한 우리의 전통 유산이다.

① 무예 동작과 아름다움의 조화 – 연풍대의 의미를 중심으로
② 신라 황창랑의 의기와 춤 – 검무의 유래와 발생을 중심으로
③ 검과 춤의 혼합, 우리의 문화 유산 – 쌍검대무의 감상을 중심으로
④ 무희의 칼끝에서 펼쳐지는 바람 – 검무의 예술적 가치를 중심으로
⑤ 역사 속에 흐르는 검빛·춤빛 – 검무의 변천 과정과 구성을 중심으로

20 다음 글에서 〈보기〉의 내용이 들어갈 위치로 가장 적절한 곳은?

(가) 나는 하나의 생각하는 것이다. 즉 의심하고, 긍정하고, 부정하고, 약간의 것을 알고 많은 것을 모르며, 바라고 바라지 않으며, 또 상상하고, 감각하는 어떤 것이다. 왜냐하면 앞서 내가 깨달은 바와 같이 설사 내가 감각하고 상상하는 것들이 내 밖에서는 아마도 무(無)라고 할지라도 내가 감각 및 상상이라고 부르는 이 사고방식만큼은 그것이 하나의 사고방식인 한, 확실히 내 속에 있음을 내가 확신하기 때문이다. 그리고 이 몇 마디 말로써 나는 내가 참으로 알고 있는 것을 혹은 지금까지 알고 있다고 생각한 모든 것을 요약했다고 믿는다.

(나) 하지만 전에 내가 매우 확실하고 명백하다고 인정한 것으로서 그 후 의심스러운 것이라고 알게 된 것이 많다. 무엇이 이런 것들이었는가? 그것은 땅, 하늘, 별들, 이밖에 내가 감각을 통하여 알게 된 모든 것이었다.

(다) 그러면 나는 이것들에 대해서 무엇을 명석하게 지각하고 있었는가? 물론 이것들의 관념 자체, 즉 이것들에 대한 생각이 내 정신에 나타났다고 하는 것이다. 그리고 이러한 관념들이 내 속에 있다는 것에 대해서는 나는 지금도 부정하지 않는다.

(라) 그러나 한편 나는, 내가 아주 명석하게 지각하는 것들을 바라볼 때마다 다음과 같이 외치지 않을 수 없다. 누구든지 나를 속일 수 있거든 속여 보라. 그러나 내가 나를 어떤 무엇이라고 생각하고 있는 동안은 결코 나를 무(無)이게끔 할 수는 없을 것이다. 혹은 내가 있다고 하는 것이 참이라고 할진대 내가 현존한 적이 없었다고 하는 것이 언젠가 참된 것이 될 수는 없을 것이다. 또 혹은 2에 3을 더할 때 5보다 크게 되거나 작게 될 수 없으며 이 밖에 이와 비슷한 일, 즉 거기서 내가 명백한 모순을 볼 수 있는 일이 생길 수는 없을 것이라고. 그리고 확실히 나에게는 어떤 하느님이 기만자라고 보아야 할 아무 이유도 없고, 또 도대체 한 하느님이 있는지 없는지도 아직 충분히 알려져 있지 않으므로 그저 저러한 선입견에 기초를 둔 의심의 이유는 매우 박약하다. (마)

〈보기〉

그러나 산술이나 기하학에 관하여 아주 단순하고 쉬운 것, 가령 2에 3을 더하면 5가 된다고 하는 것 및 이와 비슷한 것을 내가 고찰하고 있었을 때, 나는 적어도 이것들을 참되다고 긍정할 만큼 명료하게 직관하고 있었던 것은 아닐까? 확실히 나는 나중에 이것들에 관해서도 의심할 수 있다고 판단하기는 했으나 이것은 하느님과 같은 어떤 전능자라면 다시없이 명백하다고 여겨지는 것들에 관해서도 속을 수 있는 본성을 나에게 줄 수 있었다고 하는 생각이 내 마음에 떠올랐기 때문일 따름이었다.

① (가)　　　　　　　　　② (나)

③ (다)　　　　　　　　　④ (라)

⑤ (마)

※ 다음 명제가 참일 때, 빈칸에 들어갈 명제로 가장 적절한 것을 고르시오. **[1~4]**

01

> • 홍보실은 워크숍에 간다.
> • _____
> • 출장을 가지 않으면 워크숍에 간다.

① 홍보실이 아니면 워크숍에 가지 않는다.
② 출장을 가면 워크숍에 가지 않는다.
③ 출장을 가면 홍보실이 아니다.
④ 워크숍에 가지 않으면 출장을 가지 않는다.
⑤ 홍보실이 아니면 출장을 간다.

02

> • 비가 오면 한강 물이 불어난다.
> • 비가 오지 않으면 보트를 타지 않는다.
> • _____
> • 그러므로 자전거를 타지 않으면 한강 물이 불어난다.

① 자전거를 타면 비가 오지 않는다.
② 보트를 타면 자전거를 탄다.
③ 한강 물이 불어나면 보트를 타지 않는다.
④ 자전거를 타지 않으면 보트를 탄다.
⑤ 보트를 타면 비가 오지 않는다.

03

> • 하은이는 노란 재킷을 입으면 빨간 운동화를 신는다.
> • _____
> • 그러므로 하은이는 노란 재킷을 입으면 파란 모자를 쓴다.

① 하은이는 파란 모자를 쓰지 않으면 빨간 운동화를 신지 않는다.
② 하은이는 빨간 운동화를 신지 않으면 노란 구두를 신는다.
③ 하은이는 노란 재킷을 입지 않으면 빨간 운동화를 신지 않는다.
④ 하은이는 노란 재킷을 입으면 파란 운동화를 신는다.
⑤ 하은이는 빨간 운동화를 신지 않으면 파란 모자를 쓴다.

04

- 어떤 음식은 식물성이다.
- 모든 식물은 음식이다.
- 그러므로 _____

① 어떤 식물성인 것은 음식이다.
② 모든 음식은 식물성이다.
③ 식물이 아닌 것은 음식이 아니다.
④ 어떤 식물은 음식이 아니다.
⑤ 식물성이 아닌 음식은 없다.

※ 다음 명제가 모두 참일 때, 반드시 참인 명제를 고르시오. [5~6]

05

- 갑과 을 앞에 감자칩, 쿠키, 비스킷이 놓여 있다.
- 세 가지의 과자 중에는 각자 좋아하는 과자가 반드시 있다.
- 갑은 감자칩과 쿠키를 싫어한다.
- 을이 좋아하는 과자는 갑이 싫어하는 과자이다.

① 갑은 좋아하는 과자가 없다.
② 갑은 비스킷을 싫어한다.
③ 을은 비스킷을 싫어한다.
④ 갑과 을이 같이 좋아하는 과자가 있다.
⑤ 갑과 을이 같이 싫어하는 과자가 있다.

06

- 도보로 걷는 사람은 자가용을 타지 않는다.
- 자전거를 타는 사람은 자가용을 탄다.
- 자전거를 타지 않는 사람은 버스를 탄다.

① 자가용을 타는 사람은 도보로 걷는다.
② 버스를 타지 않는 사람은 자전거를 타지 않는다.
③ 버스를 타는 사람은 도보로 걷는다.
④ 도보로 걷는 사람은 버스를 탄다.
⑤ 도보로 걷는 사람은 자전거를 탄다.

07 직원들끼리 이번 달 성과급에 대해 이야기를 나누고 있다. 성과급은 반드시 늘거나 줄어들었고, 직원 중 1명만 거짓말을 하고 있을 때 항상 참인 것은?

- 직원 A : 나는 이번에 성과급이 늘어났어. 그래도 B만큼은 오르지는 않았네.
- 직원 B : 맞아 난 성과급이 좀 늘어났지. D보다 조금 더 늘었어.
- 직원 C : 좋겠다. 오~ E도 성과급이 늘어났네.
- 직원 D : 엥? 무슨 소리야 E는 C와 같이 성과급이 줄어들었는데.
- 직원 E : 그런 것보다 D가 A보다 성과급이 조금 올랐는데.

① 직원 B의 성과급이 가장 많이 올랐다.
② 직원 D의 성과급이 가장 많이 올랐다.
③ 직원 A의 성과급이 오른 사람 중 가장 적다.
④ 직원 C는 성과급이 줄어들었다.
⑤ 직원 E의 성과급 순위를 알 수 없다.

08 A는 L사 사내 여행 동아리의 회원이고 이번 주말에 반드시 여행에 참가할 계획이다. 제시된 〈조건〉에 따라 회원들이 여행에 참가할 때, 여행에 참석하는 사람을 모두 고르면?

───────〈조건〉───────
- C가 여행에 참가하지 않으면, A도 참가하지 않는다.
- E가 여행에 참가하지 않으면, B는 여행에 참가한다.
- D가 여행에 참가하지 않으면, B도 여행에 참가하지 않는다.
- E가 여행에 참가하면, C는 참가하지 않는다.

① A, B
② A, B, C
③ A, B, D
④ A, B, C, D
⑤ A, C, D, E

09 L대리는 사내 체육대회의 추첨에서 당첨된 직원들에게 나누어줄 경품을 선정하고 있다. 〈조건〉의 명제가 모두 참일 때, 반드시 참인 것은?

───────〈조건〉───────
- L대리는 펜, 노트, 가습기, 머그컵, 태블릿PC, 컵받침 중 3종류의 경품을 선정한다.
- 머그컵을 선정하면 노트는 경품에 포함하지 않는다.
- 노트는 반드시 경품에 포함된다.
- 태블릿PC를 선정하면, 머그컵을 선정한다.
- 태블릿PC를 선정하지 않으면, 가습기는 선정되고 컵받침은 선정되지 않는다.

① 가습기는 경품으로 선정되지 않는다.
② 머그컵과 가습기 모두 경품으로 선정된다.
③ 컵받침은 경품으로 선정된다.
④ 태블릿PC는 경품으로 선정된다.
⑤ 펜은 경품으로 선정된다.

10 바이러스를 해결하기 위해 한 제약사에서 신약 A~E를 연구 중에 있다. 최종 임상실험에 가~마 5명이 지원하였고, 그 결과가 다음과 같을 때 개발에 성공한 신약은?(단, 성공한 신약을 먹으면 병이 치료된다)

- 가 : A와 B를 먹고 C는 먹지 않았다. 나머지는 먹었을 수도, 안 먹었을 수도 있다.
- 나 : C와 D를 먹었다. 나머지는 먹었을 수도, 안 먹었을 수도 있다.
- 다 : A와 B를 먹고 E는 먹지 않았다. 나머지는 먹었을 수도, 안 먹었을 수도 있다.
- 라 : B를 먹고 A와 D는 먹지 않았다. 나머지는 먹었을 수도, 안 먹었을 수도 있다.
- 마 : A와 D를 먹고 B, E는 먹지 않았다. 나머지는 먹었을 수도, 안 먹었을 수도 있다.

※ 두 명만 병이 치료됨
※ 나는 병이 치료되지 않음

① A
② B
③ C
④ D
⑤ E

11 아마추어 야구 리그에서 활동하는 4개의 팀(가 ~ 라)는 빨간색, 노란색, 파란색, 보라색 중에서 매년 상징하는 색을 바꾸고 있다. 다음 〈조건〉을 참고할 때, 반드시 참인 것은?

―〈조건〉―
- 하나의 팀은 하나의 상징색을 갖는다.
- 이전에 사용했던 상징색을 다시 사용할 수는 없다.
- 가와 나팀은 빨간색을 사용한 적이 있다.
- 나와 다팀은 보라색을 사용한 적이 있다.
- 라팀은 노란색을 사용한 적이 있고, 파란색을 선택하였다.

① 가팀은 파란색을 사용한 적이 있어 다른 색을 골라야 한다.
② 가팀의 상징색은 노란색이 될 것이다.
③ 다팀은 파란색을 사용한 적이 있을 것이다.
④ 다팀의 상징색은 빨간색이 될 것이다.
⑤ 라팀은 보라색을 사용한 적이 있다.

12 A ~ E 다섯 명은 지자체에서 개최하는 마라톤에 참가하였다. 다음 내용이 모두 참일 때, 참이 아닌 것은?

- A는 B와 C보다 앞서 달리고 있다.
- D는 A보다 뒤에 달리고 있지만, B보다는 앞서 달리고 있다.
- C는 D보다 뒤에 달리고 있지만, B보다는 앞서 달리고 있다.
- E는 C보다 뒤에 달리고 있지만, 다섯 명 중 꼴찌는 아니다.

① 현재 1등은 A이다.
② 현재 꼴찌는 B이다.
③ E는 C와 B 사이에서 달리고 있다.
④ D는 A와 C 사이에서 달리고 있다.
⑤ 현재 순위에 변동 없이 결승점까지 달린다면 C가 4등을 할 것이다.

13 매주 금요일은 마케팅팀 동아리가 있는 날이다. 동아리 회비를 담당하고 있는 F팀장은 점심시간 후, 회비가 사라진 것을 발견했다. 점심시간 동안 사무실에 있었던 사람은 A ~ E 5명이고, 이들 중 2명은 범인, 3명은 범인이 아니다. 범인은 거짓말을 하고, 범인이 아닌 사람은 진실을 말한다고 할 때, 다음 〈조건〉을 토대로 옳은 것은?

―――――〈조건〉―――――
- A는 B, D 중 1명이 범인이라고 주장한다.
- B는 C가 범인이라고 주장한다.
- C는 B가 범인이라고 주장한다.
- D는 A가 범인이라고 주장한다.
- E는 A와 B가 범인이 아니라고 주장한다.

① A와 D 중 범인이 있다.
② B가 범인이다.
③ C와 E가 범인이다.
④ D는 범인이 아니다.
⑤ 범인이 누구인지 주어진 조건만으로는 알 수 없다.

14 현수는 가전제품을 구매하기 위해 판매점을 둘러보던 중 L사 제품 판매점을 둘러보게 되었다. 다음 명제로부터 현수가 추론할 수 있는 것은?

- 냉장고의 A/S 기간은 세탁기의 A/S 기간보다 길다.
- 에어컨의 A/S 기간은 냉장고의 A/S 기간보다 길다.
- 컴퓨터의 A/S 기간은 3년으로 세탁기의 A/S 기간보다 짧다.

① 세탁기의 A/S 기간은 3년 이하이다.
② 세탁기의 A/S 기간이 가장 짧다.
③ 컴퓨터의 A/S 기간이 가장 짧다.
④ 냉장고의 A/S 기간이 가장 길다.
⑤ 에어컨의 A/S 기간이 가장 짧다.

15 각 지역본부 대표 8명이 다음과 같이 원탁에 앉아 회의를 진행한다고 할 때, 경인 지역본부 대표의 맞은편에 앉은 사람을 바르게 추론한 것은?

> • 서울, 부산, 대구, 광주, 대전, 경인, 춘천, 속초 대표가 참여하였다.
> • 서울 대표는 12시 방향에 앉아 있다.
> • 서울 대표의 오른쪽 두 번째 자리에는 대전 대표가 앉아 있다.
> • 부산 대표는 경인 대표의 왼쪽에 앉는다.
> • 광주 대표의 양 옆자리는 대전 대표와 부산 대표이다.
> • 광주 대표와 대구 대표는 마주 보고 있다.
> • 속초 대표의 양 옆자리는 서울 대표와 대전 대표이다.

① 대전 대표　　　　　　　　② 부산 대표
③ 대구 대표　　　　　　　　④ 속초 대표
⑤ 서울 대표

16 L사에서는 사내 직원들의 친목 도모를 위해 산악회를 운영하고 있다. A～D 4명 중 최소 1명 이상이 산악회 회원이라고 할 때, 항상 참인 것은?

> • C가 산악회 회원이면 D도 산악회 회원이다.
> • A가 산악회 회원이면 D는 산악회 회원이 아니다.
> • D가 산악회 회원이 아니면 B가 산악회 회원이 아니거나 C가 산악회 회원이다.
> • D가 산악회 회원이면 B는 산악회 회원이고 C도 산악회 회원이다.

① A는 산악회 회원이다.
② B는 산악회 회원이 아니다.
③ C는 산악회 회원이 아니다.
④ B와 D의 산악회 회원 여부는 같다.
⑤ A～D 중 산악회 회원은 2명이다.

17 영업팀의 A ~ E 다섯 명의 사원은 출장으로 인해 호텔에 투숙하게 되었다. 호텔은 5층 건물로 A ~ E사원이 서로 다른 층에 묵는다고 할 때, 바르게 추론한 것은?

> • A사원은 2층에 묵는다.
> • B사원은 A사원보다 높은 층에 묵지만, C사원보다는 낮은 층에 묵는다.
> • D사원은 C사원 바로 아래층에 묵는다.

① E사원은 1층에 묵는다.
② B사원은 4층에 묵는다.
③ E사원은 가장 높은 층에 묵는다.
④ C사원은 D사원보다 높은 층에 묵지만, E사원보다는 낮은 층에 묵는다.
⑤ 가장 높은 층에 묵는 사람은 알 수 없다.

18 5층 사옥에 다음과 같이 부서를 배치했다. 5층에 있는 부서로 올바른 것은?(단, 한 층에 한 부서씩 있다)

> • 기획조정실의 층수에서 경영지원실의 층수를 빼면 3이다.
> • 보험급여실은 경영지원실 바로 위층에 있다.
> • 급여관리실은 빅데이터운영실보다는 아래층에 있다.
> • 경영지원실은 가장 아래층이다.

① 빅데이터운영실   ② 보험급여실
③ 경영지원실   ④ 기획조정실
⑤ 급여관리실

19 다음은 형사가 혐의자 P ~ T 5명을 심문한 후 보고한 내용이다. 이 결과로부터 검사는 누가 유죄라고 판단할 수 있는가?

- 유죄는 반드시 두 명이다.
- Q와 R은 함께 유죄이거나 무죄일 것이다.
- P가 무죄라면 Q와 T도 무죄이다.
- S가 유죄라면 T도 유죄이다.
- S가 무죄라면 R도 무죄이다.

① P, T
② P, S
③ Q, R
④ R, S
⑤ R, T

20 민호는 겨울방학 동안 6개의 도시를 여행했다. 〈조건〉에 따라 부산이 민호의 4번째 여행이었다면, 전주는 몇 번째 여행지였는가?

〈조건〉

- 춘천은 3번째 여행지였다.
- 대구는 6번째 여행지였다.
- 전주는 강릉의 바로 전 여행지였다.
- 부산은 안동의 바로 전 여행지였다.

① 1번째
② 2번째
③ 3번째
④ 5번째
⑤ 6번째

제**3**영역 자료해석

01 다음은 2019 ~ 2023년 L사의 경제 분야 투자 규모에 대한 자료이다. 이에 대한 설명으로 옳지 않은 것은?

〈L사의 경제 분야 투자 규모〉

(단위 : 억 원, %)

구분	2019년	2020년	2021년	2022년	2023년
경제 분야 투자 규모	20	24	23	22	21
총지출 대비 경제 분야 투자 규모 비중	6.5	7.5	8	7	6

① 2023년 총지출은 320억 원 이상이다.

② 2019 ~ 2023년 동안 경제 분야에 투자한 금액은 110억 원이다.

③ 2020년 경제 분야 투자 규모의 전년 대비 증가율은 25% 이하이다.

④ 2021년이 2022년보다 경제 분야 투자 규모가 전년에 비해 더 큰 비율로 감소하였다.

⑤ 2020 ~ 2023년 동안 경제 분야 투자 규모와 총지출 대비 경제 분야 투자 규모 비중의 전년 대비 증감 추이는 동일하지 않다.

02 다음은 L국가의 부채 현황에 대한 자료이다. 이에 대한 설명으로 옳지 않은 것은?

〈부채 현황〉

구분		2014년	2015년	2016년	2017년	2018년	2019년	2020년	2021년	2022년	2023년
자산		65.6	66.9	70.0	92.3	94.8	96.2	98.2	99.7	106.3	105.3
부채	금융 부채	14.6	19.0	22.0	26.4	30.0	34.2	35.4	32.8	26.5	22.4
	비금융 부채	7.0	6.9	6.9	17.8	20.3	20.7	21.2	23.5	26.6	27.5
	합계	21.6	25.9	28.9	44.2	50.3	54.9	56.6	56.3	53.1	49.9
자본		44	41	41.1	48.1	44.5	41.3	41.6	43.4	53.2	55.4

※ [부채비율(%)]＝(부채합계)÷(자본)×100

① 부채는 2020년 이후 줄어들고 있다.

② 자본은 비금융부채보다 매년 1.5배 이상 많다.

③ 2014 ~ 2022년까지 자산은 꾸준히 증가해왔다.

④ 2014 ~ 2021년까지 금융부채는 비금융부채보다 1.5배 이상 많다.

⑤ 2020년의 부채비율은 약 136%로 다른 연도에 비해 부채비율이 가장 높다.

03 다음은 미국의 수입 세탁기 세이프가드에 대한 설명과 우리나라 국내 기업의 대미 세탁기 수출량을 나타낸 자료이다. 이에 대한 설명으로 옳지 않은 것은?

〈미국의 수입 세탁기 세이프가드〉

'세이프가드'란 특정 상품 수입이 급증하여 국내 산업계에 심각한 피해가 발생하거나 우려가 있을 경우 취하는 긴급 수입제한 조치이다.

미국은 2019년부터 한국의 세탁기에 대해 세이프가드를 적용하였으며 첫 해는 세탁기 120만 대까지의 수입에 대해서만 관세를 20% 적용하고, 초과분은 50%를 적용한다. 2년째 되는 해의 관세는 세탁기 120만 대까지는 18%를, 초과분은 45% 적용한다. 3년째 되는 해의 관세는 세탁기 120만 대까지는 16%를, 초과분은 40%를 적용한다.

〈국내 기업의 대미 세탁기 수출량〉

(단위 : 대)

구분	2018년	2019년	2020년	2021년	2022년	2023년
국내 제조 수출량	909,180	619,070	229,190	162,440	313,590	398,360
국외 제조 수출량	504,430	1,447,750	1,893,780	2,754,770	2,206,710	2,287,840
총 수출량	1,413,610	2,066,820	2,122,970	2,917,210	2,520,300	2,686,200

① 전년대비 2019년 총 세탁기 수출량은 40% 이상 증가하였다.
② 2021년 초과분 관세를 적용받는 세탁기는 175만 대 이하이다.
③ 국내 제조 수출량 대비 국외 제조 수출량 비율은 2020년이 가장 높다.
④ 한국은 2022년에 세탁기 120만 대까지 미국으로부터 18%의 관세가 적용된다.
⑤ 2018년부터 2021년까지의 국내 제조 수출량과 국외 제조 수출량의 증감 추세는 다르다.

04 다음은 5개국의 국가별 지식재산권 수입 및 지급 현황에 대한 표이다. 이에 대한 설명으로 옳지 않은 것은?

〈국가별 지식재산권 수입 및 지급 현황〉

(단위 : 백만 원)

구분	2021년		2022년		2023년	
	수입	지급	수입	지급	수입	지급
한국	2,610	2,546	2,789	3,015	3,656	4,259
일본	8,658	7,879	8,702	8,154	11,237	10,572
프랑스	5,784	5,417	6,659	5,986	6,783	6,441
독일	7,977	7,652	8,511	8,090	11,003	9,544
영국	5,921	3,548	7,345	7,015	7,854	6,907
합계	30,950	27,042	34,006	32,260	40,533	37,723

① 2022 ~ 2023년 동안 지식재산권 수입은 모든 국가에서 증가했다.
② 영국의 2023년 지식재산권 지급 금액은 전년 대비 10% 이상 감소했다.
③ 매년 독일의 지식재산권 수입이 한국의 지식재산권 수입보다 3배 이상 많다.
④ 일본의 2021 ~ 2023년 지식재산권 수입 및 지급 금액은 5개국 중 매년 가장 많다.
⑤ 2021 ~ 2023년 동안 한국을 제외한 모든 나라들은 지식재산권 수입보다 지식재산권 지급이 더 낮다.

05 다음은 2023년 권역별 광고경기 체감도를 점수화한 자료이다. 광고경기 체감도가 80 ~ 99점이라 답한 수도권 업체 수는 체감도가 120점 이상이라 답한 경상권 업체 수의 몇 배인가?(단, 소수점 첫째 자리에서 반올림한다)

〈권역별 광고경기 체감도〉

(단위 : %)

구분	사업체 수(개)	60점 미만	60 ~ 79점	80 ~ 99점	100점 ~ 119점	120점 이상	평균(점)
전체	7,229	8.4	13.4	32.8	38.6	6.8	90.1
수도권	5,128	9.8	14.3	30.5	39.4	6.0	88.3
강원권	102	0	4.3	47.2	44.2	4.3	94.1
충청권	431	7.8	13.7	29.8	38.5	10.2	101.2
전라권	486	1.2	1.6	54.9	41.1	1.2	96
경상권	1,082	5.9	15.2	34.0	33.1	11.8	91.2

① 9배
② 10배
③ 11배
④ 12배
⑤ 13배

06 다음은 2016 ~ 2023년 L기업의 콘텐츠 유형별 매출액에 대한 자료이다. 이에 대한 설명으로 옳은 것은?

〈L기업의 콘텐츠 유형별 매출액〉

(단위 : 억 원)

구분	SNS	영화	음원	게임	합계
2016년	30	371	108	235	744
2017년	45	355	175	144	719
2018년	42	391	186	178	797
2019년	59	508	184	269	1,020
2020년	58	758	199	485	1,500
2021년	308	1,031	302	470	2,111
2022년	104	1,148	411	603	2,266
2023년	341	1,510	419	689	2,959

① 영화 매출액은 매년 전체 매출액의 30% 이상이다.
② 게임과 음원은 2017 ~ 2019년에 매출액의 증감 추이가 같다.
③ 2018년에는 모든 콘텐츠 유형의 매출액이 전년에 비해 증가하였다.
④ 2016 ~ 2023년 동안 매년 음원 매출액은 SNS 매출액의 2배 이상이다.
⑤ 2021년에 전년 대비 매출액 증가율이 가장 큰 콘텐츠 유형은 영화이다.

07 다음은 우리나라의 LPCD(Liter Per Capita Day)에 대한 자료이다. 1인 1일 사용량에서 영업용 사용량이 차지하는 비중과 1인 1일 가정용 사용량의 하위 두 항목이 차지하는 비중을 순서대로 나열한 것은?(단, 소수점 셋째 자리에서 반올림한다)

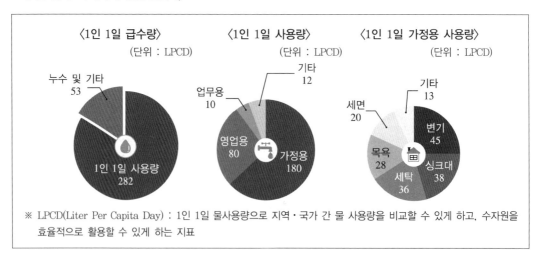

※ LPCD(Liter Per Capita Day) : 1인 1일 물사용량으로 지역·국가 간 물 사용량을 비교할 수 있게 하고, 수자원을 효율적으로 활용할 수 있게 하는 지표

① 27.57%, 16.25%
② 27.57%, 19.24%
③ 28.37%, 18.33%
④ 28.37%, 19.24%
⑤ 30.56%, 20.78%

08 다음은 대학생 2,500명을 대상으로 진행한 인터넷 쇼핑 이용 현황에 대한 자료이다. 이에 대한 설명으로 옳지 않은 것은?(단, 매년 조사 인원수는 동일하다)

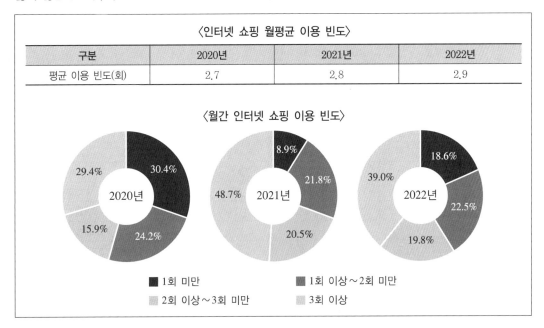

구분	2020년	2021년	2022년
평균 이용 빈도(회)	2.7	2.8	2.9

① 인터넷 쇼핑 월평균 이용 빈도는 지속적으로 증가했다.
② 2021년 월간 인터넷 쇼핑을 3회 이상 이용했다고 응답한 사람은 1,210명 이상이다.
③ 1회 이상 2회 미만 쇼핑했다고 응답한 사람은 2021년 대비 2022년에 3%p 이상 증가했다.
④ 3년간의 인터넷 쇼핑 이용 빈도수를 누적했을 때, 두 번째로 많이 응답한 인터넷 쇼핑 이용 빈도수는 1회 미만이다.
⑤ 2022년 월간 인터넷 쇼핑을 2회 이상 3회 미만 이용했다고 응답한 사람은 2021년 1회 미만으로 이용했다고 응답한 사람보다 2배 이상 많다.

09 다음은 국가별 PCT 출원 건수와 비율에 대한 자료이다. 이에 대한 설명으로 옳지 않은 것은?

〈국가별 PCT(지식재산권) 출원 건수와 비율〉

(단위 : 건, %)

구분		2017년	2018년	2019년	2020년	2021년	2022년	2023년
한국	건수	4,686	5,945	7,064	7,899	8,035	9,669	9,292
	비중	3.43	3.97	4.42	4.84	5.17	5.88	5.75
일본	건수	24,870	27,025	27,743	28,760	29,802	32,150	35,331
	비중	18.19	18.06	17.35	17.62	19.18	19.57	21.85
중국	건수	2,503	3,942	5,455	6,120	7,900	12,296	14,318
	비중	1.83	2.63	3.41	3.75	5.08	7.48	8.86
독일	건수	15,991	16,736	17,821	18,855	16,797	17,568	16,675
	비중	11.69	11.18	11.14	11.55	10.81	10.69	10.31
프랑스	건수	5,742	6,256	6,560	7,072	7,237	7,245	6,474
	비중	4.20	4.18	4.10	4.33	4.66	4.41	4.00
미국	건수	26,882	51,280	54,042	51,642	45,625	45,000	43,076
	비중	34.28	34.27	33.79	31.64	29.36	27.39	26.64

① 한국의 PCT 국제출원 건수는 2023년을 제외하고는 매년 증가하고 있는 추세이다.

② 2017년에 비해 2023년의 비중이 가장 크게 증가한 나라는 중국이다.

③ 2017년에 비해 2023년의 비중이 낮아진 나라는 모두 세 나라이다.

④ 제시된 나라 중 매년 가장 큰 비중을 차지하고 있는 나라는 미국이다.

⑤ 프랑스의 출원 건수는 한국의 출원 건수보다 매년 조금씩 많다.

10 다음은 주요 대상국별 김치 수출액에 대한 자료이다. 기타를 제외하고 2023년 수출액이 3번째로 많은 국가
의 2022년 대비 2023년 김치 수출액의 증감률은?(단, 소수점 셋째 자리에서 반올림한다)

〈주요 대상국별 김치 수출액〉

(단위 : 천 달러, %)

구분	2022년		2023년	
	수출액	점유율	수출액	점유율
일본	44,548	60.6	47,076	59.7
미국	5,340	7.3	6,248	7.9
호주	2,273	3.1	2,059	2.6
대만	3,540	4.8	3,832	4.9
캐나다	1,346	1.8	1,152	1.5
영국	1,919	2.6	2,117	2.7
뉴질랜드	773	1.0	1,208	1.5
싱가포르	1,371	1.9	1,510	1.9
네덜란드	1,801	2.4	2,173	2.7
홍콩	4,543	6.2	4,285	5.4
기타	6,093	8.3	7,240	9.2
합계	73,547	100	78,900	100

① −5.06%

② −5.68%

③ −6.24%

④ −6.82%

⑤ −7.02%

11 다음은 국내 도착 외국인 국적 및 내국인 해외 여행객에 대한 자료이다. 이에 대한 설명으로 옳지 않은 것은? (단, 소수점 둘째 자리에서 반올림한다)

〈국내 도착 외국인 국적 및 내국인 해외 여행객〉

(단위 : 명)

구분		국내 도착 외국인 국적		내국인 해외 여행객	
		2024년 10월	2023년 10월	2024년 10월	2023년 10월
총계		574,690	475,442	757,538	648,385
아시아		428,368	346,303	553,875	454,102
	일본	256,813	179,212	122,777	126,283
	중국	59,730	58,477	232,885	164,603
	홍콩	11,337	12,276	28,068	20,576
	대만	29,415	26,881	10,975	8,137
	필리핀	19,098	19,148	30,789	28,554
	태국	10,398	8,978	68,309	55,416
	싱가포르	7,094	7,572	14,477	13,316
	말레이시아	7,847	10,356	5,449	5,204
	인도네시아	4,654	5,092	8,247	9,511
	인도	5,344	4,489	2,257	1,499
오세아니아		7,149	6,066	31,347	28,165
	호주	5,345	4,610	14,740	15,902
	뉴질랜드	1,445	1,137	7,169	5,865
북아메리카		59,133	50,285	52,372	54,973
	미국	49,225	42,159	42,392	45,332
	캐나다	7,404	6,253	8,620	8,383
유럽		49,320	43,376	46,460	42,160
아프리카		1,738	2,142	1,831	1,830
기타*		28,982	27,270	71,653	67,155

※ 기타 : 교포, 승무원 등

① 전년 동월 대비 2024년 10월 외국인 국내 방문객 수가 감소한 아시아 국가는 5개국이다.
② 전년 동월 대비 2024년 10월 내국인의 미국 방문객 감소량은 말레이시아의 국내 방문객 감소량보다 크다.
③ 2024년 10월 뉴질랜드의 국내 방문객과 내국인의 뉴질랜드 방문객 수는 전년 동월 대비 모두 증가했다.
④ 아시아 국가 중 2023년 10월과 2024년 10월 내국인 해외 방문객 수가 많은 순으로 나열하면 상위 5개국의 순서는 동일하다.
⑤ 전년 동월 대비 유럽의 2024년 10월 국내 방문객 증가율은 내국인의 유럽 방문객 증가율보다 낮다.

12 다음은 우리나라의 환경보호 관련 지출 및 수입에 대한 자료이다. 이에 대한 설명으로 옳지 않은 것은?

〈우리나라의 환경보호 관련 지출 및 수입〉

(단위 : 백만 원, %)

구분	투자지출	내부 경상지출	보조금	부산물 수입	부담금	지출 합계	수입 합계
대기보호	1,345,897 (16.5)	1,624,621 (16.2)	456 (8.0)	38,947 (6.0)	144,180 (2.8)	2,970,974 (16.3)	183,127 (3.2)
폐수관리	3,767,561 (46.1)	2,631,914 (26.3)	0 (0.0)	16,808 (2.6)	1,824,371 (35.9)	6,399,475 (35.2)	1,841,179 (32.1)
폐기물관리	1,153,593 (14.1)	4,193,745 (41.9)	83 (1.5)	591,270 (90.5)	2,911,455 (57.3)	5,347,421 (29.4)	3,502,725 (61.1)
토양·수질 보호	337,874 (4.1)	320,435 (3.2)	273 (4.8)	521 (0.1)	39,379 (0.8)	658,582 (3.6)	39,900 (0.7)
소음·진동 방지	140,846 (1.7)	71,290 (0.7)	0 (0.0)	63 (0.0)	17,229 (0.3)	212,136 (1.2)	17,292 (0.3)
생태계보호	987,942 (12.1)	447,740 (4.5)	2,590 (45.3)	0 (0.0)	33,494 (0.7)	1,438,272 (7.9)	33,494 (0.6)
방사선피해 방지	51,544 (0.6)	105,305 (1.1)	0 (0.0)	0 (0.0)	28,696 (0.6)	156,849 (0.9)	28,696 (0.5)
연구개발	237,482 (2.9)	169,624 (1.7)	0 (0.0)	350 (0.1)	4,227 (0.1)	407,106 (2.2)	4,577 (0.1)
기타 환경보호	142,592 (1.7)	439,788 (4.4)	2,312 (40.4)	5,471 (0.8)	74,814 (1.5)	584,692 (3.2)	80,285 (1.4)
합계	8,165,331 (100.0)	10,004,462 (100.0)	5,714 (100.0)	653,430 (100.0)	5,077,845 (100.0)	18,175,507 (100.0)	5,731,275 (100.0)

① 환경보호 관련 지출액이 가장 많은 분야는 폐수관리이고, 수입액이 가장 많은 분야는 폐기물관리이다.
② 대기보호 분야의 투자지출액은 대기보호 분야 전체 지출액의 40% 미만이다.
③ 부산물 수입이 10% 미만인 분야가 보조금이 10% 미만인 분야보다 많다.
④ 생태계보호 분야의 투자지출액은 이 분야 전체 지출액의 70% 미만이다.
⑤ 투자지출액이 가장 많은 분야는 폐수관리이다.

13 다음은 소매 업태별 판매액을 나타낸 자료이다. 2021년 대비 2023년 두 번째로 높은 비율의 판매액 증가를 보인 업태의 2021년 대비 2023년 판매액의 증가율은?(단, 소수점 첫째 자리에서 반올림한다)

<소매 업태별 판매액>

(단위 : 십억 원)

구분	2021년	2022년	2023년
백화점	29,028	29,911	29,324
대형마트	32,777	33,234	33,798
면세점	9,198	12,275	14,465
슈퍼마켓 및 잡화점	43,481	44,361	45,415
편의점	16,455	19,481	22,237
승용차 및 연료 소매점	91,303	90,137	94,508
전문 소매점	139,282	140,897	139,120
무점포 소매점	46,788	54,046	61,240
합계	408,312	424,342	440,107

① 약 31%
② 약 35%
③ 약 42%
④ 약 55%
⑤ 약 57%

14 다음은 2018 ~ 2023년까지 8월마다 신규자영업자의 사업자금 규모를 조사한 자료이다. (가)에 들어갈 수치로 적절한 것은?

<신규자영업자의 사업자금 규모>

(단위 : %)

구분	5백만 원 미만	5백만 원 이상 2천만 원 미만	2천만 원 이상 5천만 원 미만	5천만 원 이상 1억 원 미만	1억 원 이상 3억 원 미만	3억 원 이상
2018년	31.2	20.2	22.6	17.0	7.0	2.0
2019년	34.5	22.0	23.3	12.8	4.4	3.0
2020년	32.2	22.7	19.8	19.1	5.2	1.0
2021년	26.7	18.4	24.0	20.0	6.2	4.7
2022년	29.2	13.2	21.2	17.2	(가)	5.0
2023년	32.2	22.2	23.1	16.2	5.3	1.0

① 12.2
② 14.2
③ 16.2
④ 19.2
⑤ 24.2

15 다음은 4월 1일부터 10일까지 코로나 현황에 대한 자료이다. 이에 대한 설명으로 옳은 것을 〈보기〉에서 모두 고르면?(단, 평균은 소수점 첫째 자리에서 버림하며, 비율은 소수점 둘째 자리에서 반올림한다)

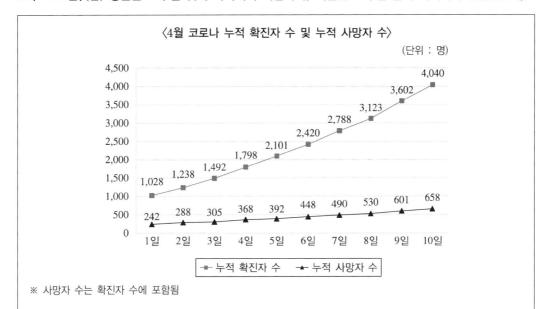

〈4월 코로나 누적 확진자 수 및 누적 사망자 수〉
(단위 : 명)

※ 사망자 수는 확진자 수에 포함됨

〈코로나 누적 확진자 수 및 누적 사망자 수의 전일 대비 증가량〉
(단위 : 명)

날짜	4.2	4.3	4.4	4.5	4.6	4.7	4.8	4.9	4.10
확진자	210	254	306	303	319	368	335	479	438
사망자	46	17	63	24	56	42	40	71	57

─────〈보기〉─────
ㄱ. 4월 1일과 4월 10일의 누적 확진자 수 중 누적 사망자 수의 비율의 차이는 8%보다 낮다.
ㄴ. 4월 2일부터 4월 7일까지 전일 대비 사망자 수 증가량의 평균은 4월 8일부터 4월 10일까지의 전일 대비 사망자 수 증가량의 평균보다 낮다.
ㄷ. 누적 확진자 수와 누적 사망자 수의 차이가 2천 명 이상인 날은 4월 6일 이후이다.
ㄹ. 4월 2일부터 4월 10일까지 전일 대비 확진자 수와 사망자 수가 가장 많이 증가한 날은 각각 다른 날이다.

① ㄱ, ㄴ   ② ㄱ, ㄷ
③ ㄴ, ㄷ   ④ ㄴ, ㄹ
⑤ ㄷ, ㄹ

16 다음은 주요 10개국의 국가별 주요 지표에 대한 자료이다. 이에 대한 설명으로 옳은 것은?

〈국가별 주요 지표〉

(단위 : %)

구분	인간개발 지수	국회의원 선거 투표율	GDP 대비 공교육비 비율	인터넷 사용률	1인당 GDP(달러)
벨기에	0.896	92.5	6.4	85	41,138
불가리아	0.794	54.1	3.5	57	16,956
칠레	0.847	49.3	4.6	64	22,145
도미니카 공화국	0.722	69.6	2.1	52	13,375
이탈리아	0.887	75.2	4.1	66	33,587
대한민국	0.901	58.0	4.6	90	34,387
라트비아	0.830	58.9	4.9	79	22,628
멕시코	0.762	47.7	5.2	57	16,502
노르웨이	0.949	78.2	7.4	97	64,451
러시아	0.804	60.1	4.2	73	23,895

① 인터넷 사용률이 60% 미만인 나라의 수와 국회의원 선거 투표율이 50% 이하인 나라의 수는 같다.
② GDP 대비 공교육비 비율과 인터넷 사용률이 높은 국가 순위에서 각 1 ~ 3위는 같다.
③ GDP 대비 공교육비 비율이 가장 낮은 나라는 국회의원 선거 투표율도 가장 낮다.
④ 대한민국은 GDP 대비 공교육비 비율 하위 3개국 중 하나이다.
⑤ 1인당 GDP가 가장 높은 국가는 인간개발지수도 가장 높다.

17 다음은 성별·연령별 기대여명 추이에 대한 자료이다. 이에 대한 설명으로 옳지 않은 것은?

<성별·연령별 기대여명 추이>

(단위 : 년)

구분	남성					여성				
	1970년	1995년	2010년	2018년	2022년	1970년	1995년	2010년	2018년	2022년
0세	58.7	69.7	74.9	78.6	79.0	65.8	77.9	81.6	85.0	85.2
1세	60.3	69.3	74.2	77.8	78.2	67.6	77.6	80.9	84.3	84.4
2~10세	52.8	60.7	65.4	68.9	69.3	60.2	68.9	72.1	75.3	75.5
11~20세	43.9	51.1	55.5	59.0	59.4	51.3	59.1	62.2	65.4	65.5
21~30세	35.4	41.7	45.9	49.3	49.7	43.0	49.4	52.4	55.6	55.7
31~40세	26.7	32.6	36.4	39.7	40.1	34.3	39.8	42.7	45.9	46.0
41~50세	19.0	24.2	27.5	30.5	30.8	26.0	30.5	33.2	36.3	36.4
51~60세	12.7	16.7	19.3	22.0	22.2	18.4	21.7	24.0	26.9	27.0
61~70세	8.2	10.5	12.2	14.1	14.3	11.7	13.7	15.4	17.9	17.9
71~80세	4.7	6.1	6.9	7.8	8.0	6.4	7.8	8.5	10.1	10.1
81~90세	2.8	3.3	3.6	4.0	4.1	3.4	4.2	4.2	4.9	4.8
100세 이상	1.7	1.8	1.9	2.1	2.1	1.9	2.2	2.2	2.4	2.3

※ 기대여명 : 특정 연도의 특정 연령의 사람이 생존할 것으로 기대되는 평균 생존 연수

① 기대여명은 매해 동일 연령에서 여성이 항상 높았다.
② 남녀 모든 연령에서 기대여명은 2022년까지 유지되거나 증가했다.
③ 1970년 대비 2022년에 변동이 가장 적은 연령대는 100세 이상이다.
④ 1970년 대비 2022년에 기대여명이 가장 많이 늘어난 것은 0세 남성이다.
⑤ 남녀 모두 연령대가 올라갈수록 기대여명이 줄어들지 않은 연도가 있었다.

18 다음은 2019 ~ 2023년까지 가정에서 사용하는 인터넷 접속기기를 조사한 것으로 가구별 접속기기를 한 개 이상 응답한 결과를 나타낸 그래프이다. 다음 자료를 변환한 것으로 가장 적절한 것은?(단, 모든 그래프의 단위는 '%'이다)

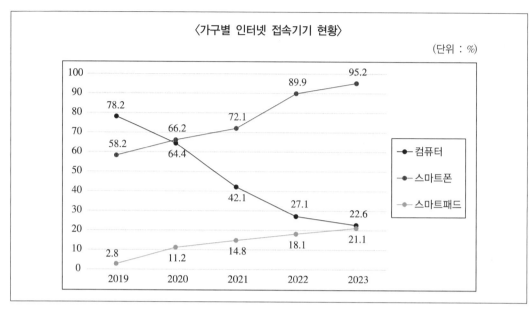

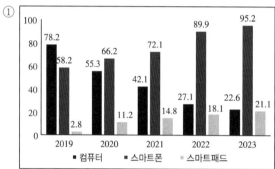

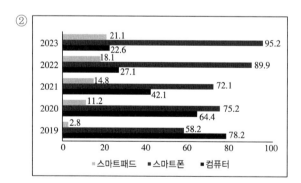

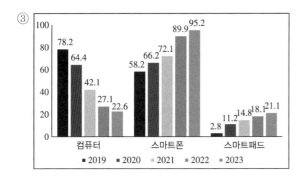

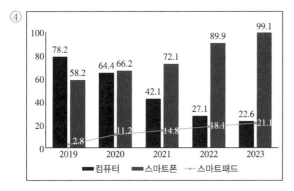

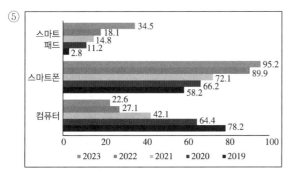

19 다음은 연령별 어린이 및 청소년의 표준 키와 체중을 조사한 자료이다. 이를 그래프로 변환한 것으로 가장 적절한 것은?

〈어린이 및 청소년 표준 키와 체중〉

(단위 : cm, kg)

나이	남		여		나이	남		여	
	키	체중	키	체중		키	체중	키	체중
1세	76.5	9.77	75.6	9.28	10세	137.8	34.47	137.7	33.59
2세	87.7	12.94	87.0	12.50	11세	143.5	38.62	144.2	37.79
3세	95.7	15.08	94.0	14.16	12세	149.3	42.84	150.9	43.14
4세	103.5	16.99	102.1	16.43	13세	155.3	44.20	155.0	47.00
5세	109.5	18.98	108.6	18.43	14세	162.7	53.87	157.8	50.66
6세	115.8	21.41	114.7	20.68	15세	167.8	58.49	159.0	52.53
7세	122.4	24.72	121.1	23.55	16세	171.1	61.19	160.0	54.53
8세	127.5	27.63	126.0	26.16	17세	172.2	63.20	160.4	54.64
9세	132.9	30.98	132.2	29.97	18세	172.5	63.77	160.5	54.65

① 10세 미만 남녀의 키

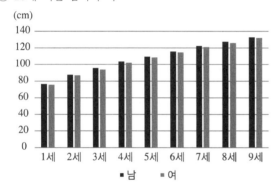

② 10대 남녀의 표준 체중

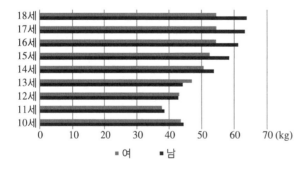

③ 10세 미만 남자의 표준 키 및 체중

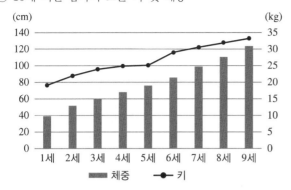

④ 10대 여자의 표준 키 및 체중

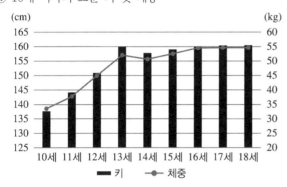

⑤ 전 연령 대비 남녀 표준 키 차이

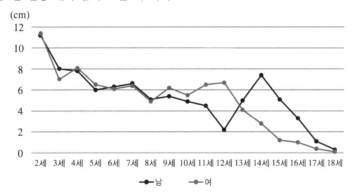

20 다음은 우리나라의 혼인 및 이혼 동향을 나타낸 자료이다. 이에 대한 설명으로 옳지 않은 것을 〈보기〉에서 모두 고르면?

〈혼인 및 이혼 동향〉

(단위 : 천 건)

구분	혼인		이혼						
	혼인 건수	조혼인율	이혼 건수	조이혼율	동거 기간별 이혼 건수				
					0 ~ 4년	5 ~ 9년	10 ~ 14년	15 ~ 19년	20년 이상
2010년	399.3	9.3	45.7	1.1					
2011년	416.9	9.6	49.2	1.1					
2012년	419.8	9.6	53.5	1.2					
2013년	402.6	9.0	59.3	1.3					
2014년	393.1	8.7	65.0	1.4					
2015년	398.5	8.7	68.3	1.5					
2016년	434.9	9.4	79.9	1.7					
2017년	388.6	8.4	91.2	2.0					
2018년	375.6	8.0	116.7	x	36.8	28.0	22.7	18.2	10.8
2019년	362.7	7.7	118.0	2.5	34.5	26.9	22.3	18.4	16.0
2020년	334.0	7.0	120.0	2.5	35.2	26.7	22.4	18.4	17.2
2021년	320.1	6.7	135.0	2.8	38.1	31.1	25.7	20.0	20.1
2022년	306.6	6.4	145.3	3.0	39.1	33.8	28.2	21.4	22.8
2023년	304.9	6.3	167.1	3.5	41.0	38.6	32.8	24.9	y

※ 조혼인율＝연간 혼인 건수÷총인구×1,000

※ 조이혼율＝연간 이혼 건수÷총인구×1,000

───── 〈보기〉 ─────

㉠ 2018년 우리나라의 조이혼율은 약 2.5%이다.

㉡ 2023년에 결혼한 부부의 55% 정도가 이혼을 하였다.

㉢ 2013년 우리나라에서는 인구 100명당 9명이 혼인하였다.

㉣ 2018년과 2023년을 비교할 때, 이혼 건수의 증가 비율을 동거 기간별로 보면 20년 이상 집단에서 가장 큰 증가를 보이고 있다.

① ㉠

② ㉡

③ ㉢

④ ㉣

⑤ ㉠, ㉡

01 일정한 규칙으로 수를 나열할 때, 빈칸에 들어갈 수로 알맞은 것은?

$$7\frac{3}{5} \quad 8\frac{4}{9} \quad 10\frac{5}{13} \quad 13\frac{6}{17} \quad 17\frac{7}{21} \quad (\qquad) \quad 28\frac{9}{29}$$

① $22\frac{8}{23}$

② $22\frac{8}{25}$

③ $24\frac{8}{23}$

④ $24\frac{8}{24}$

⑤ $24\frac{8}{25}$

02 L사는 전 직원을 대상으로 유연근무제에 대한 찬반 투표를 진행하였다. 그 결과 전체 직원의 80%가 찬성하였고, 20%는 반대하였다. 전 직원의 40%는 여직원이고, 유연근무제에 찬성한 직원의 70%는 남직원이었다. 여직원 한 명을 뽑았을 때, 이 직원이 유연근무제에 찬성했을 확률은?(단, 모든 직원은 찬성이나 반대의 의사표시를 하였다)

① $\frac{1}{5}$

② $\frac{2}{5}$

③ $\frac{3}{5}$

④ $\frac{4}{6}$

⑤ $\frac{5}{6}$

03 일정한 규칙으로 수를 나열할 때, 빈칸에 들어갈 수로 알맞은 것은?

$$1.81 \quad -8.78 \quad 27.75 \quad -64.72 \quad (\qquad) \quad -216.66 \quad 343.63 \quad -512.6$$

① 125.69

② 125.38

③ −124.31

④ −125.69

⑤ −126

04 A, B 두 지점을 왕복하는 데 A에서 B로 갈 때에는 16km/h로 달리고, B에서 A로 되돌아올 때에는 8km/h로 걷는다. 왕복하는 시간이 1시간 30분 이내이려면 두 지점은 최대 몇 km 떨어져 있어야 하는가?

① 4km   ② 5km

③ 6km   ④ 7km

⑤ 8km

05 일정한 규칙으로 수를 나열할 때, 빈칸에 들어갈 수로 알맞은 것은?

5	0	1		5	3	( )	6	2	36

① 15   ② 45

③ 75   ④ 105

⑤ 125

06 다음은 어느 사탕 가게의 주문이다. 유미가 딸기 맛 1개와 바닐라 맛 1개를 주문했을 때, 지불해야 하는 금액은?

주문번호	딸기 맛	바닐라 맛	초콜릿 맛	합계(원)
1	2		1	7,000
2		2		4,000
3	3		2	11,500

① 4,500원   ② 5,000원

③ 5,500원   ④ 6,000원

⑤ 6,500원

07 일정한 규칙으로 수를 나열할 때, 빈칸에 들어갈 수로 알맞은 것은?

$$100\frac{99}{101} \quad 99\frac{96}{99} \quad 97\frac{93}{97} \quad 94\frac{90}{95} \quad (\quad) \quad 85\frac{84}{91} \quad 79\frac{81}{89}$$

① $90\frac{87}{93}$

② $90\frac{83}{93}$

③ $90\frac{79}{93}$

④ $89\frac{87}{93}$

⑤ $89\frac{79}{93}$

08 민경이는 자신의 집에서 선화네 집으로 3m/s의 속도로 가고 선화는 민경이네 집으로 2m/s의 속도로 간다. 민경이와 선화네 집은 900m 떨어져 있고 선화가 민경이보다 3분 늦게 출발했을 때, 민경이가 집에서 출발한 지 얼마 만에 선화를 만날까?(단, 민경이 집에서 선화네 집까지는 직선길 한 가지밖에 없다)

① 1분 12초

② 2분 12초

③ 3분 12초

④ 4분 12초

⑤ 5분 12초

09 일정한 규칙으로 수를 나열할 때, 빈칸에 들어갈 수로 알맞은 것은?

$$12.02 \quad 20.06 \quad 30.12 \quad 42.2 \quad 56.3 \quad 72.42 \quad (\quad) \quad 110.72 \quad 132.9$$

① 88.64

② 90.56

③ 95.72

④ 98.81

⑤ 101.32

10 농도가 3%로 오염된 물 30L가 있다. 깨끗한 물을 채워서 오염물질의 농도를 0.5%p 줄이려고 할 때, 깨끗한 물은 얼마나 더 넣어야 하는가?

① 3L   ② 4L
③ 5L   ④ 6L
⑤ 7L

11 일정한 규칙으로 수를 나열할 때, 빈칸에 들어갈 수로 알맞은 것은?

-7	3	2	( )	-4	-13	27	5	-16

① 2   ② 15
③ 25   ④ 30
⑤ 45

12 유치원에서 6명의 아이들이 한 명씩 과자 자판기 버튼을 누르며 나오는 과자를 먹고 있다. 과자 자판기의 버튼은 빨간색과 파란색 두 가지이며, 버튼마다 나오는 과자 개수가 다르다. 빨간색 버튼과 파란색 버튼 한 번씩 누르면 아이들이 총 10개의 과자를 나눠먹을 수 있고, 빨간색 버튼 세 번과 파란색 버튼 두 번을 누르면 6명의 아이들이 과자 4개씩 먹을 수 있다고 할 때, 파란색 버튼을 한 번 누르면 몇 개의 과자가 나오는가?

① 6개   ② 7개
③ 8개   ④ 9개
⑤ 10개

13 일정한 규칙으로 수를 나열할 때, 빈칸에 들어갈 수로 알맞은 것은?

36.25	25.36	38.38	29.67	40.51	( )	42.64	38.29	44.77	42.6

① 33.98   ② 34.71
③ 35.59   ④ 36.42
⑤ 37.25

14 다음 전개도는 일정한 규칙에 따라 나열된 수열이다. 빈칸에 들어갈 수로 알맞은 것은?

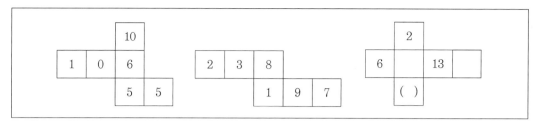

① 6
② 7
③ 8
④ 9
⑤ 1

15 농도를 알 수 없는 설탕물 500g에 농도 3%의 설탕물 200g을 온전히 섞었더니 섞은 설탕물의 농도는 7%가 되었다. 처음 500g의 설탕물에 녹아있던 설탕은 몇 g인가?

① 40g
② 41g
③ 42g
④ 43g
⑤ 44g

16 일정한 규칙으로 수를 나열할 때, 빈칸에 들어갈 수로 알맞은 것은?

① 11,737
② 10,727
③ 11,717
④ 11,707
⑤ 11,747

17 A사원과 B사원이 함께 일하면 이틀 만에 마칠 수 있는 일이 있다. A사원이 1일 동안 작업한 후 나머지를 B사원이 4일 동안 작업하여 마쳤다고 할 때, 이 일을 B사원이 혼자 하면 며칠이 걸리는가?

① 4일
② 5일
③ 6일
④ 7일
⑤ 8일

18 다음 전개도는 일정한 규칙에 따라 나열된 수열이다. 빈칸에 들어갈 알맞은 것은?

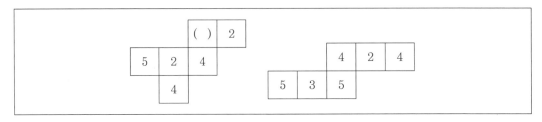

① 1   ② 2
③ 3   ④ 4
⑤ 5

19 L사는 작년 사원 수가 500명이었고, 올해 남자 사원이 작년보다 10% 감소하고, 여자 사원은 40% 증가하였다. 전체 사원 수는 작년보다 8%가 늘어났을 때, 작년 남자 사원 수는 몇 명인가?

① 280명   ② 300명
③ 315명   ④ 320명
⑤ 325명

20 어느 회사 서버 비밀번호는 0에서 9까지의 열 개의 숫자를 사용하여 4자리로 설정할 수 있다. 동일 숫자를 2번 중복사용이 되도록 설정할 수 있는 비밀번호는 모두 몇 가지인가?

① 4,450가지   ② 4,520가지
③ 4,590가지   ④ 4,660가지
⑤ 4,730가지

제3회
LG그룹
온라인 적성검사

www.sdedu.co.kr

〈문항 수 및 시험시간〉

LG그룹 온라인 적성검사		
영역	문항 수	영역별 제한시간
언어이해	20문항	20분
언어추리	20문항	20분
자료해석	20문항	20분
창의수리	20문항	20분

제3회 모의고사

| 문항 수 : 80문항 |
| 시험시간 : 80분 |

제1영역 언어이해

※ 제시된 글을 읽고 이어질 문장을 논리적 순서대로 나열한 것을 고르시오. [1~2]

01

> 도시철도의 무임승차로 인한 손해액이 연간 약 3,000억 원에 달하자, S시는 8년 만에 지하철·버스 요금을 300원 가까이 인상을 추진하였고 이에 노인 무임승차가 다시 논란이 되었다.

> (가) 이에 네티즌들은 요금인상 대신 노인 무임승차 혜택을 중단하거나 축소해야 한다고 주장했지만, S시는 그동안 노인 무임승차 중단 이야기를 꺼내지 못했다.
> (나) 우리나라에서 65세 이상 노인에 대한 지하철·버스 무임승차는 1980년대 중반 시작되어 지난 40년간 유지되었다.
> (다) 이는 S시의 시장이 선출직인 이유와 더불어 우리나라의 오래된 미덕인 경로사상의 영향 때문이다. 실제로 지하철을 운영하는 각 지자체는 노인 무상승차를 거부할 법적 권한이 있지만 활용하지 못하고 있는 상황이다.
> (라) 하지만 초고령화 시대가 접어들면서 복지혜택을 받는 노인 인구가 급격히 늘어나 무임승차 기준인 65세 이상 인구가 지난 2021년 전체 인구의 16.8%에 달하면서 도시철도의 동반부실도 급격히 심화되었다.

① (가) - (나) - (라) - (다)   ② (가) - (다) - (나) - (라)
③ (나) - (가) - (라) - (다)   ④ (나) - (라) - (가) - (다)
⑤ (나) - (라) - (다) - (가)

02

PTSD(Post Traumatic Stress Disorder)는 '외상 후 스트레스 장애'로서, 외부로부터 피해를 당한 사람에게서 나타나는 일종의 정신질환이다. 성폭행 피해자, 화재를 진압한 소방관, 참전 군인 등에게 상대적으로 많이 발생한다고 한다.

(가) 현대에 와서야 PTSD를 겁쟁이로 보지 않고 일종의 정신질환으로 보기 시작했다. 가장 가까운 시기로는 이라크 전쟁에 파병되었다가 온 병사들의 사례가 있다. 이들은 PTSD 때문에 매일 약을 먹으며 살고 있다고 한다.

(나) 사실 과거에 PTSD는 정신질환으로 인정되지 않았다. 잔혹한 임무수행을 해야 하는 군대에서 그러한 경우가 많이 나타나는데, PTSD에 걸린 병사를 정신질환자가 아니라 겁쟁이로 생각했다.

(다) 이렇게 충동억제장애 등으로 나타나는 PTSD가 다른 정신질환보다 더 문제가 되는 것은 전쟁에 의한 PTSD 질환자들이 건장한 병사 출신으로서, 정신이상 상태로 타인에게 큰 피해를 줄 수 있다는 점도 한몫을 할 것이다.

(라) 전술한 것처럼 PTSD는 약을 먹어야만 하는 질환이다. PTSD가 발병하였을 때 적절한 치료가 이루어지지 않는다면, 일반적으로 생각되는 정신질환이 발생하게 되며 그 종류도 다양하다. 보통 PTSD는 분노조절장애, 충동억제장애 등의 양상을 보이며, 이외에 우울증이나 공황장애와 함께 발병한다.

① (가) – (나) – (다) – (라) ② (가) – (나) – (라) – (다)
③ (나) – (가) – (다) – (라) ④ (나) – (가) – (라) – (다)
⑤ (나) – (다) – (가) – (라)

03 다음 글을 읽고 이해한 내용으로 적절하지 않은 것은?

로봇은 일반적으로 센서 및 작동기가 중앙처리장치에 연결된 로봇 신경시스템으로 작동되지만, 이 경우 로봇의 형태에 구속받기 때문에 로봇이 유연하게 움직이는 데 제한이 있다. 로봇 공학자들은 여러 개의 유닛이 결합하는 '모듈러 로봇'이라는 개념을 고안해 이런 제약을 극복하려고 노력해왔다. 벨기에 연구진은 로봇이 작업이나 작업 환경에 반응해 스스로 적당한 형태와 크기를 자동으로 선택하여 변경할 수 있는 모듈러 로봇을 개발했다. 이 로봇은 독립적인 로봇 형체를 갖추기 위해 스스로 쪼개지고 병합할 수 있으며, 감각 및 운동 능력을 제어하면서도 스스로 분리되고 새 형체로 병합하는 로봇 신경시스템을 갖췄다.

연구진은 또한 외부 자극에 의한 반응으로 모듈러 로봇이 독립적으로 움직이도록 설계했다. 외부 자극으로는 녹색 LED를 이용하였는데 이를 통해 개별 모듈러 로봇을 자극하면 로봇은 이 자극에 반응해 움직였다. 자극을 주는 녹색 LED가 너무 가깝게 있으면 뒤로 물러서기도 했다. LED 자극에 따라 10개의 모듈러 로봇은 스스로 2개의 로봇으로 합쳐지기도 하고 1개의 로봇으로 결합하기도 했다.

특히 이 모듈러 로봇은 외부 자극에 대한 반응이 제대로 작동되지 않는 부분을 다른 모듈로 교체하거나 제거하는 작업을 스스로 진행하여 치유할 수 있는 것이 특징이다. 연구진은 후속 연구를 통해 이 로봇을 이용하여 벽돌과 같은 물체를 감지하고 들어 올리거나 이동시키는 작업을 할 수 있도록 할 계획이다.

이들은 '미래 로봇은 특정 작업에만 국한돼 설계되거나 구축되지 않을 것'이라며 '이번에 개발한 기술과 시스템이 다양한 작업에 유연하게 대응할 수 있는 로봇을 생산하는 데 기여하게 될 것'이라고 말했다.

① 일반적으로 로봇은 중앙처리장치에 연결된 로봇 신경시스템을 통해 작동된다.
② 모듈러 로봇은 작업 환경에 반응하여 스스로 형태와 크기를 선택할 수 있다.
③ 모듈러 로봇의 신경시스템은 로봇의 감각 및 운동능력을 제어하면서도 로봇 스스로 분리되도록 한다.
④ 모듈러 로봇의 기술을 통해 미래 로봇은 다양한 작업 환경에 대응할 수 있는 방향으로 개발될 것이다.
⑤ 모듈러 로봇이 외부 자극에 대해 제대로 반응하지 않을 경우 관리자는 고장난 부분을 다른 모듈로 교체하거나 제거해줘야 한다.

04 다음 글의 중심 내용으로 가장 적절한 것은?

사피어 – 워프 가설은 어떤 언어를 사용하느냐에 따라 사고의 방식이 정해진다는 이론이다. 이에 따르면 언어는 인간의 사고나 사유를 반영함은 물론이고, 그 언어를 쓰는 사람들의 사고방식에까지 영향을 미친다. 공동체의 언어 습관이 특정한 해석을 선택하도록 하기 때문에 우리는 일반적으로 우리가 행한 대로 보고 듣고 경험한다고 한 사피어의 관점에 영향을 받아, 워프는 언어가 경험을 조직한다고 주장했다. 한 문화의 구성원으로서, 특정한 언어를 사용하는 화자로서, 우리는 언어를 통해 암묵적 분류를 배우고 이 분류가 세계의 정확한 표현이라고 간주한다. 그리고 그 분류는 사회마다 다르므로, 각 문화는 서로 다른 의견을 가질 수 있는 개인들로 구성됨에도 불구하고 독특한 합의를 보여 준다.

가령, 에스키모어에는 눈에 관한 낱말이 많은데 영어로는 한 단어인 '눈(snow)'을 네 가지 다른 단어, 즉 땅위의 눈(aput), 내리는 눈(quana), 바람에 날리는 눈(piqsirpoq), 바람에 날려 쌓이는 눈(quiumqsuq) 등으로 표현한다는 것이다. 북아프리카 사막의 유목민들은 낙타에 대한 10개 이상의 단어를 가지고 있으며, 우리도 마찬가지다. 영어의 'rice'에 해당하는 우리말은 '모', '벼', '쌀', '밥' 등이 있다.

그렇다면 언어와 사고, 언어와 문화의 관계는 어떻게 볼 수 있을까? 일단 우리는 언어와 정신 활동이 상호 의존성을 갖는다고 말할 수 있을 것이다. 하지만 그들 간의 관계 중 어떤 것이 우월한 것인지를 잘 식별할 수 없는 정도로 인식이 되고 나면, 우리의 생각은 언어 우위 쪽으로 기울기 쉽다.

왜냐하면 언어의 사용에 따라 사고가 달라지는 것이라고 규정하는 것이 사고를 통해 언어가 만들어진다는 것보다 훨씬 더 쉽게 이해되기 때문이다. 이러한 면에서 사피어 – 워프 가설은 언어 우위론적 입장을 보인다고 할 수 있다.

그러나 사피어 – 워프 가설이 언어 우위론의 근거로만 설명되는 것은 아니다. 앞의 에스키모어의 예를 보면, 사람들이 눈을 인지하는 방법이 달라진 것(사고의 변화)으로 인해 언어도 달라지게 되었는지, 반대로 언어 체계가 달라진 것으로 인해 눈을 인지하는 방법이 달라졌는지를 명확하게 설명할 수 없기 때문이다.

① 사피어 – 워프 가설의 예로 에스키모어가 있다.

② 사피어 – 워프 가설은 언어 우위론으로 입증할 수 있다.

③ 사피어 – 워프 가설은 학계에서 대체로 인정하는 추세이다.

④ 사피어 – 워프 가설은 우리의 언어 생활과 밀접한 이론이다.

⑤ 언어와 사고의 관계에 대한 사피어 – 워프 가설을 증명하기는 쉽지 않다.

05 다음 글에서 〈보기〉의 문장이 들어갈 위치를 바르게 연결한 것은?

원유를 열처리하게 되면 원유에 포함되어 있는 미생물의 개체 수가 줄어드는데, 일반적으로 가열 온도가 높을수록 가열 시간이 길수록 그 수는 더 많이 감소한다. (가) 이때 D값과 Z값을 이용한다. D값은 어떤 미생물을 특정 온도에서 열처리할 때 그 개체 수를 10분의 1로 줄이는 데 걸리는 시간을 말한다. 만약 같은 온도에서 개체 수를 100분의 1로 줄이고자 한다면 D값의 2배의 시간으로 처리하면 된다. Z값은 특정 D값의 10분의 1만의 시간에 개체 수를 10분의 1로 줄이는 데 추가적으로 높여야 하는 온도를 말한다. 그렇기 때문에 열에 대한 저항성이 큰 미생물일수록 특정 온도에서의 D값과 Z값이 크다. (나) 예를 들어, 어떤 미생물 100개를 63℃에서 열처리한다고 하자. 이때 360초 후에 남아 있는 개체 수가 10개라면 D값은 360초가 된다. 만약 이 D값의 10분의 1인 36초 만에 미생물의 개체 수를 100개에서 10개로 줄이고자 할 때의 온도가 65℃라면 Z값은 2℃가 된다.

이러한 D값과 Z값의 원리에 기초하여 원유를 열처리하는 여러 가지 방법이 개발되었다. 먼저, 원유를 63℃에서 30분 동안 열처리하여 그 안에 포함된 미생물을 99.999% 이상 제거하는 '저온 살균법'이 있다. 저온 살균법은 미생물을 제거하는 데는 효과적이나 시간이 오래 걸린다는 단점이 있다. (다) 저온 순간 살균법은 원유를 75℃에서 15초 동안 열처리하는 방법이다. 이 방법은 미생물 제거 효과가 저온 살균법과 동일하지만 우유의 대량 생산을 위해 열처리 온도를 높여서 열처리 시간을 줄인 것이다. (라)

저온 살균법이나 저온 순간 살균법으로 처리한 우유의 유통 기간은 냉장 상태에서 5일 정도이다. 만약 우유의 유통 기간을 늘리려면, 저온 살균법이나 저온 순간 살균법으로 처리해도 죽지 않는 미생물까지도 제거해야 한다. (마) 열에 대한 저항성이 큰 종류의 미생물까지 제거하기 위해서는 134℃에서 2~3초간 열처리하는 '초고온 처리법'을 사용한다. 이렇게 처리된 우유를 멸균 포장하면 상온에서 1개월 이상의 장기 유통이 가능하다.

〈보기〉

㉠ 이를 보완하기 위해 개발된 방법이 '저온 순간 살균법'이다.

㉡ 그런데 미생물의 종류에 따라 미생물을 제거하는 데 필요한 시간과 온도가 다르기 때문에 적절한 열처리 조건을 알아야 한다.

	㉠	㉡
①	(다)	(가)
②	(다)	(나)
③	(다)	(마)
④	(마)	(가)
⑤	(마)	(나)

06

풍속화는 문자 그대로 풍속을 그린 그림이다. 세속을 그린 그림이라는 뜻에서 속화(俗畵)라고도 한다. 정의는 이렇게 간단하지만 따져야 할 문제들은 산적해 있다. 나는 풍속화에 대해 엄밀한 학문적 논의를 펼 만큼 전문적인 식견을 갖고 있지는 않다. 하지만 한 가지 확실하게 말할 수 있는 것은, 풍속화가 인간의 모습을 화폭 전면에 채우는 그림이라는 사실이다. 그런데 현재 우리가 접하는 그림에서 인간의 모습이 그림의 전면을 차지하는 작품은 생각보다 많지 않다. 우리의 일상적인 모습은 더욱 그렇다. 만원 지하철에 시달리며 출근 전쟁을 하고, 직장 상사로부터 핀잔을 듣고, 포장마차에서 소주를 마시고, 노래방에서 스트레스를 푸는 평범한 사람들의 일상의 모습은 그림에 등장하지 않는다. 조선 시대에도 회화의 주류는 산수와 꽃과 새, 사군자와 같은 인간의 외부에 존재하는 대상을 그리는 것이었다. 이렇게 말하면 너무 지나치다고도 할 것이다. 산수화에도 인간이 등장하고 있지 않은가? 하지만 산수화 속의 인간은 산수에 부속된 것일 뿐이다. 산수화에서의 초점은 산수에 있지, 산수 속에 묻힌 인간에 있지 않다. 인간의 그림이라면, 초상화가 있지 않느냐고 물을 수도 있다. 사실 그렇다. 초상화는 인간이 화면 전체를 차지하는 그림이다. 나는 조선 시대 초상화에서 깊은 감명을 받은 적도 있다. 그것은 초상에 그 인간의 내면이 드러나 보일 때인데, 특히 송시열의 초상화를 보고 그런 느낌을 받았다. 하지만 초상화는 아무래도 딱딱하다. 초상화에서 보이는 것은 얼굴과 의복일 뿐, 구체적인 삶의 모습은 아니다. 이에 반해 조선 후기 풍속화는 인간의 현세적·일상적 모습을 중심 제재로 삼고 있다. 조선 사회가 양반 관료 사회인만큼 양반들의 생활이 그려지는 것은 당연하겠지만, 풍속화에 등장하는 인물의 주류는 이미 양반이 아니다. 농민과 어민 그리고 별감, 포교, 나장, 기생, 뚜쟁이 할미까지 도시의 온갖 인간들이 등장한다. 풍속화를 통하여 우리는 양반이 아닌 인간들을 비로소 만나게 된 것이다. 여성이 그림에 등장하는 것도 풍속화의 시대에 와서이다. 조선 시대는 양반·남성의 사회였다. 양반·남성 중심주의는 양반이 아닌 이들과 여성을 은폐하였다. 이들이 예술의 중심대상이 된 적은 거의 없었다. 특히 그림에서는 인간이 등장하는 일이 드물었고, 여성이 등장하는 일은 더욱 없었다. 풍속화에 와서야 비로소 여성이 회화의 주요대상으로 등장했던 것이다. 조선 시대 풍속화는 18 ~ 19세기에 '그려진 것'이다. 물론 풍속화의 전통을 따지고 들면, 저 멀리 고구려 시대의 고분벽화에까지 이를 수 있다. 그러나 그것들은 의례적·정치적·도덕적 관념의 선전이란 목적을 가지고 '제작된 것'이다. 좀 더 구체적으로 말하자면, 죽은 이를 위하여, 농업의 중요성을 강조하고 생산력을 높이기 위하여 혹은 민중의 교화를 위하여 '제작된 것'이다. 이점에서 이 그림들은 18 ~ 19세기의 풍속화와는 구분되어야 마땅하다.

① 조선 전기에도 여성이 회화의 주요대상으로 등장했다.
② 풍속화는 인간의 외부에 존재하는 대상을 그리는 것이었다.
③ 조선 후기 풍속화에는 양반들의 생활상이 주로 나타나 있다.
④ 조선 시대 산수화 속에 등장하는 인물은 부수적 존재에 불과하다.
⑤ 조선 시대 회화의 주류는 인간의 내면을 그린 그림이 대부분이었다.

07

개인의 합리성과 사회의 합리성은 병행할 수 있을까? 이 문제와 관련하여 고전 경제학에서는 개인이 합리적으로 행동하면 사회 전체적으로도 합리적인 결과를 얻을 수 있다고 말한다. 물론 여기에서 '합리성'이란 여러 가지 가능한 대안 가운데 효용의 극대화를 추구하는 방향으로 선택을 한다는 의미의 경제적 합리성을 의미한다. 따라서 개인이 최대한 자신의 이익에 충실하면 모든 자원이 효율적으로 분배되어 사회적으로도 이익이 극대화된다는 것이 고전 경제학의 주장이다.

그러나 개인의 합리적 선택이 반드시 사회적인 합리성으로 연결되지 못한다는 주장도 만만치 않다. 이른바 '죄수의 딜레마' 이론에서는 서로 의사소통을 할 수 없도록 격리된 두 용의자가 각각의 수준에서 가장 합리적으로 내린 선택이 오히려 집합적인 결과에서는 두 사람 모두에게 비합리적인 결과를 초래할 수 있다고 설명하고 있다. 즉, 다른 사람을 고려하지 않고 자신의 이익만을 추구하는 개인적 차원의 합리성만을 강조하면 오히려 사회 전체적으로는 비합리적인 결과를 초래할 수 있다는 것이다. 죄수의 딜레마 이론을 지지하는 쪽에서는 심각한 환경오염 등 우리 사회에 존재하는 문제의 대부분을 이 이론으로 설명한다.

일부 경제학자들은 이러한 주장에 대하여 강하게 반발한다. 그들은 죄수의 딜레마 현상이 보편적인 현상이라면 우리 주위에서 흔히 발견할 수 있는 협동은 어떻게 설명할 수 있느냐고 반문한다. 사실 우리 주위를 돌아보면 사람들은 의외로 약간의 손해를 감수하더라도 협동을 하는 모습을 곧잘 보여주곤 한다. 그들은 이런 행동들도 합리성을 들어 설명한다. 안면이 있는 사이에서는 오히려 상대방과 협조를 하는 행동이 장기적으로는 이익이 된다는 것을 알기 때문에 협동을 한다는 것이다. 즉, 협동도 크게 보아 개인적 차원의 합리적 선택이 집합적으로 나타난 결과로 보는 것이다.

그러나 이런 해명에도 불구하고 우리 주변에서는 각종 난개발이 도처에서 자행되고 있으며, 환경오염은 이제 전 지구적으로 만연해 있는 것이 엄연한 현실이다. 자기 집 부근에 도로나 공원이 생기기를 원하면서도 정작 그 비용은 부담하려고 하지 않는다든지, 남에게 해를 끼치는 일인 줄 뻔히 알면서도 쓰레기를 무단 투기하는 등의 행위를 서슴지 않고 한다. '합리적인 개인'이 '비합리적인 사회'를 초래하고 있는 것이다.

그렇다면 죄수의 딜레마와 같은 현상을 극복하고 사회적인 합리성을 확보할 수 있는 방안은 무엇인가? 그것은 개인적으로는 도덕심을 고취하고, 사회적으로는 의사소통 과정을 원활하게 하는 것이라고 할 수 있다. 개인들이 자신의 욕망을 적절하게 통제하고 남을 배려하는 태도를 지니면 죄수의 딜레마 같은 현상에 빠지지 않고도 개인의 합리성을 추구할 수 있을 것이다. 아울러 서로 간의 원활한 의사소통을 통해 공감의 폭을 넓히고 신뢰감을 형성하며, 적절한 의사 수렴과정을 거친다면 개인의 합리성이 보다 쉽게 사회적 합리성으로 이어지는 길이 열릴 것이다.

① 사람들은 이기심보다 협동심이 더 강하다.
② 사회의 이익은 개인의 이익을 모두 합한 것이다.
③ 전체·사회를 위해 개인의 희생은 감수할 수밖에 없다.
④ 사회적 합리성을 위해서는 개인의 노력만으로는 안 된다.
⑤ 사회가 기계라면 사회를 이루는 개인은 그 기계의 부속품일 수밖에 없다.

08

(가) 개념사를 역사학의 한 분과로 발전시킨 독일의 역사학자 코젤렉은 '개념은 실재의 지표이자 요소'라고 하였다. 이 말은 실타래처럼 얽혀 있는 개념과 정치·사회적 실재, 개념과 역사적 실재의 관계를 정리하기 위한 중요한 지침으로 작용한다. 그에 의하면 개념은 정치적 사건이나 사회적 변화 등의 실재를 반영하는 거울인 동시에 정치·사회적 사건과 변화의 실제적 요소이다.

(나) 개념은 정치적 사건과 사회적 변화 등에 직접 관련되어 있거나 그것을 기록, 해석하는 다양한 주체들에 의해 사용된다. 이러한 주체들, 즉 '역사 행위자'들이 사용하는 개념은 여러 의미가 포개어진 층을 이룬다. 개념사에서는 사회·역사적 현실과 관련하여 이러한 층들을 파헤치면서 개념이 어떻게 사용되어 왔는가, 이 과정에서 그 의미가 어떻게 변화했는가, 어떤 함의들이 거기에 투영되었는가, 그 개념이 어떠한 방식으로 작동했는가 등에 대해 탐구한다.

(다) 이상에서 보듯이 개념사에서는 개념과 실재를 대조하고 과거와 현재의 개념을 대조함으로써, 그 개념이 대응하는 실재를 정확히 드러내고 있는가, 아니면 실재의 이해를 방해하고 더 나아가 왜곡하는가를 탐구한다. 이를 통해 코젤렉은 과거에 대한 '단 하나의 올바른 묘사'를 주장하는 근대 역사학의 방법을 비판하고, 과거의 역사 행위자가 구성한 역사적 실재와 현재 역사가가 만든 역사적 실재를 의미 있게 소통시키고자 했다.

(라) 사람들이 '자유', '민주', '평화' 등과 같은 개념들을 사용할 때, 그 개념이 서로 같은 의미를 갖는 것은 아니다. '자유'의 경우, '구속받지 않는 상태'를 강조하는 개념으로 쓰이는가 하면, '자발성'이나 '적극적인 참여'를 강조하는 개념으로 쓰이기도 한다. 이러한 정의와 해석의 차이로 인해 개념에 대한 논란과 논쟁이 늘 있어 왔다. 바로 이러한 현상에 주목하여 출현한 것이 코젤렉의 '개념사'이다.

(마) 또한 개념사에서는 '무엇을 이야기하는가.'보다는 '어떤 개념을 사용하면서 그것을 이야기하는가.'에 관심을 갖는다. 개념사에서는 과거의 역사 행위자가 자신이 경험한 '현재'를 서술할 때 사용한 개념과 오늘날의 입장에서 '과거'의 역사 서술을 이해하기 위해 사용한 개념의 차이를 밝힌다. 그리고 과거의 역사를 현재의 역사로 번역하면서 양자가 어떻게 수렴될 수 있는가를 밝히는 절차를 밟는다.

① (가) – (나) – (다) – (라) – (마)　　② (라) – (가) – (나) – (마) – (다)

③ (라) – (나) – (가) – (다) – (마)　　④ (마) – (나) – (가) – (다) – (라)

⑤ (마) – (라) – (나) – (다) – (가)

09

(가) '단어 연상법'은 프랜시스 갤턴이 개발한 것으로서, 지능의 종류를 구분하기 위한 것이었다. 이것은 피실험자에게 일련의 단어들을 또박또박 읽어주면서 각각의 단어를 듣는 순간 제일 먼저 떠오르는 단어를 말하게 하고, 실험자는 계시기를 들고 응답 시간, 즉 피실험자가 응답하는 데 걸리는 시간을 측정하여 차트에 기록하는 방법으로 진행한다. 실험은 대개 1백 개가량의 단어들로 진행했다. 갤턴은 응답 시간을 정확히 재기 위해 온갖 수단을 동원했지만, 그렇게 해서 얻은 정보의 양은 거의 없거나 지능의 수준을 평가하는 데 별로 중요하지 않은 경우가 많았다.

(나) 융이 그린 그래프들은 특정한 단어에 따르는 응답자의 심리 상태를 보여주었다. 이 결과를 통해 다음과 같은 두 가지 결론을 얻어낼 수 있었다. 첫째, 대답 과정에서 감정이 생겨난다. 둘째, 응답의 지연은 모종의 인식하지 못한 과정에 의해 자연 발생적으로 생겨난다. 하지만 이 기록을 토대로 결론을 내리거나 중요성을 따지기에는 너무 일렀다. 피실험자의 의식적 의도와는 별개로 작동하는 뭔가 알지 못하는 지연 행위가 있음이 분명했다.

(다) 당시에 성행했던 심리학 연구나 심리학을 정신의학에 응용하는 연구는 주로 의식에 초점이 맞춰져 있었다. 따라서 단어 연상법의 심리학에 대한 실험 연구도 의식을 바탕으로 해서 진행되었다. 하지만 융은 의식 또는 의지의 작용을 넘어서는 무엇인가가 있을 것이라고 생각했다. 여기서 그는 콤플렉스라는 개념을 끌어들인다. 융의 정의에 따르면 그것은 특수한 종류의 감정으로 이루어진 무의식 속의 관념 덩어리인데, 이것이 응답 시간을 지연시켰다는 것이다. 이후 여러 차례 실험을 거듭한 결과 그 결론은 사실임이 밝혀졌으며, 콤플렉스와 개인적 속성은 융의 사상 체계에서 핵심적인 요소가 되었다.

(라) 융의 연구 결과 단어 연상의 응답 시간은 피실험자의 정서에 큰 영향을 받으며, 그 실험법은 감춰진 정서를 찾아내는 데 더 유용하다는 점이 입증되었다. 정신적 연상의 연구를 통해 지능의 종류를 판단하고자 했던 단어 연상 실험이 오히려 그와는 다른 방향, 즉 무의식적인 감정이 빚어내는 효과를 드러내는 데 더 유용하다는 사실이 증명된 것이다. 그동안 갤턴을 비롯하여 그 실험법을 수천 명의 사람들에게 실시했던 연구자들은 지연된 응답의 배후에 있는 피실험자의 정서에 주목하지 않았으며, 단지 응답의 지연을 피실험자가 반응하지 못한 것으로만 기록했던 것이다.

(마) 그런데 융은 이 실험에서 응답 시간이 늦어질 경우 피실험자에게 왜 응답을 망설이는지 물어보는 과정을 추가하였다. 그러자 놀랍게도 피실험자는 자신의 응답 시간이 늦어지는 것도 알지 못했을 뿐만 아니라, 그에 대해 아무런 설명도 하지 못했다. 융은 거기에 틀림없이 어떤 이유가 있으리라고 생각하고 구체적으로 파고들어갔다. 한번은 말(馬)이라는 단어가 나왔는데 어떤 피실험자의 응답 시간이 무려 1분이 넘었다. 자세히 조사해 보니 그 피실험자는 과거에 사고로 말을 잃었던 아픈 기억을 지니고 있었다. 실험이 있기 전까지는 잊고 있었던 그 기억이 실험 과정에서 되살아난 것이다.

① (가) – (라) – (마) – (다) – (나) 　　② (가) – (마) – (라) – (나) – (다)
③ (다) – (가) – (마) – (라) – (나) 　　④ (다) – (나) – (가) – (마) – (라)
⑤ (다) – (마) – (라) – (나) – (가)

10 다음 글에 사용된 논지 전개 방식 중 옳은 것을 〈보기〉에서 모두 고르면?

> K-POP은 전 세계적으로 동시에, 빠르게, 자연스럽게 퍼져나가 이른바 'K-POP 신드롬'을 일으켰다. 그런데 우월한 문화가 열등한 문화를 잠식하기 위해 의도적으로 문화를 전파한다는 기존의 문화 확산론으로는 이런 현상을 설명할 수 없었다.
>
> 그래서 새로 등장한 이론이 체험코드 이론이다. 오늘날과 같은 디지털 문화 사회에서 개인은 전 세계의 다양한 문화들을 커뮤니케이션 미디어*를 통해서 선택적으로 체험하게 된다. 이러한 체험을 통해 일종의 코드**가 형성되는데 이를 '체험코드'라고 말한다. 따라서 체험코드 이론은 커뮤니케이션 미디어 기술의 발전을 전제로 하고 있다. 현대의 문화는 커뮤니케이션 미디어에 담겨 문화 콘텐츠화되고, 세계화한 커뮤니케이션 미디어를 통해 소비된다.
>
> 또한 체험코드 이론은 문화 수용자 스스로의 판단에 의해 문화를 체험하는 개인주의적인 성향이 전 세계적으로 확대되고 있다는 점에 주목한다. 이제는 '우리 가문은 뼈대가 있고, 전통과 체면이 있으니 너 또한 그에 맞게 행동하여라.'라는 부모의 혈연 코드적이고 신분 코드적인 말은 잘 통하지 않는다. 과거의 이념인 민족·계급신분 의식 등이 문화 소비와 수용 행위에 큰 영향을 주었던 것과 달리 오늘날은 문화 소비자의 개별적인 동기나 취향, 가치관 등이 더 중요하기 때문이다.
>
> 이처럼 커뮤니케이션 미디어의 발달과 개인주의의 확대는 기존의 코드를 뛰어 넘어 공통 문화를 향유하는 소비자들만의 체험코드를 형성하는 토대가 되었다. K-POP이 그 대표적인 예이다. K-POP이라는 문화 콘텐츠가 유튜브 등과 같은 커뮤니케이션 미디어를 통해 전 세계의 사람들에게 체험되어 하나의 코드를 형성했고 쌍방의 소통으로 더욱 확대되었기에 그러한 인기가 가능했던 것이다.
>
> 지난 시대의 문화 중심부와 주변부의 대립적 패러다임은 설득력을 잃고 있다. 오늘날의 사회는 서로의 문화를 체험하고 이해하고 공감하는 탈영토적인 문화 교류의 장(場)으로 변하고 있다. 이런 점에서 체험코드 이론은 앞으로 문화 교류가 나아가야 할 방향을 제시해주고 있다고 할 수 있다.
>
> * 커뮤니케이션 미디어(Communication Media) : 의사소통 매체 또는 통신 매체로 각종 정보 단말기와 TV, 인터넷 매체 등을 말함
> ** 코드(Code) : 어떤 사회나 직업 따위에서 공유되어 굳어진 공통의 약속. 이 글에서는 공통의 인식 체계나 가치관이란 의미로 쓰임

─────────────〈보기〉─────────────

ㄱ. 특정 현상을 사례로 제시하고 그 원인을 밝히고 있다.
ㄴ. 기존 이론의 한계를 밝히고 새로운 관점을 제시하고 있다.
ㄷ. 두 이론을 절충하여 새로운 이론의 가능성을 제시하고 있다.
ㄹ. 개념을 정의한 후 대상을 일정한 기준으로 나누어 설명하고 있다.

① ㄱ, ㄴ   ② ㄱ, ㄷ
③ ㄱ, ㄹ   ④ ㄴ, ㄷ
⑤ ㄷ, ㄹ

11 다음 글의 내용에 대해 비판하는 주장으로 가장 적절한 것은?

> 공작기계 업체에서 생산한 제품을 A/S해주는 사업으로 시작된 ○○A/S센터는 1인 기업부터 대기업까지 기계가 고장나면 업체를 방문해 수리해주며 공작기계 및 부품 등을 판매하고 있다.
>
> ○○A/S센터는 운영비 중 대부분이 인건비로 나가고 있으며, 이로 인해 ○○A/S센터의 대표는 올해부터 최저임금이 대폭 인상된다는 소식에 걱정이 이만저만 아니었다. 그는 "일반 소상공인업체들은 최저임금 인상으로 부담이 큽니다. 정부에서는 8시간 기준으로 1인당 15만 원 정도 오른다고 하지만, 저희 회사는 업무 특성상 특근을 해야 하기 때문에 8시간 기준으로 적용하기 힘들어 4대 보험료와 특근 등을 포함하면 1인당 약 30만 원이나 오르게 됩니다."라고 설명했다.
>
> 그러던 어느 날 ○○A/S센터의 대표는 언론매체와 소상공인지원센터를 통해 정부가 추진 중인 '일자리 안정자금' 지원 사업을 알게 됐다. 고스란히 부담해야 했던 인상된 임금을 일자리 안정자금으로 지원받게 된 것이다. 현재 ○○A/S센터의 일자리안정자금 지원을 받는 직원은 모두 3명이다. 그는 "직원 3명이 지원을 받는 덕에 각자 13만 원씩 매달 39만 원, 연 468만 원의 부담을 덜 수 있어 다행입니다."라고 웃으며 말했다. 최저임금 인상은 직원들의 만족도 향상으로 이어졌고, 더불어 일자리 안정자금 지원을 받게 되면서 회사 내 분위기도 달라졌다. 직원들이 최저임금 인상으로 업무 만족도가 높아져 한곳에 정착할 수 있다는 목표를 갖게 된 것이다. ○○A/S센터의 직원 중 한 명은 "이곳에 잘 정착해 중요한 역할을 맡고 싶습니다. 직원의 입장에서는 한곳에 정착할 수 있어 좋고, 사장님 입장에서도 직원이 자주 바뀌지 않아 업무의 효율성을 높일 수 있어 상생할 수 있다고 생각합니다."라고 말했다. 대표도 일자리 안정자금을 지원받은 이후 직원들과 꾸준히 같이 일할 수 있어 좋아했다. 그는 "직원이 안정되어야 경영도 안정될 수 있습니다."라며 다른 소상공인들도 일자리 안정자금 지원을 받을 것을 추천했다. 또한 "소상공인들이 최저임금 인상으로 인해 힘들 텐데 일자리 안정자금을 신청해서 조금이나마 경영에 도움이 되길 바랍니다."라며 정부에서 지원하는 정책들을 찾아보고 도움을 받기를 바란다고 대답했다.

① 최저임금 인상률을 책정할 때 사업의 업종·지역·규모별 구분을 적용하지 않았다.

② 우리 사회에 가장 적합한 최저임금 제도에 대한 국민의 공감대가 형성이 되지 않았다.

③ 일자리 안정자금이 지원되더라도 최저인금 인상률을 충당할 수 없는 영세기업들이 많다.

④ 일자리 안정자금은 국회의 법안들을 심의하는 과정에 충분한 논의가 이루어지지지 않았다.

⑤ 영세기업과 소상공인의 어려운 경영 여건과 지불 능력을 고려하지 않고 최저임금을 책정했다.

12 다음 글의 표제와 부제로 적절하지 않은 것은?

인간은 자연 속에서 태어나 살다가 자연으로 돌아간다. 이처럼 자연은 인간 삶의 무대요 안식처이다. 그러므로 자연과 인간의 관계는 불가분의 관계이다. 유교는 바로 이 점에 주목하여 인간과 자연의 원만한 관계를 추구하였다. 이는 자연이 인간을 위한 수단이 아니라 인간과 공존해야 할 대상이라는 것을 뜻한다.

유교는 자연을 인간의 부모로 생각하고 인간은 자연의 자식이라고 여겨왔다. 그러므로 유교에서는 인간의 본질적 근원을 천(天)에 두었다. 하늘이 명한 것을 성(性)이라 하고, 하늘이 인간에게 덕(德)을 낳아 주었다고 하였다. 이는 인간에게 주어진 본성과 인간에 내재한 덕이 하늘에서 비롯한 것임을 밝힌 것이다. 이와 관련하여 이이는 "사람이란 천지의 이(理)를 부여받아 성(性)을 삼고, 천지의 기(氣)를 나누어 형(形)을 삼았다."라고 하였다. 이는 인간 존재를 이기론(理氣論)으로 설명한 것이다. 인간은 천지의 소산자(所産者)이며 이 인간 생성의 모태는 자연이다. 그러므로 천지 만물이 본래 나와 한몸이라고 할 수 있는 것이다.

유교에서는 천지를 인간의 모범 혹은 완전자(完全者)로 이해하였다. 유교 사상에 많은 영향을 미친 『주역』에 의하면 성인(聖人)은 천지와 더불어 그 덕을 합한 자이며, 해와 달과 함께 그 밝음을 합한 자이며, 사시(四時)와 더불어 그 질서를 합한 자이다. 이에 대하여 이이는 '천지란 성인의 준칙이요, 성인이란 중인의 준칙'이라 하여 천지를 성인의 표준으로 이해하였다. 따라서 성인의 덕은 하늘과 더불어 하나가 되므로 신묘하여 헤아릴 수 없다고 하였다. 이와 같이 천지는 인간의 모범으로 일컬어졌고, 인간은 그 천지의 본성을 부여받은 존재로 규정되었다. 그러므로 『중용』에서는 성(誠)은 하늘의 도(道)요, 성(誠)이 되고자 노력하는 것이 인간의 도리라고 하였다. 즉, 참된 것은 우주 자연의 법칙이며, 그 진실한 자연의 법칙을 좇아 살아가는 것은 인간의 도리라는 것이다. 이처럼 유교는 인간 삶의 도리를 자연의 법칙에서 찾았고, 자연의 질서에 맞는 인간의 도리를 이상으로 여겼다. 이렇게 볼 때, 유교에서는 인간과 자연을 하나로 알고 상호 의존하고 있는 유기적 존재로 인식함으로써 천인합일(天人合一)을 추구하였음을 알 수 있다. 이러한 바탕 위에서 유교는 자존과 공존의 자연관을 말하였다. 만물은 저마다 자기 생을 꾸려나간다. 즉, 인간은 인간대로, 동물은 동물대로, 식물은 식물대로 각기 자기 삶을 살아가지만 서로 해치지 않는다. 약육강식의 먹이 사슬로 보면 이러한 설명은 타당하지 않은 듯하다. 그러나 생태계의 질서를 살펴보면 먹고 먹히면서도 전체적으로는 평등하다는 것을 알 수 있다. 또한 만물의 도는 함께 운행되고 있지만 전체적으로 보면 하나의 조화를 이루어 서로 어긋나지 않는다. 이것이야말로 자존과 공존의 질서가 서로 어긋나지 않으면서 하나의 위대한 조화를 이루고 있는 것이다. 나도 살고 너도 살지만, 서로 해치지 않는 조화의 질서가 바로 유교의 자연관인 것이다.

① 유교와 현대 철학 – 환경 파괴 문제에 관하여
② 유교의 현대적인 의미 – 자연에서 발견하는 삶의 지혜
③ 유교에서 바라본 자연관 – 자연과 인간의 공존을 찾아서
④ 유교에서 바라본 현대 문명 – 자존과 공존의 문명을 그리며
⑤ 우주를 지배하는 자연의 질서 – 자연이 보여준 놀라운 복원력

13 다음 글의 제목으로 가장 적절한 것은?

요즘은 대체의학의 홍수시대라고 하여도 지나친 표현이 아니다. 우리가 먹거나 마시는 대부분의 비타민제나 건강음료 및 건강보조식품이 대체의학에서 나오지 않은 것이 없을 정도이니 말이다. 이러한 대체요법의 만연으로 한의학계를 비롯한 제도권 의료계에서는 많은 경제적 위협을 받고 있다.

대체의학에 대한 정의는 일반적으로 현대의학의 표준화된 치료 이외에 환자들이 이용하는 치료법으로써 아직 증명되지는 않았으나 혹은 일반 의료의 보조요법으로 과학자나 임상의사의 평가에 의해 증명되지는 않았으나 현재 예방, 진단, 치료에 사용되는 어떤 검사나 치료법 등을 통틀어 지칭하는 용어로 알려져 있다.

그러나 요즘 우리나라에서 말하는 대체의학은 한마디로 정의하여 전통적인 한의학과 서양의학이 아닌 그 외의 의학을 통틀어 대체의학이라 부르고 있다. 원래는 1970년대 초반 동양의학의 침술이 미국의학계와 일반인들에게 유입되고 특별한 관심을 불러일으키면서 서양의학자들은 이들의 혼잡을 정리하기 위해 서양의학 이외의 다양한 전통의학과 민간요법을 통틀어 '대체의학'이라 부르기 시작했다. 그런 이유로 구미 각국에서는 한의학도 대체의학에 포함시키고 있으나 의료 이원화된 우리나라에서만은 한의학도 제도권내의 공식 의학에 속하기 때문에 대체의학에서는 제외되고 있다.

서양에서 시작된 대체의학은 서양의 정통의학에서 부족한 부분을 보완하거나 대체할 새로운 치료의학에 대한 관심으로 시작하였으나 지금의 대체의학은 질병을 관찰함에 있어 부분적이기보다는 전일(全一)적이며 질병 중심적이기보다는 환자 중심적이고 인위적이기보다는 자연적인 치료를 주장하는 인간중심의 한의학에 관심을 갖게 되면서 전반적인 상태나 영양 등은 물론 환자의 정신적, 사회적, 환경적인 부분까지 관찰하여 조화와 균형을 이루게 하는 치료법으로 거듭 진화하고 있으며 현재는 보완대체의학에서 보완통합의학으로, 다시 통합의학이라는 용어로 변모되어가고 있다.

대체의학을 분류하는 방법이 다양하지만 서양에서 분류한 세 가지 유형으로 구분하여 대표적인 것들을 소개하자면 다음과 같다. 첫째, 동양의학적 보완대체요법으로 침술, 기공치료, 명상요법, 요가, 아유르베다 의학, 자연요법, 생약요법, 아로마요법, 반사요법, 봉침요법, 접촉요법, 심령치료법, 기도요법 등이며 둘째, 서양의학적 보완대체요법으로는 최면요법, 신경 – 언어 프로그램 요법, 심상유도 요법, 바이오피드백 요법(생체되먹이 요법), 분자정형치료, 응용운동학, 중금속제거 요법, 해독요법, 영양보충 요법, 효소요법, 산소요법, 생물학적 치과치료법, 정골의학, 족부의학, 근자극요법, 두개천골자극 요법, 에너지의학, 롤핑요법, 세포치료법, 테이핑요법, 홍채진단학 등이 있고 셋째, 동서의학 접목형 보완대체요법으로는 동종요법, 양자의학, 식이요법, 절식요법, 주스요법, 장요법, 수치료, 광선요법, 뇨요법 등의 치료법이 있고, 요즘은 여기에다 미술치료, 음악치료 등의 새로운 치료법이 대두되고 있으며 이미 일부의 양·한방 의료계에서는 이들 중의 일부를 임상에 접목시키고 있다.

그러나 한의학으로 모든 질병을 정복하려는 우를 범해서는 아니 된다. 한의학으로 모든 질병이 정복되어진다면 서양의학이 존재할 수 없으며 대체의학이 새롭게 21세기를 지배할 이유가 없다. 한의학은 대체의학이 아니다. 마찬가지로 대체의학 역시 한의학이 아니며 서양의학도 아니다. 대체의학은 새로운 의학이다. 우리가 개척하고 정복해야 할 미지의 의학이다.

① 대체의학의 의미와 종류
② 대체의학이 지니는 문제점
③ 대체의학에 따른 부작용 사례
④ 대체의학의 한계와 개선 방향
⑤ 대체의학의 연구 현황과 미래

14 다음 글의 빈칸에 들어갈 내용으로 가장 적절한 것은?

글은 회사에서 쓰는 보고서, 제안서, 품의서, 기획안, 발표문, 홍보문과 학창시절 써야 하는 자기소개서, 과제 리포트 그리고 서평, 기행문 등 종류가 많다.

글을 쓸 때 가장 중요한 것은 독자가 무엇을 기대하는지 파악하는 것이다. 따라서 글에서 무엇을 알고 싶어하는지, 무엇을 줘야 독자가 만족할 것인지를 파악하는 것이 중요하다. "독자가 무엇을 원하는지 안다는 것은 글을 어떻게 써야 하는지 아는 것이다." 그러나 대부분 이를 소홀히 한다. 글에 있어서 무게중심은 읽는 사람이 아니라, 쓰는 사람에게 있다. '내가 많이 알고 있는 것처럼 보여야겠다, 내가 글을 잘 쓰는 것처럼 보여야겠다.'라는 생각이 앞설수록 중언부언하게 되고, 불필요한 수식어와 수사법을 남발한다. 이때 독자는 헷갈리고 화가 나게 된다.

독자에게 필요한 것은 글이 자신에게 전하고자 하는 내용이 무엇인가 하는 것이다. 그리고 그 전하고자 하는 내용이 자신에게 어떤 도움을 주는가 하는 것이다. 모르던 것을 알게 해주는지, 새로운 관점과 해석을 제공해 주는지, 통찰을 주는지, 감동을 주는지, 하다못해 웃음을 주는지 하는 것이다. 예를 들어 자기소개서를 읽었는데, 그 사람이 어떤 사람인지 확연히 그려지면 합격이다. 제안서를 읽고 제안한 내용에 관해 확신이 들면 성공이다.

그렇다면 글은 어떻게 써야 할까? 방법은 간단하다. 먼저 구어체로 쓰는 것이다. 그래야 읽는 사람이 말을 듣듯이 편하게 읽는다. 눈으로 읽는 것 같지만 독자는 스스로 소리 내 귀로 듣는다. 구어체로 쓰기 위해서는 누군가를 만나 먼저 말해보는 것이 중요하다. "내가 무슨 글을 써야 하는데, 주로 이런 내용이야." 이렇게 말하다 쓸거리가 정리될 뿐만 아니라 없던 생각도 새롭게 생겨난다. 그리고 말할 때 느낌이 글에서 살아난다. 글을 쓸 때도 독자를 앞에 앉혀놓고 써야 한다. 독자는 구체적으로 한 사람 정해놓고 쓰는 게 좋다. 연애편지 쓰는 것처럼. 그러면 그 사람의 목소리를 들으며 쓸 수 있다. '아, 됐고 결론이 뭐야?' 또는 '다짜고짜 무슨 말이야, 좀 쉽게 설명해봐.' 뭐 이런 소리 말이다. _____ 대상이 막연하지 않기 때문에 읽는 사람이 공감할 확률이 높아진다. 나를 위해 무언가를 전해주려고 노력한다는 것을 느끼면서 고마워한다. 말을 심하게 더듬는 사람이 내게 무엇인가를 전해주려고 노력하는 모습을 상상해보라. 그런 진심이 전해지면 된다. 글을 유려하게 잘 쓰고 박식한 것보다 더 독자의 심금을 울린다. 글에도 표정과 느낌이 있다. 독자를 위하는 마음으로 쓰면 그 마음이 전해진다.

① 독자에게 주는 것이 없으면 백전백패다.

② 무엇이 틀렸는지 알고 잘 고쳐 쓰면 된다.

③ 독자를 정해놓고 쓰면 진정성이 살아난다.

④ 글을 일정한 시간, 장소에서 습관적으로 쓰라.

⑤ 구성력을 향상시키기 위해 책 목차를 즐겨보라.

15

> 퐁피두 미술관의 5층 전시장에서 특히 인기가 많은 작가는 마르셀 뒤샹이다. 「뒤샹의 레디메이드」 작품들은 한데 모여 바닥의 하얀 지지대 위에 놓여 있다. 그중 가장 눈에 익숙한 것은 둥근 나무의자 위에 자전거 바퀴가 거꾸로 얹힌 「자전거 바퀴」라는 작품일 것이다. 이 작품은 뒤샹의 대표작인 남자 소변기 「샘」과 함께 현대 미술사에 단골 메뉴로 소개되곤 한다.
>
> 위의 사례처럼 이미 만들어진 기성제품, 즉 레디메이드를 예술가가 선택해서 '이것도 예술이다.'라고 선언한다면 우리는 그것을 예술로 인정할 수 있을까? 역사는 뒤샹에게 손을 들어줬고 그가 선택했던 의자나 자전거 바퀴, 옷걸이, 삽 심지어 테이트 모던에 있는 남자 소변기까지 각종 일상의 오브제들이 20세기 최고의 작품으로 추앙받으면서 미술관에 고이 모셔져 있다. 손으로 잘 만드는 수공예 기술의 예술 시대를 넘어서 예술가가 무엇인가를 선택하는 정신적인 행위와 작업이 예술의 본질이라고 믿었던 뒤샹적 발상의 승리였다.
>
> 또한 20세기 중반의 스타 작가였던 잭슨 폴록의 작품도 눈길을 끈다. 기존의 그림 그리는 방식에 싫증을 냈던 폴록은 캔버스를 바닥에 눕히고 물감을 떨어뜨리거나 뿌려서 전에 보지 못했던 새로운 형상을 이룩했다. 물감을 사용하는 새로운 방식을 터득한 그는 '액션 페인팅'이라는 새로운 장르를 개척했다. 그림의 결과보다 그림을 그리는 행위를 더욱 중요시했다는 점에서 뒤샹의 발상과도 연관된다.
>
> 미리 계획하고 구성한 것이 아니라 즉흥적이면서도 매우 빠른 속도로 제작하는 그의 작업방식 또한 완전히 새로운 것이었다.

① 퐁피두 미술관을 찾는 사람들의 목적은 다양할 것이다.
② 퐁피두 미술관은 전통적인 예술작품들을 선호할 것이다.
③ 퐁피두 미술관은 파격적인 예술작품들을 배척하지 않을 것이다.
④ 퐁피두 미술관은 현대 미술사에 관심 있는 사람들이 방문할 것이다.
⑤ 퐁피두 미술관은 현대 미술관의 선구자라는 자긍심을 가지고 있을 것이다.

16 '리플리 증후군(Ripley Syndrome)'은 미국의 소설가인 패트리샤 하이스미스의 1955년작 소설 『재능 있는 리플리 씨(The Talented Mr. Ripley)』에서 처음으로 사용된 용어로, 리플리 병이나 리플리 효과로 불리기도 한다. 실제로 자신이 처한 현실을 부정하면서 허구의 세계를 진실이라 믿고 상습적으로 거짓된 말과 행동을 반복하는 반사회적 인격장애를 뜻하는 리플리 증후군은, 소설 속 주인공 톰 리플리와 같이 행동하는 실제 사례가 나타나면서 20세기 후반부터 정신병리학자들의 본격적인 연구 대상이 되었다.

리플리 증후군은 얼핏 듣기에는 재미있고 신기한 증후군의 사례로 넘어가기 쉽지만, 최근 들어 학력 위조사건이나 특정 인물을 사칭하는 사건이 발생하는 등 현실적인 피해사례가 증가하면서 재조명되기도 했다. 다만 리플리 증후군 환자들은 일반적인 사기꾼이나 신분사칭범과 달리 스스로가 거짓말을 한다는 자각이 없어, 그로 인한 불안감이 없다는 차이점을 가지고 있다.

정확한 원인은 아직까지 밝혀지지 않고 있지만, 리플리 증후군이 발생하는 이유를 설명하려는 몇 가지 가설은 존재한다. 성취욕구가 높은 사람들이 현실적인 문제로 욕구를 실현할 수 없을 때 열등감과 피해의식을 충족하기 위한 행위라는 가설, 모종의 이유로 현실을 부정하는 욕구가 극에 달했을 때 발생한다는 가설, 주변 사람들의 과도한 기대와 압박 때문에 스스로가 창조한 새로운 세계에 개인이 갇힌 것이라는 가설, 어린 시절 육체나 성욕과 관련해 학대 피해나 문제 가정에서 자랐기 때문이라는 가설 등이다.

그중 리플리 증후군을 작화증의 일종으로 생각하며 뇌 손상이 원인이라고 예측하는 가설 또한 존재한다. 작화증은 자신이 기억하지 못하는 부분을 메우기 위해 가상의 상황을 만들어내는 증상으로, 뇌 질환을 앓은 환자들에게서 자주 나타나고 있다. 작화증은 광의에서 베르니케 코르사코프 증후군으로 불리는데, 미국 국립 노화연구소 연구진은 연구를 통해 베르니케 코르사코프 증후군 환자들의 해마 부위가 정상인보다 작아졌다는 사실을 밝혀낸 바 있다. 이 가설이 옳을 경우 리플리 증후군의 원인은 뇌의 해마 부분의 손상 때문이라는 사실이 증명되는 셈이다.

① 현재 단계에서 리플리 증후군이 발생하는 원인을 단순히 하나일 것이라고 단정 짓기는 어렵다고 할 수 있다.

② 리플리 증후군이 작화증의 일종이라는 가설이 사실로 나타날 경우, 리플리 증후군은 치료가 가능해질 수 있다.

③ 경찰이 사기범죄자를 체포했을 때, 해당 범죄자가 리플리 증후군인지 아닌지를 근본적으로 구분하기는 어려울 것이다.

④ 소설에서 어원이 유래된 것을 볼 때, 리플리 증후군은 소설이 출간되기 이전에는 학자들에게 그다지 연구되지 않은 증상이었을 것이다.

⑤ 리플리 증후군이 발생하는 가설은 여럿 존재하지만 정신적·육체적 문제가 근본적인 발생 원인이라는 점에서는 의견이 일치할 것이다.

17 다음 글을 읽고 추론한 내용으로 가장 적절한 것은?

사람과 동물처럼 우리 몸을 구성하는 세포도 자의적으로 죽음을 선택하기도 한다. 그렇다면 왜 세포는 죽음을 선택할까? 소위 '진화'의 관점으로 본다면 개별 세포도 살기 위해 발버둥 쳐야 마땅한데 스스로 죽기로 결정한다니 역설적인 이야기처럼 들린다. 세포가 죽음을 선택하는 이유는 자신이 죽는 것이 전체 개체에 유익하기 때문이다. 도대체 '자의적'이란 말을 붙일 수 있는 세포의 죽음은 어떤 것일까?

세포의 자의적 죽음이 있다는 말은 '타의적' 죽음도 있다는 말일 것이다. 타의적인 죽음은 네크로시스(Necrosis), 자의적인 죽음은 아포토시스(Apoptosis)라고 부른다. 이 두 죽음은 그 과정과 형태에서 분명한 차이를 보인다. 타의적인 죽음인 네크로시스는 세포가 손상돼 어쩔 수 없이 죽음에 이르는 과정을 말한다. 세포 안팎의 삼투압 차이가 수만 배까지 나면 세포 밖의 물이 세포 안으로 급격하게 유입돼 세포가 터져 죽는다. 마치 풍선에 바람을 계속 불어넣으면 '펑!' 하고 터지듯이 말이다. 이때 세포의 내용물이 쏟아져 나와 염증 반응을 일으킨다. 이러한 네크로시스는 정상적인 발생 과정에서는 나타나지 않고 또한 유전자의 발현이나 새로운 단백질의 생산도 필요 없다.

반면 자의적인 죽음인 아포토시스는 유전자가 작동해 단백질을 만들어 내면 세포가 스스로 죽기로 결정하고 생체 에너지인 ATP를 적극적으로 소모하면서 죽음에 이르는 과정을 말한다. 네크로시스와는 정반대로 세포는 쪼그라들고, 세포 내의 DNA는 규칙적으로 절단된다. 그 다음 쪼그라들어 단편화된 세포 조각들을 주변의 식세포가 시체 처리하듯 잡아먹는 것으로 과정이 종료된다.

인체 내에서 아포토시스가 일어나는 경우는 크게 두 가지이다. 하나는 발생과 분화의 과정 중에 불필요한 부분을 없애기 위해서 일어난다. 사람은 태아의 손이 발생할 때 몸통에서 주걱 모양으로 손이 먼저 나온 후에 손가락 위치가 아닌 나머지 부분의 세포들이 사멸해서 우리가 보는 일반적인 손 모양을 만든다. 이들은 이미 죽음이 예정돼 있다고 해서 이런 과정을 PCD(Programed Cell Death)라고 부른다.

다른 하나는 세포가 심각하게 훼손돼 암세포로 변할 가능성이 있을 때 전체 개체를 보호하기 위해 세포는 죽음을 선택한다. 즉, 방사선, 화학 약품, 바이러스 감염 등으로 유전자 변형이 일어나면 세포는 이를 감지하고 자신이 암세포로 변해 전체 개체에 피해를 입히기 전에 스스로 죽음을 결정한다. 이때 아포토시스 과정에 문제가 있는 세포는 죽지 못하고 암세포로 변한다. 과학자들은 이와 같은 아포토시스와 암의 관계를 알게 되자 암세포의 죽음을 유발하는 물질을 이용해 항암제를 개발하려는 연구를 진행하고 있다.

흥미로운 것은 외부로부터 침입한 세균 등을 죽이는 역할의 T-면역 세포(Tk Cell)도 아포토시스를 이용한다는 사실이다. 세균이 몸 안에 침입하면 T-면역 세포는 세균에 달라붙어서 세균의 세포벽에 구멍을 뚫고 아포토시스를 유발하는 물질을 집어넣는다. 그러면 세균은 원치 않는 죽음을 맞이하게 되는 것이다.

① 손에 난 상처가 회복되는 것은 네크로시스와 관련이 있겠군.
② 우리 몸이 일정한 형태를 갖추게 된 것은 아포토시스와 관련이 있겠군.
③ 아포토시스를 이용한 항암제는 세포의 유전자 변형을 막는 역할을 하겠군.
④ 화학 약품은 네크로시스를 일으켜 암세포로 진행되는 것을 막는 역할을 하겠군.
⑤ T-면역 세포가 아포토시스를 통해 세균을 죽이는 과정에서 염증을 발생시키겠군.

18 다음 글의 내용으로 적절하지 않은 것은?

오늘날 한국 사회는 건강에 대한 관심과 열풍이 그 어느 때보다 증가하고 있다. 이미 우리 사회에서 유기농, 친환경, 웰빙과 같은 단어는 이미 친숙해진 지 오래다. 제품마다 웰빙이라는 단어를 부여해야만 매출이 상승했던 웰빙 시대를 지나서 사람들은 천연 재료를 추구하는 오가닉(Organic) 시대를 접하였으며, 나아가 오늘날에는 오가닉을 넘어 로가닉(Rawganic)을 추구하기 시작한 것이다.

로가닉이란 '천연 상태의 날것'을 의미하는 Raw와 '천연 그대로의 유기농'을 의미하는 Organic의 합성어이다. 즉 자연에서 재배한 식자재를 가공하지 않고 천연 그대로 사용하는 것을 말하는 것이다. 로가닉은 '천연 상태의 날것'을 유지한다는 점에서 기존의 오가닉과 차이를 가진다. 재료 본연의 맛과 향을 잃지 않는 방식으로 제조되는 것이다. 이러한 로가닉은 오늘날 우리의 식품업계에 직접적으로 영향을 주고 있다. 화학조미료 사용을 줄이고 식재료 본연의 맛과 풍미를 살린 '로가닉 조리법'을 활용한 외식 프랜차이즈 브랜드가 꾸준히 인기를 끌고 있음을 확인할 수 있는 것이다.

로가닉은 세 가지의 핵심적인 가치요소가 포함되어야 한다. 첫째는 날것 상태인 천연 그대로의 성분을 사용하는 것이고, 둘째는 희소성이며, 셋째는 매력적이고 재미있는 스토리를 가지고 있어야 한다는 것이다.

예를 들면 ○○한우 브랜드는 당일 직송된 암소만을 엄선하여 사용함으로써 로가닉의 사고를 지닌 소비자들의 입맛을 사로잡고 있다. 품질이 우수한 식재료의 본연의 맛에서 가장 좋은 요리가 탄생한다는 로가닉 조리법을 통해 화제가 된 것이다. 또한 코펜하겐에 위치한 △△레스토랑은 '채집음식'을 추구함으로써 세계 최고의 레스토랑으로 선정되었다. 채집음식이란 재배한 식물이 아닌 야생에서 자란 음식 재료를 활용하여 만든 음식을 의미한다.

다음으로 로가닉의 가치요소인 희소성은 루왁 커피를 예로 들 수 있다. 루왁 커피는 샤향 고양이인 루왁이 커피 열매를 먹고 배설한 배설물을 채집하여 만들어진 커피로, 까다로운 채집 과정과 인공의 힘으로 불가능한 생산과정을 거침으로써 높은 희소가치를 지닌 상품으로 각광받고 있는 것이다.

마지막으로 로가닉은 매력적이고 재미있는 스토리텔링이 되어야 한다. 로가닉 제품의 채집 과정과 효능, 상품 탄생배경 등과 같은 구체적이고 흥미 있는 스토리로 소비자들의 공감을 불러일으켜야 한다. 소비자들이 이러한 스토리텔링에 만족한다면 로가닉 제품의 높은 가격은 더 이상 매출 상승의 장애 요인이 되지 않을 것이다.

로가닉은 이처럼 세 가지 핵심적인 가치요소들을 충족함으로써 한층 더 고급스러워진 소비자들의 욕구를 채워주고 있다.

① 로가닉 제품의 높은 가격은 스토리텔링을 통해 보완할 수 있다.
② 로가닉 조리법을 활용한 외식업체의 인기가 높음을 알 수 있다.
③ 직접 재배한 식물로 만들어진 채집음식은 로가닉으로 볼 수 있다.
④ 로가닉의 희소성은 어려운 채집 과정과 생산 과정을 통해 나타난다.
⑤ 로가닉은 천연 상태의 날것을 그대로 사용한다는 점에서 오가닉과 다르다.

19 다음 글의 뒤에 이어져야 할 내용으로 가장 적절한 것은?

> 지금처럼 정보통신기술이 발달하지 않았던 시절에 비둘기는 '전서구'라고 불리며 먼 곳까지 소식을 전해 주었다. 비둘기는 다리에 편지를 묶어 날려 보내면 아무리 멀리 있어도 자기의 집을 찾아오는 습성이 있는 것으로 알려져 있다.
>
> 이러한 비둘기의 습성에 관해 많은 과학자들이 연구한 결과, 비둘기가 자기장을 이용해 집을 찾는다는 것을 밝혀냈다. 비둘기에게 불투명한 콘텍트렌즈를 끼워 시야를 가리고 먼 곳에서 날려 집을 찾아오는 지에 대한 실험을 했을 때, 비둘기는 정확하게 집을 찾아왔다. 또한 비둘기의 머리에 코일을 감아 전기를 통하게 한 후, 지구 자기의 N극 위치와 같이 N극이 비둘기 아래쪽에 형성되도록 한 비둘기는 집을 잘 찾아 갔지만, 머리 위쪽에 형성되도록 한 비둘기는 엉뚱한 방향으로 날아가 집을 찾지 못했다.

① 비둘기의 서식 환경
② 비둘기가 자기장을 느끼는 원인
③ 비둘기와 태양 사이의 관계
④ 비둘기가 철새가 아닌 이유
⑤ 비둘기가 자기장을 느끼지 못하게 하는 방법

20 다음 글에 나타난 동양 사상의 언어관(言語觀)이 반영된 속담으로 가장 적절한 것은?

동양 사상이라 해서 언어와 개념을 무조건 무시하는 것은 결코 아니다. 만약 그렇다면 동양 사상은 경전이나 저술을 통해 언어화되지 않고 순전히 침묵 속에서 전수되어 왔을 것이다. 물론 이것은 사실이 아니다. 동양 사상도 끊임없이 언어적으로 다듬어져 왔으며 논리적으로 전개되어 왔다. 흔히 동양 사상은 신비적이라고 말하지만, 이것은 동양 사상의 한 면만을 특정하는 것이지 결코 동양의 철인(哲人)들이 사상을 전개함에 있어 논리를 무시했다거나 항시 어떤 신비적인 체험에 호소해서 자신의 주장들을 폈다는 것을 뜻하지는 않는다. 그러나 역시 동양 사상은 신비주의적임에 틀림없다. 거기서는 지고(至高)의 진리란 언제나 언어화될 수 없는 어떤 신비한 체험의 경지임이 늘 강조되어 왔기 때문이다. 최고의 진리는 언어 이전 혹은 언어 이후의 무언(無言)의 진리이다. 엉뚱하게 들리겠지만, 동양 사상의 정수(精髓)는 말로써 말이 필요 없는 경지를 가리키려는 데에 있다고 해도 과언이 아니다. 말이 스스로를 부정하고 초월하는 경지를 나타내도록 사용된 것이다. 언어로써 언어를 초월하는 경지를 나타내고자 하는 것이야말로 동양 철학이 지닌 가장 특징적인 정신이다. 동양에서는 인식의 주체를 심(心)이라는 매우 애매하면서도 포괄적인 말로 이해해 왔다. 심(心)은 물(物)과 항시 자연스러운 교류를 하고 있으며, 이성은 단지 심(心)의 일면일 뿐인 것이다. 동양은 이성의 오만이라는 것을 모른다. 지고의 진리, 인간을 살리고 자유롭게 하는 생동적 진리는 언어적 지성을 넘어선다는 의식이 있었기 때문일 것이다. 언어는 언제나 마음을 못 따르며 둘 사이에는 항시 괴리가 있다는 생각이 동양인들의 의식의 저변에 깔려 있는 것이다.

① 말 많은 집은 장맛도 쓰다.
② 말 한 마디에 천 냥 빚 갚는다.
③ 말을 적게 하는 사람이 일은 많이 하는 법이다.
④ 아는 사람은 말 안 하고, 말하는 사람은 알지 못한다.
⑤ 가루는 칠수록 고와지고, 말은 할수록 거칠어진다.

※ 다음 명제가 참일 때, 빈칸에 들어갈 명제로 가장 적절한 것을 고르시오. [1~4]

01

> • 인기가 하락했다면 호감을 못 얻은 것이다.
> • _____
> • 따라서 인기가 하락했다면 타인에게 친절하지 않은 것이다.

① 호감을 얻으면 인기가 상승한다.
② 호감을 얻으면 타인에게 친절하다.
③ 타인에게 친절하면 호감을 얻는다.
④ 타인에게 친절하면 인기가 하락한다.
⑤ 타인에게 친절하지 않으면 호감을 얻지 못한다.

02

> • 공부를 잘하는 사람은 모두 꼼꼼하다.
> • _____
> • 따라서 꼼꼼한 사람 중 일부는 시간 관리를 잘한다.

① 꼼꼼한 사람은 시간 관리를 잘하지 못한다.
② 시간 관리를 잘하지 못하는 사람은 꼼꼼하다.
③ 공부를 잘하는 사람 중 일부는 꼼꼼하지 않다.
④ 공부를 잘하는 어떤 사람은 시간 관리를 잘한다.
⑤ 시간 관리를 잘하는 사람 중 일부는 꼼꼼하지 않다.

03

> • 아는 것이 적으면 인생에 나쁜 영향이 생긴다.
> • _____
> • 지식을 함양하지 않으면 아는 것이 적다.
> • 따라서 공부를 열심히 하지 않으면 인생에 나쁜 영향이 생긴다.

① 아는 것이 많으면 지식이 많다는 뜻이다.
② 아는 것이 많으면 인생에 나쁜 영향이 생긴다.
③ 공부를 열심히 한다고 해서 지식이 생기지는 않는다.
④ 아는 것이 적으면 지식을 함양하지 않았다는 것이다.
⑤ 지식을 함양했다는 것은 공부를 열심히 했다는 뜻이다.

04

> • 전기 수급에 문제가 생기면 많은 사람이 피해를 입는다.
> • _____
> • 따라서 많은 사람이 피해를 입지 않았다면 전기를 낭비하지 않은 것이다.

① 전기를 낭비하면 많은 사람이 피해를 입는다.
② 전기를 낭비하면 전기 수급에 문제가 생긴다.
③ 많은 사람이 피해를 입으면 전기 수급에 문제가 생긴다.
④ 전기 수급에 문제가 없다면 많은 사람이 피해를 입는다.
⑤ 전기 수급에 문제가 생기지 않는다면 전기를 낭비하게 된다.

※ 다음 명제를 통해 추론할 수 있는 내용으로 옳은 것을 고르시오. [5~6]

05

> • 액션영화를 보면 팝콘을 먹는다.
> • 커피를 마시지 않으면 콜라를 마시지 않는다.
> • 콜라를 마시지 않으면 액션영화를 본다.
> • 팝콘을 먹으면 나쵸를 먹지 않는다.
> • 애니메이션을 보면 커피를 마시지 않는다.

① 커피를 마시면 액션영화를 본다.
② 액션영화를 보면 애니메이션을 본다.
③ 나쵸를 먹으면 액션영화를 본다.
④ 애니메이션을 보면 팝콘을 먹는다.
⑤ 콜라를 마시면 나쵸도 먹는다.

06

> • 어떤 꽃은 향기롭다.
> • 향기로운 꽃은 주위에 나비가 많다.
> • 주위에 나비가 많은 모든 꽃은 아카시아이다.

① 어떤 꽃은 아카시아이다.
② 모든 아카시아는 향기롭다.
③ 어떤 꽃은 나비가 많지 않다.
④ 주위에 나비가 많은 꽃은 향기롭다.
⑤ 주위에 나비가 없는 꽃은 아카시아이다.

07 A ~ D 4명이 다음 〈조건〉에 따라 구두를 샀다고 할 때, A는 주황색 구두를 포함하여 어떤 색의 구두를 샀는가?(단, 빨간색 – 초록색, 주황색 – 파란색, 노란색 – 남색은 보색 관계이다)

─────〈조건〉─────
- 세일하는 품목은 빨간색, 주황색, 노란색, 초록색, 파란색, 남색, 보라색으로 각 한 켤레씩 남았다.
- A는 주황색을 포함하여 두 켤레를 샀다.
- C는 빨간색 구두를 샀다.
- B, D는 파란색을 좋아하지 않는다.
- C, D는 같은 수의 구두를 샀다.
- B는 C가 산 구두와 보색 관계인 구두를 샀다.
- D는 B가 산 구두와 보색 관계인 구두를 샀다.
- 모두 한 켤레 이상씩 샀으며, 네 사람은 세일품목을 모두 샀다.

① 노란색   ② 초록색
③ 보라색   ④ 남색
⑤ 파란색

08 자선 축구대회에 한국, 일본, 중국, 미국 대표팀이 초청되었다. 각 팀은 다음 〈조건〉에 따라 월요일부터 금요일까지 서울, 수원, 인천, 대전 경기장을 돌아가며 사용한다고 할 때, 다음 중 옳지 않은 것은?

─────〈조건〉─────
- 각 경기장에는 한 팀씩 연습하며 연습을 쉬는 팀은 없다.
- 모든 팀은 모든 구장에서 적어도 한 번 이상 연습을 해야 한다.
- 외국에서 온 팀의 첫 훈련은 공항에서 가까운 수도권 지역에 배정한다.
- 이동거리 최소화를 위해 각 팀은 한 번씩 경기장 한 곳을 두 번 연속해서 사용해야 한다.
- 미국은 월요일, 화요일에 수원에서 연습을 한다.
- 목요일에 인천에서는 아시아 팀이 연습을 할 수 없다.
- 금요일에 중국은 서울에서, 미국은 대전에서 연습을 한다.
- 한국은 인천에서 연속으로 연습을 한다.

① 수요일에 대전에서는 일본이 연습을 한다.
② 한국은 화 ~ 수요일에 같은 지역에서 연습을 한다.
③ 미국과 일본은 한 곳을 연속해서 사용하는 날이 같다.
④ 대전에서는 한국, 중국, 일본, 미국의 순서로 연습을 한다.
⑤ 목 ~ 금요일에 연속으로 같은 지역에서 연습하는 팀은 없다.

09 A사원은 다음 사내 규정에 따라 비품을 구매하려고 한다. 작년에 가을이 아닌 같은 계절에 가습기와 에어컨을 구매했을 때, 어떠한 경우에도 작년 구매 목록에 대한 내용이 될 수 없는 것은?(단, 가습기는 10만 원 미만, 에어컨은 50만 원 이상이다)

〈사내 규정〉

- 매년 10만 원 미만, 10만 원 이상, 30만 원 이상, 50만 원 이상의 비품으로 구분지어 구매 목록을 만든다.
- 매 계절마다 적어도 구매 목록 중 하나는 구매한다.
- 매년 최대 6번까지 구매할 수 있다.
- 한 계절에 같은 가격대의 구매 목록을 2번 이상 구매하지 않는다.
- 두 계절 연속으로 같은 가격대의 구매 목록을 구매하지 않는다.
- 50만 원 이상 구매 목록은 매년 2번 구매한다.
- 봄에 30만 원 이상 구매 목록을 구매한다.

① 가을에 30만 원 이상 구매 목록을 구매하였다.
② 여름에 10만 원 미만 구매 목록을 구매하였다.
③ 봄에 50만 원 이상 구매 목록을 구매하였다.
④ 겨울에 10만 원 이상 구매 목록을 구매하였다.
⑤ 여름에 50만 원 이상 구매 목록을 구매하였다.

10 짱구, 철수, 유리, 훈이, 맹구는 어떤 문제에 대한 해결 방안으로 A~E 중 각각 하나씩을 제안하였다. 〈조건〉의 내용이 모두 참일 때, 제안자와 그 제안이 바르게 연결된 것은?(단, 모두 서로 다른 하나의 제안을 제시하였다)

〈조건〉

- 짱구와 훈이는 B를 제안하지 않았다.
- 철수와 짱구는 D를 제안하지 않았다.
- 유리는 C를 제안하였으며, 맹구는 D를 제안하지 않았다.
- 맹구는 B와 E를 제안하지 않았다.

① 짱구 – A, 맹구 – B
② 짱구 – A, 훈이 – D
③ 철수 – B, 짱구 – E
④ 철수 – B, 훈이 – E
⑤ 짱구 – B, 훈이 – D

11 경영학과에 재학 중인 A ~ E는 계절학기 시간표에 따라 요일별로 하나의 강의만 수강한다. 전공 수업을 신청한 C는 D보다 앞선 요일에 수강하고, E는 교양 수업을 신청한 A보다 나중에 수강한다고 할 때, 다음 중 항상 참이 되는 것은?

〈시간표〉

월요일	화요일	수요일	목요일	금요일
전공1	전공2	교양1	교양2	교양3

① A가 수요일에 강의를 듣는다면 E는 교양2 강의를 듣는다.
② B가 전공 수업을 듣는다면 C는 화요일에 강의를 듣는다.
③ C가 화요일에 강의를 듣는다면 E는 교양3 강의를 듣는다.
④ D는 반드시 전공 수업을 듣는다.
⑤ E는 반드시 교양 수업을 듣는다.

12 4일간 태국으로 여행을 간 현수는 하루에 한 번씩 매일 발 마사지를 받았는데, 현수가 간 마사지 숍에는 30분, 1시간, 1시간 30분, 2시간의 발 마사지 코스가 있었다. 제시된 내용이 모두 참일 때, 다음 중 항상 참인 것은?

- 첫째 날에는 2시간이 소요되는 코스를 선택하였다.
- 둘째 날에는 셋째 날보다 1시간이 더 소요되는 코스를 선택하였다.
- 넷째 날에 받은 코스의 소요 시간은 첫째 날의 코스보다 짧고 셋째 날의 코스보다 길었다.

① 현수는 4일간 총 5시간의 발 마사지를 받았다.
② 셋째 날에 가장 짧은 마사지 코스를 선택하였다.
③ 첫째 날에 받은 마사지 코스가 둘째 날에 받은 마사지 코스보다 길다.
④ 넷째 날에 받은 마사지 코스는 둘째 날에 받은 마사지 코스보다 짧다.
⑤ 첫째 날에 받은 마사지 코스는 넷째 날에 받은 마사지 코스보다 1시간 이상 더 길다.

13 어느 편의점에서 도난 사건이 발생했다. CCTV 확인을 통해 그 시각 편의점에 들렀던 용의자 A～F가 검거됐다. 이들 중 범인인 두 사람이 거짓말을 하고 있다면, 범인은 누구인가?

- A : F가 급한 모습으로 편의점을 나가는 것을 봤어요.
- B : C가 가방 속에 무언가 넣는 모습을 봤어요.
- C : 나는 범인이 아닙니다.
- D : B 혹은 A가 훔치는 것을 봤어요.
- E : F가 범인인 게 확실해요. CCTV를 자꾸 신경 쓰고 있었거든요.
- F : 얼핏 봤는데, 제가 본 도둑은 C 아니면 E예요.

① A, C
② B, C
③ B, F
④ D, E
⑤ E, F

14 아름이는 연휴를 맞아 유럽 일주를 할 계획이다. 하지만 시간 관계상 벨기에, 프랑스, 영국, 독일, 오스트리아, 스페인 중 4개 국가만 방문하고자 한다. 다음 조건에 따라 방문하지 않을 국가가 바르게 짝지어진 것은?

- 스페인은 반드시 방문한다.
- 프랑스를 방문하면 영국은 방문하지 않는다.
- 오스트리아를 방문하면 스페인은 방문하지 않는다.
- 벨기에를 방문하면 영국도 방문한다.
- 오스트리아, 벨기에, 독일 중 적어도 2개 국가를 방문한다.

① 영국, 프랑스
② 벨기에, 독일
③ 영국, 벨기에
④ 오스트리아, 프랑스
⑤ 독일, 오스트리아

15 L그룹의 A ~ D사원은 각각 홍보팀, 총무팀, 영업팀, 기획팀 소속으로 3 ~ 6층의 서로 다른 층에서 근무하고 있다. 이들 중 한 명이 거짓말을 하고 있을 때, 다음 중 바르게 추론한 것은?(단, 각 팀은 서로 다른 층에 위치한다)

- A사원 : 저는 홍보팀과 총무팀 소속이 아니며, 3층에서 근무하고 있지 않습니다.
- B사원 : 저는 영업팀 소속이며, 4층에서 근무하고 있습니다.
- C사원 : 저는 홍보팀 소속이며, 5층에서 근무하고 있습니다.
- D사원 : 저는 기획팀 소속이며, 3층에서 근무하고 있습니다.

① 홍보팀은 3층에 위치한다.
② 기획팀은 4층에 위치한다.
③ A사원은 홍보팀 소속이다.
④ B사원은 6층에서 근무하고 있다.
⑤ D사원은 5층에서 근무하고 있다.

16 L사의 가 ~ 바 지사장은 각자 여섯 개의 지사로 발령받았다. 다음 내용을 보고, A ~ F지사로 발령된 순서를 바르게 나열한 것은?

- 본사 − A − B − C − D − E − F 순서로 일직선에 위치하고 있다.
- 다 지사장은 마 지사장 바로 옆 지사에 근무하지 않으며, 나 지사장과 나란히 근무한다.
- 라 지사장은 가 지사장보다 본사에 가깝게 근무한다.
- 마 지사장은 D지사에 근무한다.
- 바 지사장이 근무하는 지사보다 본사에 가까운 지사는 1개이다.

① 바 − 가 − 나 − 마 − 다 − 라
② 라 − 바 − 가 − 마 − 나 − 다
③ 다 − 나 − 바 − 마 − 가 − 라
④ 나 − 다 − 라 − 마 − 가 − 바
⑤ 가 − 바 − 나 − 마 − 라 − 다

17 L사 인사팀의 직원 A ~ F는 3명씩 2조로 나누어 근무한다. 다음 〈조건〉이 모두 참일 때, 반드시 거짓인 것은?

───────────────〈조건〉───────────────
- A가 근무하는 날에는 E도 근무한다.
- B가 근무하는 날에는 D는 근무하지 않는다.
- B가 근무하지 않는 날에는 E는 근무하지 않는다.
- D가 근무하지 않는 날에는 C와 F도 근무하지 않는다.

① D와 E는 같은 날에 근무한다.
② E가 근무하는 날에는 B도 근무한다.
③ F가 근무하는 날에는 D도 근무한다.
④ A가 근무하는 날에는 B도 근무한다.
⑤ C와 B는 같은 날에 근무하지 않는다.

18 L사의 신입사원은 A ~ H의 8가지 과제를 차례대로 수행하려 한다. 다음 〈조건〉을 참고하여 E과제를 네 번째로 수행한다고 할 때, 다섯 번째로 수행할 과제는 무엇인가?

───────────────〈조건〉───────────────
- 8가지 과제 중 A과제와 D과제는 수행하지 않는다.
- B과제를 C과제보다 먼저 수행한다.
- C과제를 F과제보다 먼저 수행한다.
- G과제와 H과제는 B과제보다 나중에 수행한다.
- H과제는 F과제와 G과제보다 나중에 수행한다.
- F과제는 E과제보다 먼저 수행한다.

① B과제   ② C과제
③ F과제   ④ G과제
⑤ H과제

19 다음은 이번 주 기상예보이다. 이에 근거하여 바르게 추론한 것은?

- 주말을 제외한 이번 주 월요일부터 금요일까지의 평균 낮 기온은 25도로 예상됩니다.
- 화요일의 낮 기온은 26도로 월요일보다 1도 높을 것으로 예상됩니다.
- 수요일 낮에는 많은 양의 비가 내리면서 전일보다 3도 낮은 기온이 예상됩니다.
- 금요일의 낮 기온은 이번 주 평균 낮 기온으로 예상됩니다.

① 월요일과 목요일의 낮 기온은 같을 것이다.

② 화요일의 낮 기온이 주말보다 높을 것이다.

③ 목요일의 낮 기온은 평균 26도로 예상할 수 있다.

④ 목요일의 낮 기온은 월~금요일의 평균 기온보다 낮을 것이다.

⑤ 월~금요일 중 낮 기온이 이번 주 평균보다 높은 날은 3일 이상일 것이다.

20 20대 남녀, 30대 남녀, 40대 남녀 6명이 뮤지컬 관람을 위해 공연장을 찾았다. 다음 〈조건〉을 참고할 때, 항상 옳은 것은?

〈조건〉
- 양 끝자리에는 다른 성별이 앉는다.
- 40대 남성은 왼쪽에서 두 번째 자리에 앉는다.
- 30대 남녀는 서로 인접하여 앉지 않는다.
- 30대와 40대는 인접하여 앉지 않는다.
- 30대 남성은 맨 오른쪽 끝자리에 앉는다.

〈뮤지컬 관람석〉

① 20대 남녀는 서로 인접하여 앉는다.

② 40대 남녀는 서로 인접하여 앉지 않는다.

③ 20대 남성은 40대 여성과 인접하여 앉는다.

④ 30대 남성은 20대 여성과 인접하여 앉지 않는다.

⑤ 20대 남녀는 왼쪽에서 첫 번째 자리에 앉을 수 없다.

01 다음은 지역별 의료인력 분포 현황에 대한 자료이다. 이에 대한 설명으로 옳지 않은 것은?

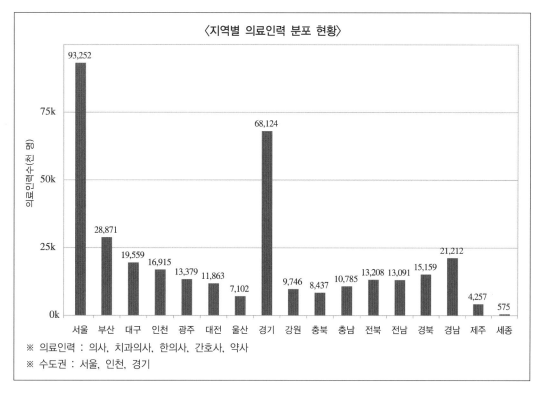

〈지역별 의료인력 분포 현황〉

※ 의료인력 : 의사, 치과의사, 한의사, 간호사, 약사
※ 수도권 : 서울, 인천, 경기

① 의료인력수가 두 번째로 적은 지역은 제주이다.
② 의료인력은 수도권에 편중된 불균형상태를 보이고 있다.
③ 의료인력수가 많다고 의료인력 비중이 고르다고 말할 수 없다.
④ 수도권에서 경기가 차지하는 비중은 인천이 차지하는 비중의 4배 미만이다.
⑤ 서울과 경기를 제외한 나머지 지역 중 의료인력수가 가장 많은 지역과 가장 적은 지역의 차는 경남의 의료인력수보다 크다.

02 다음은 L의 보유 반찬 및 칼로리 정보와 L의 하루 식단에 대한 자료이다. L이 하루에 섭취하는 총열량은?

〈L의 보유 반찬 및 칼로리 정보〉

구분	현미밥	미역국	고등어구이	시금치나물	버섯구이	블루베리
무게(g)	300	500	400	100	150	80
열량(kcal)	540	440	760	25	90	40
구분	우유식빵	사과잼	된장찌개	갈비찜	깍두기	연근조림
무게(g)	100	40	200	200	50	100
열량(kcal)	350	110	176	597	50	96

〈L의 하루 식단〉

구분	식단
아침	우유식빵 80g, 사과잼 40g, 블루베리 60g
점심	현미밥 200g, 갈비찜 200g, 된장찌개 100g, 버섯구이 50g, 시금치나물 20g
저녁	현미밥 100g, 미역국 200g, 고등어구이 150g, 깍두기 50g, 연근조림 50g

① 1,940kcal ② 2,120kcal
③ 2,239kcal ④ 2,352kcal
⑤ 2,520kcal

03 다음은 만화산업의 지역별 수출·수입액 현황에 대한 자료이다. 2023년 전체 수출액 중 가장 높은 비중을 차지하는 지역의 수출액 비중과 2023년 전체 수입액 중 가장 높은 비중을 차지하는 지역의 수입액 비중의 차는?(단, 소수점 둘째 자리에서 반올림한다)

〈만화산업 지역별 수출·수입액 현황〉

(단위 : 천 달러)

구분		중국	일본	동남아	북미	유럽	기타	합계
수출액	2021년	986	6,766	3,694	2,826	6,434	276	20,982
	2022년	1,241	7,015	4,871	3,947	8,054	434	25,562
	2023년	1,492	8,165	5,205	4,208	9,742	542	29,354
수입액	2021년	118	6,388	0	348	105	119	7,078
	2022년	112	6,014	0	350	151	198	6,825
	2023년	111	6,002	0	334	141	127	6,715

① 56.2%p ② 58.4%p
③ 60.6%p ④ 62.8%p
⑤ 65.0%p

04 다음은 L그룹 직원 250명을 대상으로 조사한 독감 예방접종 여부에 대한 자료이다. 이에 대한 설명으로 옳은 것은?(단, 소수점 첫째 자리에서 버림한다)

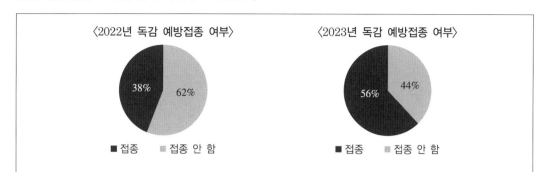

〈부서별 직원 현황〉

구분	총무부서	회계부서	영업부서	제조부서	합계
비율	16%	12%	28%	44%	100%

※ 제시된 것 외의 부서는 없음
※ 2022년과 2023년 부서별 직원 현황은 변동이 없음

① 2022년의 독감 예방접종자가 모두 2023년에도 예방접종을 했다면, 2022년에는 예방접종을 하지 않았지만 2023년에 예방접종을 한 직원은 총 54명이다.

② 2022년 대비 2023년에 예방접종을 한 직원의 수는 49% 이상 증가했다.

③ 2022년의 예방접종을 하지 않은 직원들을 대상으로 2023년의 독감 예방접종 여부를 조사한 자료라고 한다면, 2022년과 2023년 모두 예방접종을 하지 않은 직원은 총 65명이다.

④ 2022년과 2023년의 독감 예방접종 여부가 총무부서에 대한 자료라고 한다면, 총무부서 직원 중 예방접종을 한 직원은 2022년 대비 2023년에 약 7명 증가했다.

⑤ 제조부서를 제외한 모든 부서에서는 직원들이 모두 2023년에 예방접종을 했다고 할 때, 제조부서 직원 중 예방접종을 한 직원의 비율은 2%이다.

05 다음은 L사의 3년간 제조원가와 구성비에 대한 자료이다. 〈보기〉의 설명을 참고하여 A ~ D에 해당하는 내용을 바르게 짝지은 것은?

〈제조원가와 구성비〉

(단위 : 천 원, %)

연도 비용항목	2021년		2022년		2023년	
구분	제조원가	구성비	제조원가	구성비	제조원가	구성비
총 제조원가	1,150,674	100	1,379,775	100	1,709,758	100
A	150,741	13.10	179,893	13.04	222,674	13.02
B	709,753	61.68	835,152	60.53	1,035,481	60.56
C	87,057	7.57	119,232	8.64	154,935	9.06
D	3,876	0.34	8,992	0.65	12,615	0.74
수도광열비	23,954	2.08	31,078	2.25	41,845	2.45

〈보기〉

• 보험료는 2021년부터 지속적으로 증가하여 2023년에는 총 제조원가 대비 보험료 구성비가 2021년의 2배 이상이 되었다.
• 2023년 재료비는 2021년보다 약 46% 증가하였지만, 총 제조원가 대비 재료비 구성비의 증감폭은 2% 미만 이었다.
• 2023년 노무비는 2022년보다 증가했으나, 총 제조원가에서 차지하는 구성비는 2022년 대비 하락하였다.
• 2023년 외주가공비는 2021년의 약 1.8배가 되었고, 총 제조원가에서 차지하는 구성비도 2021년에 비해 증가하였다.

	A	B	C	D
①	외주가공비	재료비	노무비	보험료
②	재료비	노무비	보험료	외주가공비
③	노무비	재료비	보험료	외주가공비
④	노무비	재료비	외주가공비	보험료
⑤	재료비	외주가공비	보험료	노무비

06 다음은 어느 해 개최된 올림픽에 참가한 국가별 성적에 대한 자료이다. 이에 대한 설명으로 옳지 않은 것은?

〈국가별 올림픽 성적〉

(단위 : 명, 개)

국가	참가선수	금메달	은메달	동메달	합계
A국	240	4	28	57	89
B국	261	2	35	68	105
C국	323	0	41	108	149
D국	274	1	37	74	112
E국	248	3	32	64	99
F국	229	5	19	60	84

① 참가선수가 가장 적은 국가의 메달 합계는 전체 6위이다.
② 획득한 금메달 수가 많은 국가일수록 은메달 수는 적었다.
③ 금메달을 획득하지 못한 국가가 가장 많은 메달을 획득했다.
④ 참가선수의 수가 많은 국가일수록 획득한 동메달 수도 많았다.
⑤ 획득한 메달의 합계가 큰 국가일수록 참가선수의 수도 많았다.

07 다음은 노인 취업률 추이에 대한 자료이다. 전년 대비 노인 비취업률의 증감률이 가장 큰 연도는?

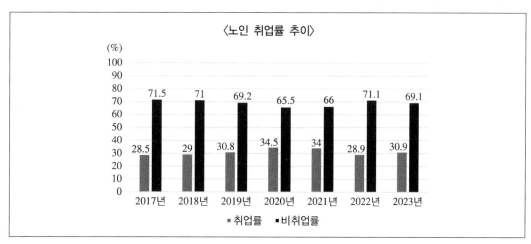

〈노인 취업률 추이〉

① 2018년   ② 2020년
③ 2021년   ④ 2022년
⑤ 2023년

08 다음은 L사 서비스 센터 A지점의 만족도에 대한 자료이다. 이에 대한 설명으로 옳지 않은 것은?

〈서비스 만족도 조사 결과〉

(단위 : 명, %)

만족도	응답자 수	비율
매우 만족		20
만족	33	22
보통		
불만족	24	16
매우 불만족	15	
합계	150	100

① 방문 고객 150명을 대상으로 은행서비스 만족도를 조사했다.

② 응답 고객 중 30명이 A지점의 서비스를 '매우 만족'으로 평가했다.

③ 방문 고객의 약 $\frac{1}{3}$이 A지점의 서비스 만족도를 '보통'으로 평가했다.

④ '불만족' 이하 구간이 26%로 큰 비중을 차지하고 있다.

⑤ 전체 고객의 $\frac{1}{5}$이 '매우 불만족'으로 평가했다.

09 다음은 A도시와 다른 도시들 간의 인구 이동량과 거리에 대한 자료이다. 인구가 많은 도시부터 적은 도시 순으로 바르게 나열한 것은?

〈도시 간 인구 이동량과 거리〉

(단위 : 천 명)

도시 간	인구 이동량	거리
A ↔ B	60	2
A ↔ C	30	4.5
A ↔ D	20	7.5
A ↔ E	55	4

※ (두 도시 간 인구 이동량)$= k \times \dfrac{(\text{두 도시의 인구의 곱})}{(\text{두 도시 간의 거리})}$ (단, k는 양의 상수)

① B – C – D – E   ② D – C – E – B

③ D – E – C – B   ④ E – D – B – C

⑤ E – D – C – B

10 다음은 김포공항의 2022년과 2023년 에너지 소비량 및 온실가스 배출량에 대한 자료이다. 이에 대한 설명으로 옳은 것을 〈보기〉에서 모두 고르면?

〈김포공항 에너지 소비량〉

(단위 : TOE)

구분	에너지 소비량									
	합계	건설 부문				이동 부문				
		소계	경유	도시가스	수전전력	소계	휘발유	경유	도시가스	천연가스
2022년	11,658	11,234	17	1,808	9,409	424	25	196	13	190
2023년	17,298	16,885	58	2,796	14,031	413	28	179	15	191

〈김포공항 온실가스 배출량〉

(단위 : 톤CO_2eq)

구분	온실가스 배출량				
	합계	고정 연소	이동 연소	공정 배출	간접 배출
2022년	30,823	4,052	897	122	25,752
2023년	35,638	6,121	965	109	28,443

〈보기〉

ㄱ. 에너지 소비량 중 이동 부문에서 경유가 차지하는 비중은 2023년에 전년 대비 10%p 이상 감소하였다.
ㄴ. 건설 부문의 도시가스 소비량은 2023년에 전년 대비 50% 이상 증가하였다.
ㄷ. 2023년 온실가스 배출량 중 간접 배출이 차지하는 비중은 2022 온실가스 배출량 중 고정 연소가 차지하는 비중의 5배 이상이다.

① ㄱ
② ㄴ
③ ㄱ, ㄷ
④ ㄴ, ㄷ
⑤ ㄷ, ㄹ

11 다음은 대형마트 이용자를 대상으로 조사한 소비자 만족도에 대한 자료이다. 이에 대한 설명으로 옳은 것은?(단, 만족도는 5점 만점이다)

〈대형마트 업체별 소비자 만족도〉

(단위 : 점)

구분	종합 만족도	서비스 품질					서비스 쇼핑 체험
		쇼핑 체험 편리성	상품 경쟁력	매장환경 / 시설	고객접점 직원	고객관리	
A마트	3.72	3.97	3.83	3.94	3.70	3.64	3.48
B마트	3.53	3.84	3.54	3.72	3.57	3.58	3.37
C마트	3.64	3.96	3.73	3.87	3.63	3.66	3.45
D마트	3.56	3.77	3.75	3.44	3.61	3.42	3.33

〈대형마트 인터넷 · 모바일쇼핑 소비자 만족도〉

(단위 : 점)

분야별 이용 만족도	이용률	A마트	B마트	C마트	D마트
인터넷쇼핑	65.4%	3.88	3.80	3.88	3.64
모바일쇼핑	34.6%	3.95	3.83	3.91	3.69

① 인터넷쇼핑과 모바일쇼핑의 소비자 만족도가 가장 큰 차이를 보이는 곳은 D마트이다.

② 서비스 쇼핑 체험 부문의 만족도는 평균 약 3.41점으로 서비스 품질 부문들보다 낮았다.

③ 종합만족도는 5점 만점에 평균 약 3.61점이며, 업체별로는 A마트 – C마트 – B마트 – D마트 순이다.

④ 대형마트 인터넷쇼핑 이용률이 65.4%로 모바일쇼핑에 비해 높으나, 만족도에서는 모바일쇼핑이 평균 0.1점 더 높게 평가되었다.

⑤ 서비스 품질 부문에 있어 대형마트는 평균적으로 쇼핑 체험 편리성에 대한 만족도가 상대적으로 가장 높게 평가되었으며, 반대로 고객접점직원 서비스가 가장 낮게 평가되었다.

12 다음은 우리나라 1차 에너지 소비량 현황에 대한 자료이다. 이에 대한 설명으로 옳은 것은?

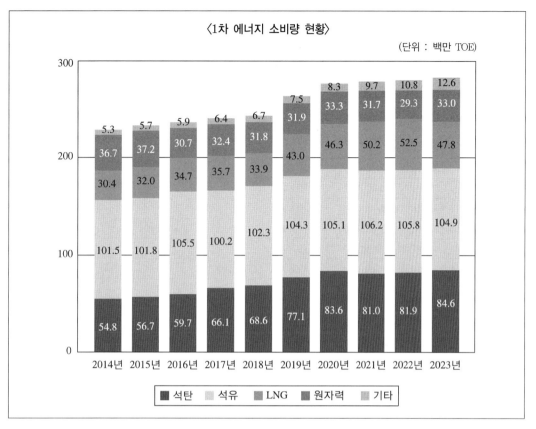

① 매년 석유 소비량이 나머지 에너지 소비량의 합보다 많다.

② 석탄 소비량은 완만한 하락세를 보이고 있다.

③ 기타 에너지 소비량은 지속적으로 감소하는 추세이다.

④ 2014 ~ 2018년 원자력 소비량은 증감을 반복하고 있다.

⑤ 2014 ~ 2018년 LNG 소비량의 증가 추세는 그 정도가 심화되었다.

13 다음은 가입상품별 요금 안내에 대한 자료이다. 가장 비싼 가입상품의 총 요금에서 가장 싼 가입상품의 총 요금을 뺀 값은?

〈가입상품별 요금 안내〉

(단위 : 원)

가입상품	인터넷 요금	기본 전화료	전화기 할부금	Wi-Fi 임대료	IPTV 요금
인터넷	22,000				
인터넷+일반전화	20,000	1,100			
인터넷+인터넷전화	20,000	1,100	2,400	1,650	
인터넷+TV(베이직)	19,800				12,100
인터넷+TV(스마트)	19,800				17,600
인터넷+TV(프라임)	19,800				19,800
인터넷+일반전화+TV(베이직)	19,800	1,100			12,100
인터넷+일반전화+TV(스마트)	19,800	1,100			17,600
인터넷+일반전화+TV(프라임)	19,800	1,100			19,800
인터넷+인터넷전화+TV(베이직)	19,800	1,100	2,400	1,650	12,100
인터넷+인터넷전화+TV(스마트)	19,800	1,100	2,400	1,100	17,600
인터넷+인터넷전화+TV(프라임)	19,800	1,100	2,400		19,800

※ (총 요금)=(인터넷 요금)+(기본 전화료)+(전화기 할부금)+(Wi-Fi 임대료)+(IPTV 요금)

① 20,000원 　　　　　② 22,000원

③ 24,000원 　　　　　④ 26,000원

⑤ 28,000원

14 다음은 지역별 1인 가구 현황에 대한 자료이다. 이에 대한 설명으로 옳지 않은 것은?(단, 소수점 첫째 자리에서 반올림한다)

〈지역별 1인 가구 현황〉

(단위 : 천 가구)

구분	2021년		2022년		2023년	
	전체 가구	1인 가구	전체 가구	1인 가구	전체 가구	1인 가구
전국	19,092	5,238	19,354	5,434	19,590	5,613
서울특별시	3,778	1,123	3,786	1,149	3,789	1,172
부산광역시	1,334	363	1,344	376	1,354	388
대구광역시	927	241	935	249	942	257
인천광역시	1,043	245	1,059	256	1,075	266
대전광역시	582	171	590	178	597	185
울산광역시	422	104	426	107	430	110
기타 지역	11,006	2,991	11,214	3,119	11,403	3,235

① 전국의 전체 가구 수는 해마다 증가하고 있다.
② 해마다 1인 가구 수는 전국적으로 증가하고 있다.
③ 2023년 서울특별시의 1인 가구 수는 전국의 1인 가구 수의 약 18%이다.
④ 2023년 서울특별시 전체 가구 수 중에서 1인 가구가 차지하는 비중은 25% 이상이다.
⑤ 대전광역시와 울산광역시의 1인 가구 수의 합은 인천광역시의 1인 가구 수보다 항상 많다.

15 다음은 2019년 공항철도를 이용한 월별 여객 수송실적에 대한 자료이다. A ~ C에 들어갈 수를 바르게 짝지은 것은?

〈공항철도 이용 여객 현황〉

(단위 : 명)

구분	수송인원	승차인원	유입인원
1월	287,923	117,532	170,391
2월	299,876	A	179,743
3월	285,200	131,250	153,950
4월	272,345	152,370	119,975
5월	B	188,524	75,796
6월	268,785	203,557	65,228
7월	334,168	234,617	99,551
8월	326,394	215,890	110,504
9월	332,329	216,866	115,463
10월	312,208	224,644	C

※ 유입인원은 환승한 인원임
※ (승차인원)=(수송인원)−(유입인원)

	A	B	C
①	102,211	251,310	97,633
②	102,211	264,320	97,633
③	120,133	251,310	97,633
④	120,133	264,320	87,564
⑤	121,127	253,229	87,564

16 다음은 최근 15주 동안 활동한 가수 A, B그룹의 곡에 대한 매주 스트리밍 지수이다. 이에 대한 설명으로 옳은 것은?

구분	A그룹			B그룹		
	몬스터	로또	라이프	파이어	블러드	스프링
1주	80,426	75,106	73,917	62,653	84,355	95,976
2주	89,961	78,263	76,840	66,541	86,437	94,755
3주	70,234	70,880	74,259	64,400	88,850	86,489
4주	64,094	72,009	79,969	66,146	89,855	88,385
5주	73,517	65,789	78,334	64,255	79,119	82,952
6주	62,447	69,467	74,077	62,165	78,191	75,362
7주	65,236	69,750	73,954	63,828	78,715	79,666
8주	65,719	67,919	72,926	41,320	69,823	78,749
9주	66,355	69,447	67,790	34,610	66,360	77,281
10주	65,353	64,035	68,103	39,569	59,052	75,454
11주	64,743	61,917	68,834	36,224	58,656	72,083
12주	61,815	60,534	45,226	29,816	55,893	70,002
13주	67,362	55,092	40,213	25,757	57,571	65,022
14주	59,142	56,906	39,157	26,983	56,663	58,972
15주	59,222	47,991	30,218	26,512	54,253	67,518

〈가수 그룹별 곡 스트리밍 지수〉

① A, B그룹의 곡 중에서 1주부터 3주까지 스트리밍 지수 합이 가장 큰 3곡을 순서대로 나열하면 '스프링 – 몬스터 – 블러드'이다.

② 라이프의 10주 스트리밍 지수는 블러드의 14주 스트리밍 지수의 1.2배 미만이다.

③ 8주 대비 9주의 스트리밍 지수 증가율이 가장 높은 곡은 A그룹의 몬스터이다.

④ 15주 동안 A그룹의 몬스터 스트리밍 지수가 B그룹의 블러드 스트리밍 지수보다 높았던 주는 6번 이상이다.

⑤ A, B그룹의 모든 곡의 스트리밍 지수 합은 6주일 때와 15주일 때의 차이는 123,995이다.

17 다음은 A국가의 2023년 월별 반도체 수출에 대한 자료이다. 이를 그래프로 변환했을 때 옳지 않은 것은? (단, 모든 그래프의 단위는 '백만 달러'이다)

〈2023년 월별 반도체 수출액 동향〉

(단위 : 백만 달러)

기간	수출액	기간	수출액
1월	9,681	7월	10,383
2월	9,004	8월	11,513
3월	10,804	9월	12,427
4월	9,779	10월	11,582
5월	10,841	11월	10,684
6월	11,157	12월	8,858

① 월별 반도체 수출액

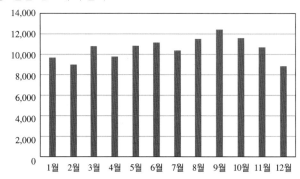

② 월별 반도체 수출액

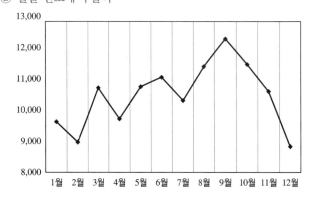

③ 월별 반도체 수출액

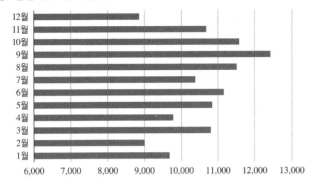

④ 2 ~ 12월의 전월 대비 반도체 수출 증감액

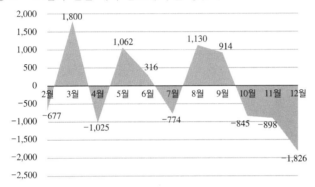

⑤ 2 ~ 12월의 전월 대비 반도체 수출 증감액

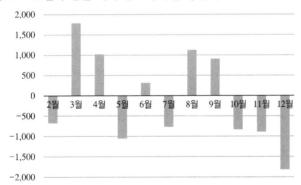

18 다음은 연도별 시간당 최저임금 인상 추이에 대한 자료이다. 이를 그래프로 변환했을 때 옳지 않은 것은? (단, 모든 그래프의 인상률 단위는 '%'이고, 최저임금 단위는 '원'이다)

〈연도별 최저임금 인상 추이〉

(단위 : 원)

구분	시간당 최저임금	구분	시간당 최저임금
2010년	4,110	2015년	5,580
2011년	4,320	2016년	6,030
2012년	4,580	2017년	6,470
2013년	4,860	2018년	7,530
2014년	5,210	2019년	8,350

① 연도별 최저임금 인상 추이

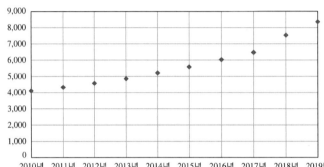

② 연도별 최저임금 인상 추이

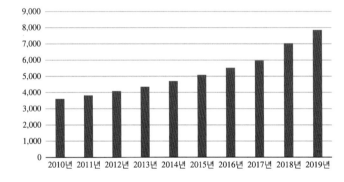

③ 전년 대비 최저임금 인상액 현황

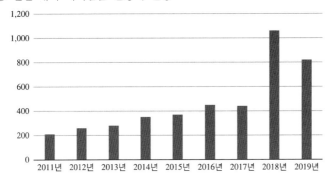

④ 전년 대비 최저임금 인상률 현황

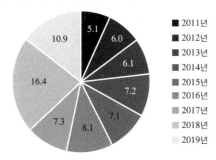

⑤ 연도별 최저임금 인상 추이

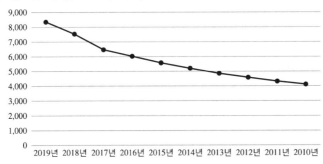

19 다음은 성별·국적별 크루즈 이용객 수 현황에 대한 자료이다. 이에 대한 설명으로 옳은 것은?

〈성별·국적별 크루즈 이용객 수 현황〉

(단위 : 명)

구분		여성	남성	합계
합계		1,584	2,409	3,993
아시아주	소계	286	1,262	1,548
	일본	2	2	4
	중국	65	18	83
	대만	7	2	9
	홍콩	9	7	16
	태국	22	51	73
	말레이시아	9	8	17
	필리핀	98	682	780
	인도네시아	10	89	99
	싱가포르	14	6	20
	베트남	3	2	5
	인도	18	362	380
	스리랑카	0	4	4
	이스라엘	20	21	41
	터키	1	1	2
	아시아주 기타	8	7	15
미주	소계	1,298	1,147	2,445
	미국	831	757	1,588
	캐나다	177	151	328
	멕시코	182	144	326
	브라질	18	16	34
	미주 기타	90	79	169

① 아시아주 전체 크루즈 이용객의 수는 미주 전체 크루즈 이용객의 수의 60% 이상이다.

② 멕시코보다 여성 크루즈 이용객 수와 남성 크루즈 이용객 수가 모두 많은 국가는 2개이다.

③ 브라질 국적의 남성 크루즈 이용객의 수는 인도네시아 국적의 남성 이용객 수의 20% 이상이다.

④ 여성 크루즈 이용객 수가 가장 많은 국가는 해당 국가의 전체 크루즈 이용객 중 남성 이용객의 비율이 50%를 초과한다.

⑤ 아시아주 기타 및 미주 기타를 제외하고, 여성 크루즈 이용객 수 대비 남성 크루즈 이용객 수의 비율이 가장 높은 국적은 필리핀이다.

20 다음은 2021년부터 2023년까지 우리나라 시·도별 아동 십만 명당 안전사고 사망자 수에 대한 자료이다. 이에 대한 설명으로 옳지 않은 것은?

〈시·도별 아동 십만 명당 안전사고 사망자 수〉

(단위 : 명)

구분	2021년	2022년	2023년
서울특별시	2.1	2.0	2.0
부산광역시	2.6	3.4	3.0
대구광역시	2.3	4.5	2.2
인천광역시	0.9	1.7	3.4
광주광역시	0.4	4.7	4.5
대전광역시	2.9	1.7	3.6
울산광역시	7.2	3.4	2.3
세종특별자치시	8.2	4.1	6.5
경기도	2.4	2.9	2.4
강원도	3.4	2.0	3.6
충청북도	3.0	4.0	3.7
충청남도	3.9	4.6	2.0
전라북도	2.3	3.9	2.8
전라남도	3.9	4.4	4.1
경상북도	4.2	4.3	3.6
경상남도	6.4	3.7	4.0
제주특별자치도	5.1	7.1	5.6

① 2022년에 아동 십만 명당 안전사고 사망자 수가 6.0명을 넘는 시·도가 존재한다.
② 울산광역시의 아동 십만 명당 안전사고 사망자 수는 2021년 대비 2023년에 60% 이상 감소하였다.
③ 전년 대비 2022 ~ 2023년에 아동 십만 명당 안전사고 사망자 수가 증가한 지역은 인천광역시 1곳이다.
④ 부산광역시는 2021년부터 2023년까지 매년 아동 십만 명당 안전사고 사망자 수가 광주광역시보다 높다.
⑤ 2022년과 2023년 아동 십만 명당 안전사고 사망자 수의 전년 대비 증감추이가 경상남도와 동일한 시·도는 3곳이다.

01 일정한 규칙으로 수를 나열할 때, 빈칸에 들어갈 수로 알맞은 것은?

( )	$3\frac{5}{10}$	$5\frac{8}{17}$	$7\frac{11}{24}$	$9\frac{14}{31}$	$11\frac{17}{38}$	$13\frac{20}{45}$

① 0

② $\frac{2}{3}$

③ 1

④ $1\frac{1}{3}$

⑤ $1\frac{2}{3}$

02 여름휴가를 떠난 도연이는 식당 열 곳 중 세 곳을 골라 아침, 점심, 저녁을 먹으려고 한다. 식당을 고르는 경우의 수는?

① 420가지   ② 560가지

③ 600가지   ④ 720가지

⑤ 760가지

03 일정한 규칙으로 수를 나열할 때, 빈칸에 들어갈 수로 알맞은 것은?

2.01	5.03	10.06	17.1	( )	37.21	50.28	65.36	82.45	101.55

① 21.95   ② 23.35

③ 24.75   ④ 26.15

⑤ 27.55

04 농도가 9%인 묽은 염산 100g이 있다. 여기에 물을 섞어서 농도 6%의 묽은 염산을 만들고자 한다면, 필요한 물의 양은 얼마인가?

① 10g   ② 30g
③ 50g   ④ 70g
⑤ 90g

05 일정한 규칙으로 수를 나열할 때, 빈칸에 들어갈 수로 알맞은 것은?

	1	3	7	15	31	( )	127	

① 42   ② 48
③ 56   ④ 63
⑤ 71

06 효진이가 집에서 서점까지 갈 때에는 시속 4km의 속력으로 걷고 집으로 되돌아올 때에는 시속 3km의 속력으로 걸어왔더니 이동시간만 7시간이 걸렸다고 한다. 집에서 서점까지의 거리는?

① 10km   ② 11km
③ 12km   ④ 13km
⑤ 14km

07 일정한 규칙으로 수를 나열할 때, 빈칸에 들어갈 수로 알맞은 것은?

4	2	20	5	( )	74	10	5	125

① 3 ② 5
③ 6 ④ 7
⑤ 8

08 농도 8% 식염수와 농도 13% 식염수를 혼합하여 농도 10% 식염수 500g을 만들었다. 농도 13%의 식염수는 몇 g이 필요한가?

① 100g ② 150g
③ 200g ④ 300g
⑤ 350g

09 일정한 규칙으로 수를 나열할 때, 빈칸에 들어갈 수로 알맞은 것은?

$$2\frac{5}{7} \quad 4\frac{8}{12} \quad 7\frac{13}{14} \quad 12\frac{15}{17} \quad 14\frac{18}{22} \quad 17\frac{23}{24} \quad (\quad) \quad 24\frac{28}{32} \quad 27\frac{33}{34}$$

① $19\frac{26}{29}$ ② $20\frac{25}{27}$

③ $20\frac{25}{29}$ ④ $22\frac{25}{27}$

⑤ $22\frac{25}{29}$

10 L마트에서 세일하는 제품인 오리구이 400g과 치킨 1마리를 구매하면 22,000원이고, 치킨 2마리와 오리구이 200g을 구매하면 35,000원이다. 오리구이 100g당 가격은 얼마인가?

① 1,000원
② 1,500원
③ 2,000원
④ 2,500원
⑤ 3,000원

11 일정한 규칙으로 수를 나열할 때, 빈칸에 들어갈 수로 알맞은 것은?

1.79	5.37	2.07	6.21	2.91	8.73	5.43	( )	12.99	38.97	

① 16.09
② 16.15
③ 16.29
④ 16.36
⑤ 16.47

12 다음을 읽고 추론한 팀장의 나이로 옳은 것은?

- 팀장의 나이는 과장보다 4살이 많다.
- 대리의 나이는 31세이다.
- 사원은 대리보다 6살 어리다.
- 과장과 팀장 나이의 합은 사원과 대리의 나이 합의 2배이다.

① 56세
② 57세
③ 58세
④ 59세
⑤ 60세

13 일정한 규칙으로 수를 나열할 때, 빈칸에 들어갈 수로 알맞은 것은?

$$2\frac{3}{5} \quad 3\frac{5}{8} \quad 5\frac{7}{12} \quad (\quad) \quad 11\frac{13}{24} \quad 13\frac{17}{30} \quad 17\frac{19}{36}$$

① $7\frac{10}{17}$ ② $7\frac{11}{18}$

③ $8\frac{10}{18}$ ④ $8\frac{11}{19}$

⑤ $9\frac{11}{20}$

14 둘레의 길이가 1km인 공원이 있다. 철수와 영희는 서로 반대 방향으로 걸어서 중간에서 만나기로 했다. 철수는 1분에 70m를 걷고, 영희는 1분에 30m를 걸을 때, 두 사람이 처음 만날 때까지 걸린 시간은?

① 5분   ② 10분

③ 20분   ④ 30분

⑤ 35분

15 일정한 규칙으로 수를 나열할 때, 빈칸에 들어갈 수로 알맞은 것은?

$$\underline{2 \quad 11 \quad 16} \quad \underline{5 \quad 10 \quad 11} \quad \underline{7 \quad 12 \quad (\quad)}$$

① 8   ② 10

③ 13   ④ 15

④ 20

16 A, B, C 세 사람은 주기적으로 자신이 키운 화분에 물을 준다. A는 15일마다, B는 12일마다, C는 10일마다 화분에 물을 줄 때, 세 명이 6월 2일에 모두 같이 물을 주었다면, 다음에 같은 날 물을 주는 날은 언제인가?

① 7월 25일　　　　　　② 7월 27일
③ 8월 1일　　　　　　　④ 8월 3일
⑤ 8월 5일

17 일정한 규칙으로 수를 나열할 때, 빈칸에 들어갈 수로 알맞은 것은?

3	9	21
11		

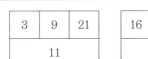

16	3	23
14		

3	7	2
( )		

① 2　　　　　　② 4
③ 6　　　　　　④ 8
⑤ 10

18 흰색 탁구공 7개와 노란색 탁구공 5개가 들어 있는 주머니에서 4개의 탁구공을 동시에 꺼낼 때, 흰색 탁구공이 노란색 탁구공보다 많을 확률은?

① $\dfrac{10}{33}$　　　　　　② $\dfrac{14}{33}$

③ $\dfrac{17}{33}$　　　　　　④ $\dfrac{20}{33}$

⑤ $\dfrac{23}{33}$

19 일정한 규칙으로 수를 나열할 때, 빈칸에 들어갈 수로 알맞은 것은?

1	2	3	2
4	3	3	2
5	5	( )	4
9	8	9	6

① 6
② 7
③ 8
④ 9
⑤ 10

20 영호와 영규는 가위바위보를 해서 이기는 사람이 계단 3칸을 올라가 계단을 모두 올라가면 이기는 놀이를 하고 있다. 20개가 있는 계단에서 가위바위보 10회로 영규가 이겼을 때, 두 사람이 2회 비길 확률은?

① $\dfrac{1}{16}$
② $\dfrac{1}{8}$
③ $\dfrac{2}{8}$
④ $\dfrac{3}{16}$
⑤ $\dfrac{3}{8}$

제4회
LG그룹
온라인 적성검사

〈문항 수 및 시험시간〉

LG그룹 온라인 적성검사		
영역	문항 수	영역별 제한시간
언어이해	20문항	20분
언어추리	20문항	20분
자료해석	20문항	20분
창의수리	20문항	20분

제4회 모의고사

문항 수 : 80문항
시험시간 : 80분

제 **1** 영역 **언어이해**

01 다음 글의 전개 방식으로 가장 적절한 것은?

> 1972년 프루시너는 병에 걸린 동물을 연구하다가 우연히 정상 단백질이 어떤 원인에 의해 비정상적인 구조로 변하면 바이러스처럼 전염되며 신경 세포를 파괴한다는 사실을 밝혀냈다. 프루시너는 이 단백질을 '단백질(Protein)'과 '바이러스 입자(Viroid)'의 합성어인 '프리온(Prion)'이라 명명하고 이를 학계에 보고했다.
> 프루시너가 프리온의 존재를 발표하던 당시, 분자 생물학계의 중심 이론은 1957년 크릭에 의해 주창된 '유전 정보 중심설'이었다. 이 이론의 핵심은 유전되는 모든 정보는 DNA 속에 담겨 있다는 것과, 유전 정보는 핵산 (DNA, RNA)에서 단백질로만 이동이 가능하다는 것이다. 크릭에 따르면 모든 동식물의 세포에서 DNA의 유전 정보는 DNA로부터 세포핵 안의 또 다른 핵산인 RNA가 전사되는 과정에서 전달되고, 이 RNA가 세포질로 나와 단백질을 합성하는 번역의 과정을 통해 단백질로의 전달이 이루어진다. 따라서 단백질은 핵산이 없으므로 스스로 정보를 저장할 수 없고 자기 복제를 할 수 없다는 것이다.
> 그런데 프루시너는 프리온이라는 단백질은 핵산이 아예 존재하지 않음에도 자기 복제를 한다고 주장하였다. 이 주장은 크릭의 유전 정보 중심설에 기반한 분자 생물학계의 중심 이론을 흔들게 된다. 아직 논란이 끝난 것은 아니지만 '자기 복제하는 단백질'이라는 개념이 분자 생물학자들에게 받아들여지기까지는 매우 험난한 과정이 필요했다. 과학자들은 충분하지 못한 증거를 가진 주장에 대해서는 매우 보수적일 뿐만 아니라, 기존의 이론으로 설명할 수 없는 현상을 대했을 때는 어떻게든 기존의 이론으로 설명해 내려 노력하기 때문이다. 프루시너가 프리온을 발견한 공로로 노벨 생리학·의학상을 받은 것은 1997년에 이르러서였다.

① 특정 이론과 그에 대립하는 이론을 함께 설명하고 있다.
② 어떤 현상을 비판하고 그에 대한 반박 가능성을 예측하고 있다.
③ 특정 이론을 실제 사례에 적용하여 실현 가능성을 검토하고 있다.
④ 현상에 대한 여러 관점을 소개한 뒤, 각 관점의 장단점을 평가하고 있다.
⑤ 특정 이론의 관점에서 그 원인을 분석하고 나아가야 할 방향성을 제시하고 있다.

02

저작권이란 저작물을 보호하기 위해 저작자에게 부여된 독점적 권리를 말한다. 저작권은 소유한 물건을 자기 마음대로 이용하거나 처분할 수 있는 권리인 소유권과는 구별된다. 소설책을 구매한 사람은 책에 대한 소유권은 획득했지만, 그렇다고 소설에 대한 저작권을 획득한 것은 아니다. 따라서 구매자는 다른 사람에게 책을 빌려줄 수는 있으나, 저작자의 허락 없이 그 소설을 상업적 목적으로 변형하거나 가공하여 유통할 수는 없다. 이는 책에 대해서는 물건에 대한 소유권인 물권법이, 소설에 대해서는 저작권법이 각각 적용되기 때문이다. 저작권법에서 보호하는 저작물은 남의 것을 베낀 것이 아니라 저작자 자신의 것이어야 한다. 그리고 저작물의 수준이 높아야 할 필요는 없지만, 저작권법에 의한 보호를 받을 가치가 있는 정도로 최소한의 창작성을 지니고 있어야 한다.

저작자란 사실상의 저작 행위를 하여 저작물을 생산해 낸 사람을 가리킨다. 직업적인 문인뿐만 아니라 저작 행위를 하면 누구든지 저작자가 될 수 있다. 자연인으로서의 개인뿐만 아니라 법인도 저작자가 될 수 있다. 그리고 저작물에는 1차적 저작물뿐만 아니라 2차적 저작물도 포함되므로 2차적 저작물의 작성자도 저작자가 될 수 있다. 그러나 저작을 하는 동안 옆에서 도와주었거나 자료를 제공한 사람 등은 저작자가 될 수 없다. 저작자에게 저작권이라는 권리를 부여하여 보호하는 이유는 저작물이 곧 문화 발전의 원동력이 되기 때문이다. 저작물이 많이 나와야 그 사회가 문화적으로 풍요로워질 수 있다. 또 다른 이유는 저작자의 창작 노력에 대해 적절한 보상을 해 줌으로써 창작 행위를 계속할 수 있는 동기를 제공하는 데 있다.

① 남의 것을 베끼더라도 최소한의 창작성을 지닌 저작물이라면 저작권법에 의해 보호받을 수 있다.

② 소설책을 구매한 사람이 다른 사람에게 책을 빌려줄 수 있는 이유는 책에 대해 물권법이 적용되기 때문이다.

③ 저작권은 저작자에게 부여된 독점적 권리로 소유권과 구별된다.

④ 2차적 저작물의 작성자도 저작자가 될 수 있지만, 저작의 과정에서 자료를 제공한 사람은 저작자가 될 수 없다.

⑤ 저작자에게 권리를 부여함으로써 저작자의 지속적인 창작 동기를 유발하고, 사회의 문화 발전에 기여하도록 한다.

03

오늘날의 정신없는 한국 사회 안에서 사람들은 가정도 직장도 아닌 제3의 공간, 즉 케렌시아와 같은 공간을 누구라도 갖고 싶어 할 것이다. '케렌시아(Querencia)'는 스페인어의 '바라다'라는 동사 '케레 르(Querer)'에서 나왔다. 케렌시아는 피난처, 안식처, 귀소본능이라는 뜻으로, 투우장의 투우가 마지막 일전을 앞두고 홀로 잠시 숨을 고르는 자기만의 공간을 의미한다.

케렌시아를 의미하는 표현은 이전부터 쓰여 왔다. 미국 사회학자 폴라 에이머는 '맨케이브(주택의 지하, 창고 등 남성이 혼자서 작업할 수 있는 공간)'를 남성성의 마지막 보루라고 해석했다. 그리고 버지니아 울프는『자기만의 방』에서 '여성이 권리를 찾기 위해서는 두 가지가 필요한데, 하나는 경제적 독립이며 또 다른 하나는 혼자만의 시간을 가질 수 있는 자기만의 방'이라고 표현했다.

이처럼 남자에게나 여자에게나 케렌시아와 같은 자기만의 공간이 필요한 것은 틀림없는 일이지만 경제적인 문제로 그런 공간 하나 갖는 것은 쉬운 일이 아니다. 그러나 그렇다고 아예 포기하고 살 수는 없다. 갖지 못해도 이용할 수 있는 방법을 찾아야 한다. 케렌시아가 내 아픈 삶을 위로해 준다면 기를 쓰고 찾아야 하지 않겠는가.

우리는 사실 케렌시아와 같은 공간을 쉽게 찾아볼 수 있다. 도심 속의 수면 카페가 그런 곳이다. 해먹에 누워 잠을 청하거나 안마의자를 이용해 휴식을 취할 수 있으며, 산소 캡슐 안에 들어가서 무공해 공기를 마시며 휴식을 취할 수도 있다. 오늘날 이러한 휴식을 위한 카페와 더불어 낚시 카페, 만화 카페, 한방 카페 등이 다양하게 생기고 있다.

즉, 케렌시아는 힐링과 재미에 머무는 것이 아니라 능동적인 취미 활동을 하는 곳이고, 창조적인 활동을 하기 위한 공간으로 변모해 가고 있는 것이다. 최근 취업준비생들에게 명절 대피소로 알려진 북카페를 볼 수 있으며, '퇴근길에 책 한 잔'이라는 곳에서는 '3프리(free)존'이라고 하여 잔소리 프리, 눈칫밥 프리, 커플 프리를 표방하기도 한다. 이보다 더 진보한 카페는 '책맥 카페'다. 책과 맥주가 있는 카페. 책을 읽으며 맥주를 마시고, 맥주를 마시며 책을 읽을 수 있는 공간이라면 누구라도 한번 가보고 싶지 않겠는가. 술과 책의 그 먼 거리를 이리도 가깝게 할 수 있다니 놀라울 따름이다.

또한, 마음을 다독일 케렌시아가 필요한 사람들에게는 전시장, 음악회 등의 문화 현장에 가보라고 권하고 싶다. 예술 문화는 인간을 위로하는 데 효과적이기 때문이다. 이러한 예술 현장에서 케렌시아를 찾아낸다면 팍팍한 우리의 삶에서, 삶의 위기를 극복하는 다른 사람의 이야기를 들을 수 있고 꿈을 꿀 수 있을지도 모른다.

① 케렌시아는 취미 활동보다는 휴식과 힐링을 위한 공간임을 알 수 있다.

② 케렌시아는 휴식과 힐링을 위한 자기만의 공간을 의미한다고 볼 수 있다.

③ 케렌시아는 많은 유사한 표현을 볼 수 있다.

④ 케렌시아를 위한 수익 창출 활동이 나타나고 있다.

⑤ 전시장, 음악회 등 문화 현장에서 케렌시아를 찾을 수 있다.

04 다음 글의 주제로 가장 적절한 것은?

유전학자들의 최종 목표는 결함이 있는 유전자를 정상적인 유전자로 대체하는 것이다. 이렇게 가장 기본적인 세포 내 차원에서 유전병을 치료하는 것을 '유전자 치료'라 일컫는다. '유전자 치료'를 하기 위해서는 이상이 있는 유전자를 찾아야 한다. 이를 위해 과학자들은 DNA의 특성을 이용한다.

DNA는 두 가닥이 나선형으로 꼬여 있는 이중 나선 구조로 이루어진 분자이다. 그런데 이 두 가닥에 늘어서 있는 염기들은 임의적으로 배열되어 있는 것이 아니다. 한쪽에 늘어선 염기에 따라, 다른 쪽 가닥에 늘어선 염기들의 배열이 결정되는 것이다. 즉 한쪽에 A염기가 존재하면 거기에 연결되는 반대쪽에는 반드시 T염기가, 그리고 C염기에 대응해서는 반드시 G염기가 존재하게 된다. 염기들이 짝을 지을 때 나타나는 이러한 선택적 특성을 이용하여 유전병을 일으키는 유전자를 찾아낼 수 있다.

유전자를 찾기 위해 사용하는 첫 번째 도구는 DNA 한 가닥 중 극히 일부이다. '프로브(Probe)'라 불리는 이 DNA 조각은, 염색체상의 위치가 알려져 있는 이십여 개의 염기들로 이루어진다. 한 가닥으로 이루어져 있는 특성으로 인해, 프로브는 자신의 염기 배열에 대응하는 다른 쪽 가닥의 DNA 부분에 가서 결합할 것이다. 대응하는 두 가닥의 DNA가 이렇게 결합하는 것을 '교잡'이라고 일컫는다. 조사 대상인 염색체로부터 추출한 많은 한 가닥의 염색체 조각들과 프로브를 섞어 놓았을 때, 프로브는 신비스러울 정도로 자신의 짝을 정확하게 찾아 교잡한다. 두 번째 도구는 '겔 전기영동'이라는 방법이다. 생물을 구성하고 있는 단백질·핵산 등 많은 분자들은 전하를 띠고 있어서 전기장 속에서 각 분자마다 독특하게 이동을 한다. 이러한 성질을 이용해 생물을 구성하고 있는 물질의 분자량, 각 물질의 전하량이나 형태의 차이를 이용하여 물질을 분리하는 것이 전기영동법이다. 이를 활용하여 DNA를 분리하려면 우선 DNA 조각들을 전기장에서 이동시키고, 이것을 젤라틴 판을 통과하게 함으로써 분리하면 된다.

이러한 조사 도구들을 갖추고서, 유전학자들은 유전병을 일으키는 유전자를 추적하는 데 나섰다. 유전학자들은 먼저 겔 전기영동법으로 유전병을 일으키는 유전자로 의심되는 부분과 동일한 부분에 존재하는 프로브를 건강한 사람에게서 떼어냈다. 그리고 건강한 사람에게서 떼어낸 프로브에 방사성이나 형광성을 띠게 하였다. 그 후에 유전병 환자들에게서 채취한 DNA 조각들과 함께 교잡 실험을 반복하였다. 유전병과 관련된 유전 정보가 담긴 부분의 염기 서열이 정상인과 다르므로 이 부분은 프로브와 교잡하지 않는다는 점을 이용하는 것이다. 교잡이 일어난 후 프로브가 위치하는 곳은 X선 필름을 통해 쉽게 찾아낼 수 있고, 이로써 DNA의 특정 조각은 염색체상에서 프로브와 같은 위치에 존재한다는 것을 알 수 있다.

언뜻 보기에는 대단한 진보를 이룬 것 같지 않지만, 유전자 치료는 최근 들어 공상 과학을 방불케 하는 첨단 의료 기술의 대표적인 주자로 부각되고 있다. DNA 연구 결과로 인해, 우리는 지금까지 절망적이라고 여겨 온 질병들을 치료할 수 있다는 희망을 갖게 되었다.

① 유전자 추적의 도구와 방법
② 유전자의 종류와 기능
③ 유전자 치료의 의의와 한계
④ 유전자 치료의 상업적 가치
⑤ 유전 질환의 종류와 발병 원인

다음 글의 밑줄 친 ㉠의 주장으로 가장 적절한 것은?

문화가 발전하려면 저작자의 권리 보호와 저작물의 공정 이용이 균형을 이루어야 한다. 저작물의 공정 이용이란 저작권자의 권리를 일부 제한하여 저작권자의 허락이 없어도 저작물을 자유롭게 이용하는 것을 말한다. 비영리적인 사적 복제를 허용하는 것이 그 예이다. 우리나라의 저작권법에서는 오래전부터 공정 이용으로 볼 수 있는 저작권 제한 규정을 두었다.

그런데 디지털 환경에서 저작물의 공정 이용은 여러 장애에 부딪혔다. 디지털 환경에서는 저작물을 원본과 동일하게 복제할 수 있고 용이하게 개작할 수 있다. 따라서 저작물이 개작되더라도 그것이 원래 창작물인지 이차적 저작물인지 알기 어렵다. 그 결과 디지털화된 저작물의 이용 행위가 공정 이용의 범주에 드는 것인지 가늠하기가 더 어려워졌고 그에 따른 처벌 위험도 커졌다.

이러한 문제를 해소하기 위한 시도의 하나로 포괄적으로 적용할 수 있는 '저작물의 정한 이용' 규정이 저작권법에 별도로 신설되었다. 그리하여 저작권자의 동의가 없어도 저작물을 공정하게 이용할 수 있는 영역이 확장되었다. 그러나 공정 이용 여부에 대한 시비가 자율적으로 해소되지 않으면 예나 지금이나 법적인 절차를 밟아 갈등을 해소해야 한다.

저작물 이용자들이 처벌에 대한 불안감을 여전히 느낀다는 점에서 저작물의 자유 이용 허락 제도와 같은 '저작물의 공유' 캠페인이 주목을 받고 있다. 이 캠페인은 저작권자들이 자신의 저작물에 일정한 이용 허락 조건을 표시해서 이용자들에게 무료로 개방하는 것을 말한다. 캠페인 참여자들은 저작권자와 이용자들의 자발적인 참여를 통해 자유롭게 활용할 수 있는 저작물의 양과 범위를 확대하려고 노력한다. 이들은 저작물의 공유가 확산되면 디지털 저작물의 이용이 활성화되고 그 결과 인터넷이 더욱 창의적이고 풍성한 정보 교류의 장이 될 것이라고 본다. 그러나 캠페인에 참여한 저작물을 이용할 때 허용된 범위를 벗어난 경우 법적 책임을 질 수 있다.

한편 ㉠ 다른 시각을 가진 사람들도 있다. 이들은 저작물의 공유 캠페인이 확산되면 저작물을 창조하려는 사람들의 동기가 크게 감소할 것이라고 우려한다. 이들은 결과적으로 활용 가능한 저작물이 줄어들게 되어 이용자들도 피해를 당하게 된다고 주장한다. 또 디지털 환경에서는 사용료 지불 절차 등이 간단해져서 '저작물의 공정한 이용' 규정을 별도로 신설할 필요가 없었다고 본다. 이들은 저작물의 공유 캠페인과 신설된 공정 이용 규정으로 인해 저작권자들의 정당한 권리가 침해받고 있으므로 이를 시정하는 것이 오히려 공익에 더 도움이 된다고 말한다.

① 이용 허락 조건을 저작물에 표시하면 창작 활동이 더욱 활성화된다.

② 저작권자의 정당한 권리 보호를 위해 저작물의 공유 캠페인이 확산되어야 한다.

③ 비영리적인 경우 저작권자의 동의가 없어도 복제가 허용되는 영역을 확대해야 한다.

④ 저작권자가 자신들의 노력에 상응하는 대가를 정당하게 받을수록 창작 의욕이 더 커진다.

⑤ 자신의 저작물을 자유롭게 이용하도록 양보하는 것은 다른 저작권자의 저작권 개방을 유도하여 공익을 확장시킨다.

06 다음 글의 주장에 대한 반박으로 가장 적절한 것은?

> 스피노자의 윤리학을 이해하기 위해서는 코나투스(Conatus)라는 개념이 필요하다. 스피노자에 따르면 실존하는 모든 사물은 자신의 존재를 유지하기 위해 노력하는데, 이것이 바로 그 사물의 본질인 코나투스라는 것이다. 정신과 신체를 서로 다른 것이 아니라 하나로 보았던 그는 정신과 신체에 관계되는 코나투스를 충동이라 부르고, 다른 사물들과 같이 인간도 자신을 보존하고자 하는 충동을 갖고 있다고 보았다. 특히 인간은 자신의 충동을 의식할 수 있다는 점에서 동물과 차이가 있다며 인간의 충동을 욕망이라고 하였다. 즉, 인간에게 코나투스란 삶을 지속하고자 하는 욕망을 의미한다.
>
> 스피노자는 선악의 개념도 코나투스와 연결 짓는다. 그는 사물이 다른 사물과 어떤 관계를 맺느냐에 따라 선이 되기도 하고 악이 되기도 한다고 말한다. 코나투스의 관점에서 보면 선이란 자신의 신체적 활동 능력을 증가시키는 것이며, 악은 자신의 신체적 활동 능력을 감소시키는 것이다. 이를 정서의 차원에서 설명하면 선은 자신에게 기쁨을 주는 모든 것이며, 악은 자신에게 슬픔을 주는 모든 것이다. 한마디로 인간의 선악에 대한 판단은 자신의 감정에 따라 결정된다는 것을 의미한다.
>
> 이러한 생각을 토대로 스피노자는 코나투스인 욕망을 긍정하고 욕망에 따라 행동하라고 이야기한다. 슬픔은 거부하고 기쁨을 지향하라는 것, 그것이 곧 선의 추구라는 것이다. 그리고 코나투스는 타자와의 관계에 영향을 받으므로 인간에게는 타자와 함께 자신의 기쁨을 증가시킬 수 있는 공동체가 필요하다고 말한다. 그 안에서 자신과 타자 모두의 코나투스를 증가시킬 수 있는 기쁨의 관계를 형성하라는 것이 스피노자의 윤리학이 우리에게 하는 당부이다.

① 자신의 힘을 능동적으로 발휘하여 욕망을 성취할 수 있을 때 비로소 진정한 자유의 기쁨을 누릴 수 있다.

② 인간의 모든 행동은 욕망에 의해 생겨나며, 욕망이 없다면 무기력한 존재가 될 수밖에 없다.

③ 인간을 포함한 모든 동물은 삶에 대한 본능적 의지인 코나투스를 가지고 있다.

④ 욕망은 채우고 채워도 완전히 충족될 수 없으므로 욕망의 결핍이 주는 고통으로부터 벗어나기 위해 욕망을 절제해야 한다.

⑤ 타자와의 관계 속에서 촉발되는 감정에 휘둘릴 수 있으므로 자신의 욕망에 대한 주체적 태도를 지녀야 한다.

07 다음 글을 읽고, 뒤르켐이 헤겔에게 비판할 수 있는 주장으로 가장 적절한 것은?

시민 사회라는 용어는 17세기에 등장했지만 19세기 초에 이를 국가와 구분하여 개념적으로 정교화한 인물이 헤겔이다. 그가 활동하던 시기에 유럽의 후진국인 프러시아에는 절대주의 시대의 잔재가 아직 남아 있었다. 산업 자본주의도 미성숙했던 때여서 산업화를 추진하고 자본가들을 육성하며 심각한 빈부 격차나 계급 갈등 등의 사회 문제를 해결해야 하는 시대적 과제가 있었다. 그는 사익의 극대화가 국부를 증대해준다는 점에서 공리주의를 긍정했으나 그것이 시민 사회 내에서 개인들의 무한한 사익 추구가 일으키는 빈부 격차나 계급 갈등을 해결할 수는 없다고 보았다. 그는 시민 사회가 개인들의 사적 욕구를 추구하며 살아가는 생활 영역이 자 그 욕구를 사회적 의존 관계 속에서 추구하게 하는 공동체적 윤리성의 영역이어야 한다고 생각했다. 특히 시민 사회 내에서 사익 조정과 공익 실현에 기여하는 직업 단체와 복지 및 치안 문제를 해결하는 복지 행정 조직의 역할을 설정하면서, 이 두 기구가 시민 사회를 이상적인 국가로 이끌 연결 고리가 될 것으로 기대했 다. 하지만 빈곤과 계급 갈등은 시민 사회 내에서 근원적으로 해결될 수 없는 것이었다. 따라서 그는 국가를 사회 문제를 해결하고 공적 질서를 확립할 최종 주체로 설정하면서 시민 사회가 국가에 협력해야 한다고 생 각했다.

한편 1789년 프랑스 혁명 이후 프랑스 사회는 혁명을 이끌었던 계몽주의자들의 기대와는 다른 모습을 보이 고 있었다. 사회는 사익을 추구하는 파편화된 개인들의 각축장이 되어 있었고 빈부 격차와 계급 갈등은 격화 된 상태였다. 이러한 혼란을 극복하기 위해 노동자 단체와 고용주 단체 모두를 불법으로 규정한 르샤폴리에 법이 1791년부터 약 90년간 시행되었으나, 이 법은 분출되는 사익의 추구를 억제하지도 못하면서 오히려 프랑스 시민 사회를 극도로 위축시켰다.

뒤르켐은 이러한 상황을 아노미, 곧 무규범 상태로 파악하고 최대 다수의 최대 행복을 표방하는 공리주의가 사실은 개인의 이기심을 전제로 하고 있기에 아노미를 조장할 뿐이라고 생각했다. 그는 사익을 조정하고 공 익과 공동체적 연대를 실현할 도덕적 개인주의의 규범에 주목하면서, 이를 수행할 주체로서 직업 단체의 역 할을 강조하였다. 뒤르켐은 직업 단체가 정치적 중간 집단으로서 구성원의 이해관계를 국가에 전달하는 한편 국가를 견제해야 한다고 보았던 것이다.

① 직업 단체는 정치적 중간 집단의 역할로 빈곤과 계급 갈등을 근원적으로 해결하지 못해요.
② 직업 단체와 복지행정조직이 시민 사회를 이상적인 국가로 이끌어줄 열쇠예요.
③ 국가가 주체이기는 하지만 공동체적 연대의 실현을 수행할 중간 집단으로서의 주체가 필요해요.
④ 국가를 최종 주체로 설정한다면 사익을 조정할 수 있고, 공적 질서를 확립할 수 있어요.
⑤ 공리주의는 개인의 이기심을 전제로 하고 있기 때문에 아노미를 조장할 뿐이에요.

08 다음 글의 빈칸에 들어갈 내용으로 가장 적절한 것은?

탁월함은 어떻게 습득되는가, 그것을 가르칠 수 있는가? 이 물음에 대하여 아리스토텔레스는 지성의 탁월함은 가르칠 수 있지만, 성품의 탁월함은 비이성적인 것이어서 가르칠 수 없고, 훈련을 통해서 얻을 수 있다고 대답한다.

그는 좋은 성품을 얻는 것을 기술을 습득하는 것에 비유한다. 그에 따르면, 리라(Lyra)를 켬으로써 리라를 켜는 법을 배우며 말을 탐으로써 말을 타는 법을 배운다. 어떤 기술을 얻고자 할 때 처음에는 교사의 지시대로 행동한다. 그리고 반복 연습을 통하여 그 행동이 점점 더 하기 쉽게 되고 마침내 제2의 천성이 된다. 이와 마찬가지로 어린아이는 어떤 상황에서 어떻게 행동해야 진실되고 관대하며 예의를 차리게 되는지 일일이 배워야 한다. 훈련과 반복을 통하여 그런 행위들을 연마하다 보면 그것들을 점점 더 쉽게 하게 되고, 결국에는 스스로 판단할 수 있게 된다.

그는 올바른 훈련이란 강제가 아니고 그 자체가 즐거움이 되어야 한다고 지적한다. 또한 그렇게 훈련받은 사람은 일을 바르게 처리하는 것을 즐기게 되고, 일을 바르게 처리하고 싶어하게 되며, 올바른 일을 하는 것을 어려워하지 않게 된다. 이처럼 성품의 탁월함이란 사람들이 '하는 것'만이 아니라 사람들이 '하고 싶어 하는 것'과도 관련된다. 그리고 한두 번 관대한 행동을 한 것으로 충분하지 않으며, 늘 관대한 행동을 하고 그런 행동에 감정적으로 끌리는 성향을 갖고 있어야 비로소 관대함에 관하여 성품의 탁월함을 갖고 있다고 할 수 있다.

다음과 같은 예를 통해 아리스토텔레스의 견해를 생각해 보자. 갑돌이는 성품이 곧고 자신감이 충만하다. 그가 한 모임에 참석하였는데, 거기서 다수의 사람들이 옳지 않은 행동을 한다고 생각했을 때, 그는 다수의 행동에 대하여 비판의 목소리를 낼 것이며 그렇게 하는 데에 별 어려움을 느끼지 않을 것이다. 한편, 수줍어하고 우유부단한 병식이도 한 모임에 참석하였는데, 그 역시 다수의 행동이 잘못되었다는 판단을 했다고 하자. 이런 경우에 병식이는 일어나서 다수의 행동이 잘못되었다고 말할 수 있겠지만, 그렇게 하려면 엄청난 의지를 발휘해야 할 것이고 자신과 힘든 싸움도 해야 할 것이다. 그런데도 병식이가 그렇게 행동했다면 우리는 병식이가 용기있게 행동하였다고 칭찬할 것이다. 그러나 아리스토텔레스가 보기에 성품의 탁월함을 가진 사람은 갑돌이다. 왜냐하면 _____ 우리가 어떠한 사람을 존경할 것인가가 아니라, 우리 아이를 어떤 사람으로 키우고 싶은가라는 질문을 받는다면 우리는 아리스토텔레스의 견해에 가까워질 것이다. 왜냐하면 우리는 우리 아이들을 갑돌이와 같은 사람으로 키우고 싶어 할 것이기 때문이다.

① 그는 내적인 갈등이 없이 옳은 일을 하기 때문이다.
② 그는 옳은 일을 하는 천성을 타고났기 때문이다.
③ 그는 주체적 판단에 따라 옳은 일을 하기 때문이다.
④ 그는 자신이 옳다는 확신을 가지고 옳은 일을 하기 때문이다.
⑤ 그는 다른 사람들의 칭찬을 의식하지 않고 옳은 일을 하기 때문이다.

※ 다음 문장 또는 문단을 논리적 순서대로 바르게 나열한 것을 고르시오. **[9~11]**

09

(가) 이러한 과정에서 문제는 압축 정도가 제한된다는 것이다. 만일 기화된 가솔린에 너무 큰 압력을 가하면 멋대로 점화되어 버리는데 이것이 엔진의 노킹 현상이다.

(나) 이전에 오토가 발명한 가솔린 엔진의 효율은 당시에 무척 떨어졌으며, 널리 사용된 증기 기관의 효율 역시 10%에 불과했고 가동 비용도 많이 드는 단점이 있었다.

(다) 이처럼 디젤 기관은 연료의 품질에 민감하지 않고, 연료의 소비 면에서도 경제성이 뛰어나 오늘날 자동차 엔진용으로 확고한 자리를 잡았다.

(라) 환경론자들이 걱정하는 디젤 엔진의 분진 배출 역시 필터 기술이 발전하면서 점차 극복되고 있다.

(마) 이와 달리 디젤 엔진의 기본 원리는 실린더 안으로 공기만을 흡입하여 피스톤으로 강하게 압축시킨 다음 그 압축 공기에 연료를 분사시켜 저절로 점화되도록 하는 것이다.

(바) 독일의 발명가 루돌프 디젤이 새로운 엔진에 대한 아이디어를 내고 특허를 얻은 것은 1892년의 일이었다.

(사) 또 디젤 엔진은 압축 과정에서 연료가 혼합되지 않기 때문에 가솔린 엔진보다 훨씬 더 높은 25 : 1 정도의 압축 비율을 사용할 수 있다. 압축 비율이 높다는 것은 그만큼 효율이 높다는 것을 의미한다.

(아) 보통의 가솔린 엔진은 기화기에서 공기와 연료를 먼저 혼합하고, 그 혼합 기체를 실린더 속으로 흡입하여 압축한 후, 점화 플러그로 스파크를 일으켜 동력을 얻는다.

① (가) – (라) – (다) – (아) – (나) – (사) – (마) – (바)
② (다) – (라) – (아) – (가) – (마) – (나) – (바) – (사)
③ (마) – (다) – (아) – (나) – (가) – (바) – (라) – (사)
④ (바) – (아) – (가) – (나) – (다) – (사) – (마) – (라)
⑤ (바) – (나) – (아) – (가) – (마) – (사) – (다) – (라)

10

(가) 보통 라면은 일본에서 유래된 것으로 알려졌다. 그러나 우리가 좋아하는 라면과 일본의 라멘은 다르다. 일본의 라멘은 하나의 '요리'로서 위치하고 있으며, 처음에 인스턴트 라면이 발명된 것은 라멘을 휴대하고 다니면서 어떻게 하면 쉽게 먹을 수 있을까 하는 발상에서 기인한다. 그러나 한국의 라면은 그렇지 않다.

(나) 일본의 라멘이 고기 육수를 통한 맛을 추구한다면, 한국의 인스턴트 라면에서 가장 중요한 특징은 '매운 맛'이다. 한국의 라면은 매운맛을 좋아하는 한국 소비자의 입맛에 맞춰 변화되었다.

(다) 이렇게 한국의 라면이 일본 라멘과 전혀 다른 모습을 보이면서, 라멘과 한국의 라면은 독자적인 영역을 만들어내기 시작했고, 당연히 해외에서도 한국의 라면은 라멘과 달리 나름대로 마니아층을 만들어내고 있다.

(라) 한국의 라면은 요리라기보다는 일종의 간식으로서 취급되며, '일본 라멘의 간소화'로 인스턴트 라면과는 그 맛도 다르다. 이는 일본의 라멘이 어떠한 맛을 추구하고 있는지에 대해서 생각해 보면 알 수 있다.

① (가) – (다) – (나) – (라)
② (가) – (라) – (나) – (다)
③ (가) – (라) – (다) – (나)
④ (라) – (가) – (나) – (다)
⑤ (라) – (가) – (다) – (나)

11

(가) 매년 수백만 톤의 황산이 애팔래치아 산맥에서 오하이오 강으로 흘러들어 간다. 이 황산은 강을 붉게 물들이고 산성으로 변화시킨다. 이렇듯 강이 붉게 물드는 것은 티오바실러스라는 세균으로 인해 생성된 침전물 때문이다. 철2가 이온(Fe^{2+})과 철3가 이온(Fe^{3+})의 용해도가 이러한 침전물의 생성에 중요한 역할을 한다.

(나) 애팔래치아 산맥의 석탄 광산에 있는 황철광에는 이황화철(FeS_2)이 함유되어 있다. 티오바실러스는 이황철광에 포함된 이황화철(FeS_2)을 산화시켜 철2가 이온(Fe^{2+})과 강한 산인 황산을 만든다. 이 과정에서 티오바실러스는 일차적으로 에너지를 얻는다. 일단 만들어진 철2가 이온(Fe^{2+})은 티오바실러스에 의해 다시 철3가 이온(Fe^{3+})으로 산화되는데, 이 과정에서 또 다시 티오바실러스는 에너지를 이차적으로 얻는다.

(다) 이황화철(FeS_2)의 산화는 다음과 같이 가속된다. 티오바실러스에 의해 생성된 황산은 황철광을 녹이게 된다. 황철광이 녹으면 황철광 안에 들어 있던 이황화철(FeS_2)은 티오바실러스와 공기 중의 산소에 더 노출되어 화학반응이 폭발적으로 증가하게 된다. 티오바실러스의 생장과 번식에는 이와 같이 에너지의 원료가 되는 이황화철(FeS_2)과 산소 그리고 세포 구성에 필요한 무기질이 꼭 필요하다. 이러한 환경조건이 자연적으로 완비된 광산 지역에서는 일반적인 방법으로 티오바실러스의 생장을 억제하기가 힘들다. 이황화철(FeS_2)과 무기질이 다량으로 광산에 있으므로 이 경우 오하이오 강의 오염을 막기 위한 방법은 광산을 밀폐시켜 산소의 공급을 차단하는 것뿐이다.

(라) 철2가 이온(Fe^{2+})은 강한 산(pH 3.0 이하)에서 물에 녹은 상태를 유지한다. 그러한 철2가 이온(Fe^{2+})은 자연 상태에서 pH 4.0 ~ 5.0 사이가 되어야 철3가 이온(Fe^{3+})으로 산화된다. 놀랍게도 티오바실러스는 강한 산에서 잘 자라고 강한 산에 있는 철2가 이온(Fe^{2+})을 적극적으로 산화시켜 철3가 이온(Fe^{3+})을 만든다. 그리고 물에 녹지 않는 철3가 이온(Fe^{3+})은 다른 무기 이온과 결합하여 붉은 침전물을 만든다. 환경에 영향을 미칠 정도로 다량의 붉은 침전물을 만들기 위해서는 엄청난 양의 철2가 이온(Fe^{2+})과 강한 산이 있어야 한다. 이것들은 어떻게 만들어지는 것일까?

① (가) – (나) – (라) – (다)　　　　② (가) – (라) – (나) – (다)
③ (라) – (가) – (다) – (나)　　　　④ (라) – (나) – (가) – (다)
⑤ (라) – (나) – (다) – (가)

※ 다음 글의 내용으로 가장 적절한 것을 고르시오. [12~14]

12

특허출원이란 발명자가 자신의 발명을 개인 또는 변리사를 통해 특허출원 명세서에 기재한 후 특허청에 등록 여부 판단을 받기 위해 신청하는 행위의 전반을 의미한다. 특허출원은 주로 경쟁자로부터 자신의 제품이나 서비스를 지키기 위해 이루어진다. 그러나 선두업체로 기술적 우위를 표시하기 위해 또는 벤처기업 등의 인증을 받기 위해 이루어지기도 한다. 단순하게 발명의 보호를 받아 타인의 도용을 막는 것뿐만 아니라 다양한 이유로 진행되고 있는 것이다.

특허출원 시에는 특허출원서와 특허명세서를 제출해야 한다. 특허출원서는 출원인 정보, 발명자 정보 등의 서지사항을 기재하는 문서이며, 특허명세서는 발명의 구체적인 내용을 기재하는 문서이다. 특허명세서에는 발명의 명칭, 발명의 효과, 발명의 실시를 위한 구체적인 내용, 청구범위, 도면 등의 항목들을 작성하는데, 이때 권리로 보호받고자 하는 사항을 기재하는 청구범위가 명세서의 가장 핵심적인 부분이 된다. 청구범위를 별도로 구분하는 이유는 특허등록 후 권리 범위가 어디까지인지 명확히 구분하기 위한 것이다. 청구범위가 존재하지 않는다면 상세한 설명으로 권리 범위를 판단해야 하는데, 권리 범위가 다양하게 해석된다면 분쟁의 원인이 될 수 있다.

특허를 출원할 때 많은 부분을 보호받고 싶은 마음에 청구범위를 넓게 설정하는 경우가 있다. 그러나 이는 다른 선행기술들과 저촉되는 일이 발생하게 되므로 특허가 거절될 가능성이 매우 높아진다. 그렇다고 특허등록 가능성을 높이기 위해 청구범위를 너무 좁게 설정해서도 안 된다. 청구범위가 좁을 경우 특허등록 가능성은 높아지지만, 보호 범위가 좁아져 제3자가 특허 범위를 회피할 가능성이 높아지게 된다. 따라서 기존에 존재하는 선행기술에 저촉되지 않는 범위 내에서 청구범위를 설정하는 것이 중요하다.

① 자신의 발명을 특허청에 등록하기 위해서는 반드시 본인이 특허출원 명세서를 기재해야 한다.

② 기업체의 특허출원은 타사로부터의 기술 도용을 방지하기 위한 것일 뿐 이를 통해 기술적 우위를 나타낼 순 없다.

③ 특허출원서는 발명의 명칭, 발명의 효과, 청구범위 등의 항목을 모두 작성하여야 한다.

④ 청구범위가 넓으면 특허등록의 가능성이 줄어들고, 좁으면 특허등록 가능성이 커진다.

⑤ 청구범위가 넓을 경우 제3자가 특허 범위를 회피할 가능성이 높아지게 된다.

13 논리는 증명하지 않고도 참이라고 인정하는 명제, 즉 공리를 내세우면서 출발한다. 따라서 모든 공리는 그로부터 파생되는 수많은 논리체계의 기초를 이루고, 이들로부터 끌어낸 정리는 논리체계의 상부구조를 이룬다. 이때, 각각의 공리들은 서로 모순이 없어야만 존재할 수 있다.

공리라는 개념은 고대 그리스의 수학자 유클리드로부터 출발한다. 유클리드는 그의 저서 『원론』에서 다음과 같은 5개의 공리를 세웠다. 첫째, 동일한 것의 같은 것은 서로 같다(A=B, B=C이면 A=C). 둘째, 서로 같은 것에 같은 것을 각각 더하면 그 결과는 같다(A=B이면 A+C=B+C). 셋째, 서로 같은 것에서 같은 것을 각각 빼면 그 결과는 같다(A=B이면 A−C=B−C). 넷째, 서로 일치하는 것은 서로 같다. 다섯째, 전체는 부분보다 더 크다. 수학이란 진실만을 다루는 가장 논리적인 학문이라고 생각했던 유클리드는 공리를 기반으로 명제들이 왜 성립될 수 있는가를 증명하였다.

공리를 정하고 이로부터 끌어낸 명제가 참이라는 믿음은 이후로도 2천 년이 넘게 이어졌다. 19세기 말 수학자 힐베르트는 유클리드의 이론을 보완하여 기하학의 5개 공리를 재구성하고 현대 유클리드 기하학의 체계를 완성하였다. 나아가, 힐베르트는 모든 수학적 명제는 모순이 없고 독립적인 공리 위에 세워진 논리체계 안에 있으며, 이러한 공리의 무모순성과 독립성을 실제로 증명할 수 있다고 예상했다. 직관을 버리고 오로지 연역 논리에 의한 체계의 완성을 추구했던 것이다.

그러나 그로부터 30여 년 후, 괴델은 '수학은 자신의 무모순성을 스스로 증명할 수 없다.'라는 사실을 수학적으로 증명하기에 이르렀다. 그는 '참이지만 증명할 수 없는 명제가 존재한다.'와 '주어진 공리와 규칙만으로 일관성과 무모순성을 증명할 수 없다.'라는 형식체계를 명시하였다. 괴델의 이러한 주장은 힐베르트의 무모순성과 완전성의 공리주의를 부정하는 것이었기에 수학계를 발칵 뒤집어놓았다. 기계적인 방식으로는 수학의 모든 사실을 만들어낼 수 없다는 괴델의 불완전성의 정리는 가장 객관적인 학문으로 인식됐던 수학의 체면을 구기는 오점처럼 보이기도 한다. 그러나 한편으로 수학의 응용이 가능해지면서 다른 학문과의 융합이 이루어졌고, 이후 물리학, 논리학을 포함한 각계의 수많은 학자들에게 영감을 주었다.

① 공리의 증명 가능성을 인정하였다는 점에서 유클리드와 힐베르트는 공통점이 있다.
② 힐베르트는 유클리드와 달리 공리체계의 불완전성을 인정하였다.
③ 유클리드가 정리한 명제들은 괴델에 의해 참이 아닌 것으로 판명되었다.
④ 괴델은 공리의 존재를 인정했지만, 자체 체계만으로는 무모순성을 증명할 수 없다고 주장하였다.
⑤ 괴델 이후로 증명할 수 없는 수학적 공리는 참이 아닌 것으로 간주되었다.

14

『대학』은 본래 『예기(禮記)』의 편명(篇名) 중 하나에 해당하였는데, 남송의 주희(朱熹)가 번성하던 불교와 도교에 맞서 유학의 새로운 체계를 집대성하면서 『대학』의 장구(章句)와 주석을 낸 뒤, 『대학』이 사서(四書)의 하나로 격상되면서 삼강령·팔조목이 사용되기 시작했다.

삼강령·팔조목은 『대학』, 즉 큰 학문을 이루어가는 과정으로 횡적으로는 삼강령과 팔조목이 서로 독립된 항목이지만, 종적으로는 서로 밀접한 관계를 형성하고 있어 한 항목이라도 없으면 과정에 차질이 생기게 된다.

그러나 『대학』은 처음부터 삼강령·팔조목으로 설정하여 엮은 것이 아니다. 다만 후학들의 이해에 도움이 되게 하기 위하여 편의상 분류한 것이기 때문에 입장에 따라 얼마든지 다르게 볼 수 있다. 삼강령 중 명명덕과 신민은 본말(本末)의 관계에 있으며, 지어지선은 명명덕과 친민이 지향하는 표적(標的)이다. 또한, 팔조목 가운데 격물·치지·성의·정심·수신, 이 다섯 조목은 명덕을 밝히는 것들이고, 제가·치국·평천하는 백성의 명덕을 밝혀 백성과 한마음이 되는 것이다. 또한, 격물·치지를 함으로써 지선의 소재를 인식하게 되고, 성의·정심·수신·제가·치국·평천하를 함으로써 지선을 얻어 머무르게 된다.

삼강령·팔조목의 각각에 대한 내용을 보자면, 『대학』의 근본사상을 구체적으로 표현한 세 가지 커다란 줄기라는 뜻의 삼강령 중 그 첫 번째는 명명덕(明明德)이다. 명명덕은 천하에 명덕을 밝힌다는 의미로, 명덕이란 본래부터 타고난 선한 본성을 말한다. 두 번째는 신민(親民)으로, 백성을 새롭게 한다는 의미이다. 사람들을 나누면 먼저 깨닫고 아는 사람과 나중에 깨달아 아는 사람이 있으므로, 먼저 깨달은 사람이 그것을 다른 사람에게 베풀어 그들도 함께 태어나도록 인도해야 할 의무를 가리킨다. 그리고 세 번째인 지어지선(止於至善)은 지선(지극히 선한 곳, 인간이 추구하는 가장 이상적인 세계)에 도달하는 것을 목표로 삼는다는 의미이다. 이 삼강령을 완성하게 되면 도덕성 각성과 실천으로 충만하게 된다.

또한, 이를 실천하기 위한 여덟 가지 항목인 팔조목은 앎의 단계인 격물, 치지를 거쳐, 실천의 단계인 성의, 정심, 수신을 거친다. 그리고 마지막으로 백성을 다스리는 단계인 제가, 치국, 평천하를 거치게 된다. 우선 첫 번째로 격물(格物)은 천하 사물의 이치를 깊이 파고들어 모든 것에 이르지 않는 데가 없게 하는 것이다. 그리고 두 번째인 치지(致知)는 앎을 완성한다는 뜻으로 사물의 이치를 인식하는 마음이 있고, 사물에는 객관적 이치가 있기에 격물치지(格物致知)가 가능해진다. 세 번째 성의(誠意)는 선을 따르는 각 개인의 마음과 뜻을 성실히 유지하는 것이며, 네 번째 정심(正心)은 마음을 올바르게 하는 것으로, 마음을 바로잡아야 몸도 바로 설 수 있기에 마음을 바로 해야 바른 인식과 행동이 가능해진다. 다섯 번째 수신(修身)은 몸을 바르게 닦는 일로, 자신의 단점을 알고 보완하는 인격 수양을 뜻하며, 여섯 번째 제가(齊家)는 집안의 질서를 바로잡는 것으로, 인간의 개인윤리가 사회윤리로 전환하는 단계이다. 그리고 일곱 번째 치국(治國)은 나라를 바르게 다스리는 것으로, 집안을 잘 다스리는 것은 나라를 잘 다스리는 것과 같으며, 마지막인 평천하(平天下)는 온 세상을 평안하게 다스리면 나라가 평안해 지는 것을 말한다. 이는 반드시 순서에 따라 이루어지는 것은 아니며, 서로 유기적으로 연관되어 있는 것이므로 함께 또는 동시에 갖추어야 할 실천 항목이라 볼 수 있다.

① 삼강령과 팔조목은 『대학』이 『예기』에 속해있을 때부터 사용되기 시작하였다.

② 삼강령과 팔조목은 서로 밀접한 관계를 형성하고 있기에, 각각을 분리한다면 그 이치를 바로 볼 수 없다.

③ 삼강령은 대학의 근본사상을, 팔조목은 이를 실천하기 위한 항목을 나타낸 것이다.

④ 격물과 치지를 함으로써 백성의 명덕을 밝혀 백성과 한마음이 될 수 있다.

⑤ 팔조목은 서로 유기적으로 연관되어 있으므로 반드시 순서에 따라 이루어져야 삼강령을 실천할 수 있다.

15 다음 글을 읽고 각 문단에 대해 설명한 내용으로 적절하지 않은 것은?

(가) 질서란 무엇인가? 질서란 어떻게 생겨나는 것인가? 사전적인 의미에서 본 질서는 '사물 또는 사회가 올바른 상태를 유지하기 위해서 지켜야 할 일정한 차례나 규칙'을 말한다. 여기서 질서는 이상적인 상태나 상황을 가정하고 이것을 달성하기 위한 행동 규율이나 규범을 뜻한다.

(나) 이 같은 의미에서 질서에 가장 적합한 사례로 교통질서를 들 수 있다. 교통질서에는 모든 사람이 이루고 싶어 하는 바람직하고 이상적인 상태나 상황이 존재한다. 교통질서의 바람직한 상태란 보행자나 운전자가 교통 법규를 잘 지켜 교통사고가 없고, 교통 흐름이 원활하게 이루어지는 상태를 말한다. 바람직한 교통질서를 이루기 위해 우리는 무엇을 하는가? 사람들은 바람직한 교통질서를 이루기 위해 여러 가지 제도나 규칙을 만든다. 그리고 정해진 법규를 지키도록 유도하거나 공권력을 동원해 이를 지키도록 강요한다.

(다) 시장질서도 교통질서와 비슷한 것일까? 시장질서가 목표로 하는 바람직하고 이상적인 상태나 상황이 존재하는 것일까? 시장 경제의 참여자가 지켜야 할 규칙은 존재하는 것일까? 만약 규칙이 존재한다면, 이 것은 인간들이 인위적으로 만들어 낸 것일까? 시장질서는 시장에 참여하고 있는 사람들이 자신이 할 수 없는 행동 영역을 제외한 범위 내에서 가장 유리한 행동을 선택한 결과 자연스럽게 이루어진 질서이다. 따라서 시장질서는 흔히 자발적이고 자연스럽게 만들어진 질서라는 의미에서 '자생적 혹은 자발적 질서'라고 부른다.

(라) 교통질서와 시장질서는 몇 가지 점에서 뚜렷하게 구분된다. 우선 교통질서에는 대부분의 사람들이 합의하는 바람직한 상태나 상황이 존재한다. 하지만 시장질서는 바람직한 상태나 상황을 정확하게 정의하기에는 너무나 복잡하다. 시장질서는 시장에 참여한 수많은 사람들의 상호 작용의 결과로 생겨나는 것이기 때문에 우리의 한정된 이성(理性)으로 이상적인 상태나 상황을 가정하기에는 너무 복잡하다.

(마) 물론 교통질서와 시장질서는 공통점도 가지고 있다. 시장에 참여한 사람들은 무한한 자유를 가질 수 없다. 그들 역시 교통질서를 이루는 데 참여한 사람들처럼 일정한 규칙을 준수해야 한다. 따라서 시장 경제에 참여한 사람들이 누리는 자유는 '절제된 자유' 혹은 '규율이 있는 자유'라 할 수 있으며, 이는 존재하는 규칙을 준수하는 범위 내에서의 자유라 할 수 있다. 교통질서나 시장질서에 참여한 모든 사람들의 자유는 일정한 규칙을 준수한다는 의미에서 비슷하다.

① (가) – 질서의 특징에 대해 구체적 예를 들어 설명하고 있다.
② (나) – 질서의 개념에 대해 교통질서를 연결시켜 설명하고 있다.
③ (다) – 시장질서의 형성 과정을 문답식으로 설명하고 있다.
④ (라) – 교통질서와 시장질서의 차이점을 비교하고 있다.
⑤ (마) – 교통질서와 시장질서의 공통점을 비교하고 있다.

※ 다음 글을 읽고 추론한 내용으로 적절하지 않은 것을 고르시오. [16~17]

16

과학자들은 알코올이 뇌에 흡수됐을 때에도 유사한 상황이 전개된다고 보고 있다. 알코올이 뇌의 보상중추 안의 신경세포를 자극해 신경전달물질인 도파민을 분출하게 한다는 것. 도파민은 보상을 담당하고 있는 화학 물질이다. 이 '기쁨의 화학 물질'은 술을 마시고 있는 사람의 뇌에 지금 보상을 받고 있다는 신호를 보내 음주 행위를 계속하도록 만든다. 이 신호가 직접 전달되는 곳은 뇌의 보상중추인 복측 피개영역(VTA; Ventral Tefmental Area)이다. 과학자들은 VTA에 도파민이 도달하면 신경세포 활동이 급격히 증가하면서 활발해지는 것을 발견했다. 그러나 도파민이 '어떤 경로'를 거쳐 VTA에 도달하는지는 아직 밝혀내지 못하고 있었다. 이 경로를 일리노이대 후성유전학 알코올 연구센터에서 밝혀냈다. 연구팀은 쥐 실험을 통해 VTA에 있는 칼륨채널과 같은 기능이 작동하는 것을 알아냈다. 칼륨채널이란 세포막에 있으면서 칼륨이온을 선택적으로 통과시키는 일을 하고 있는 것으로 생각되고 있는 경로를 말한다. 연구 결과에 따르면 뇌에 들어간 알코올 성분이 'KCNK13'이란 명칭이 붙여진 이 채널에 도달해 도파민 분비를 촉진하도록 압박을 가하는 것으로 밝혀졌다. 일리노이 의과대학의 마크 브로디 교수는 "알코올에 의해 강하게 압력을 받은 'KCNK13채널'이 신경세포들로 하여금 더 많은 도파민을 분비하도록 촉진하는 일을 하고 있었다."며 "이 활동을 차단할 수 있다면 폭음을 막을 수 있을 것"이라고 말했다. 일리노이대 연구팀은 이번 연구를 위해 KCNK13채널의 크기와 활동량을 보통 쥐보다 15% 축소한 쥐를 유전자 복제했다. 그리고 알코올을 제공한 결과 보통의 쥐보다 30%나 더 많은 양의 알코올을 폭음하기 시작했다. 브로디 교수는 "이 동물 실험을 통해 KCNK13채널의 활동량이 작은 쥐일수록 도파민 분비로 인한 더 많은 보상을 획득하기 위해 더 많은 알코올을 원하고 있다는 사실을 확인할 수 있었다."라고 말했다.

① 뇌는 알코올을 보상으로 인식한다.
② KCNK13채널의 크기와 활동량을 15% 축소하면 쥐가 더 많은 알코올을 폭음한다.
③ 일리노이대에서 밝혀내기 이전에는 도파민이 VTA에 도달하는 경로를 알지 못했다.
④ VTA에 도파민이 도달하면 음주 행위를 계속할 가능성이 높다.
⑤ KCNK13채널이 도파민을 촉진하는 활동을 차단할 수 있는 약을 개발하였다.

17

인류는 미래의 에너지로 청정하고 고갈될 염려가 없는 풍부한 에너지를 기대하며 신재생에너지인 태양광과 풍력에너지에 많은 기대를 걸고 있다. 그러나 태양광이나 풍력으로는 화력발전을 통해 생산되는 전력 공급량을 대체하기 어렵고, 기상 환경에 많은 영향을 받는다는 점에서 한계가 있다. 이에 대한 대안으로 많은 전문가들은 '핵융합 에너지'에 기대를 걸고 있다.

핵융합발전은 핵융합 현상을 이용하는 발전 방식으로, 핵융합은 말 그대로 원자의 핵이 융합하는 것을 말한다. 우라늄의 원자핵이 분열하면서 방출되는 에너지를 이용하는 원자력발전과 달리, 핵융합발전은 수소 원자핵이 융합해 헬륨 원자핵으로 바뀌는 과정에서 방출되는 에너지를 이용해 물을 가열하고 수증기로 터빈을 돌려 전기를 생산한다.

핵융합발전이 다음 세대를 이끌어갈 전력 생산 방식이 될 수 있는 이유는 인류가 원하는 에너지원의 조건을 모두 갖추고 있기 때문이다. 우선 연료가 거의 무한대라고 할 수 있을 정도로 풍부하다. 핵융합발전에 사용되는 수소는 일반적인 수소가 아닌 수소의 동위원소로, 지구의 70%를 덮고 있는 바닷물을 이용해서 얼마든지 생산할 수 있다. 게다가 적은 연료로 원자력발전에 비해 훨씬 많은 에너지를 얻을 수 있다. 1g으로 석유 8톤(t)을 태워서 얻을 수 있는 전기를 생산할 수 있고, 원자력발전에 비하면 같은 양의 연료로 3 ~ 4배의 전기를 생산할 수 있다.

무엇보다 오염물질을 거의 배출하지 않는 점이 큰 장점이다. 미세먼지와 대기오염을 일으키는 오염물질은 전혀 나오지 않고 오직 헬륨만 배출된다. 약간의 방사선이 방출되지만, 원자력발전에서 배출되는 방사성 폐기물에 비하면 거의 없다고 볼 수 있을 정도다.

핵융합발전은 안전 문제에서도 자유롭다. 원자력발전은 수개월 혹은 1년 치 연료를 원자로에 넣고 연쇄적으로 핵분열 반응을 일으키는 방식이라 문제가 생겨도 당장 가동을 멈춰 사태가 악화되는 것을 막을 수 없다. 하지만 핵융합발전은 연료가 아주 조금 들어가기 때문에 문제가 생겨도 원자로가 녹아내리는 것과 같은 대형 재난으로 이어지지 않는다. 문제가 생기면 즉시 핵융합 반응이 중단되고 발전장치가 꺼져버린다. 핵융합 반응을 제어하는 일이 극도로 까다롭기 때문에 오히려 발전장치가 꺼지지 않도록 정밀하게 제어하는 것이 중요하다.

현재 세계 각국은 각자 개별적으로 핵융합발전 기술을 개발하는 한편 프랑스 남부 카다라슈 지역에 '국제핵융합실험로(ITER)'를 건설해 공동으로 실증 실험을 할 준비를 진행하고 있다. 한국과 유럽연합(EU), 미국, 일본, 러시아, 중국, 인도 등 7개국이 참여해 구축하고 있는 ITER는 2025년 12월 완공될 예정이며, 2025년 이후에는 그동안 각국이 갈고 닦은 기술을 적용해 핵융합 반응을 일으켜 상용화 가능성을 검증하게 된다. 불과 10년 내로 세계 전력산업의 패러다임을 바꾸는 역사적인 핵융합 실험이 지구상에서 이뤄지게 되는 것이다.

① 핵융합발전이 태양열발전보다 더 많은 양의 전기를 생산할 수 있다.
② 핵융합발전과 원자력발전은 원자의 핵을 다르게 이용한다는 점에서 차이가 있다.
③ 같은 양의 전력 생산을 목표로 한다면 원자력발전의 연료비는 핵융합발전의 3배 이상이다.
④ 헬륨은 대기오염을 일으키는 오염물질에 해당하지 않는다.
⑤ 핵융합발전에는 발전장치를 제어하는 사람의 역할이 중요하다.

18 다음 글의 뒤에 이어질 내용으로 가장 적절한 것은?

최근 화제가 되고 있는 무인 항공기 드론은 카메라, 센서, 통신시스템 등이 탑재돼 있고 무선 전파로 조종이 가능하며, 그 무게는 25g부터 1,200kg까지 다양하다. 처음에는 군사용으로 만들어졌지만 최근엔 고공 촬영이나 배달에도 활용되며, 값싼 키덜트 제품으로도 사랑받고 있다.

군사용 무인항공기로 개발된 드론은 2000년대 초반에 등장했다. 초창기에는 공군의 미사일폭격 연습 대상으로 쓰였는데, 점차 정찰기와 공격기로 용도가 확장됐다. 조종사가 탑승하지 않아도 운행이 가능하므로 2000년대 중반부터 미국에서는 드론이 폭격 등을 위한 군사용 무기로 적극 활용되었다.

군 외에도 전 세계의 여러 기업들이 최근 드론 기술 개발에 심혈을 기울이고 있다. 아마존은 2013년 12월 택배직원이 하던 일을 드론이 대신하는 배송 시스템 '프라임 에어'를 공개했으며, 이를 위해 드론을 개발하는 연구원을 대거 고용했다. 또한, 글로벌 기업 외에 신문・방송업계나 영화제작사 등에서도 드론에 많은 관심을 보이고 있다. 언론사에서는 이른바 '드론 저널리즘'을 표방하며 스포츠 중계부터 재해 현장 촬영, 탐사보도까지 드론을 활발히 사용하고 있다. 드론에 카메라를 탑재하여 그동안 지리적인 한계나 안전상의 이유로 가지 못했던 장소를 생생하게 렌즈에 담을 수 있고, 과거에 활용하던 항공촬영에 비해 비용을 아낄 수 있다는 장점이 있다.

드론에 대한 관심은 배달 업계에서도 나타나고 있다. 영국 도미노피자는 2014년 6월 드론을 이용해 피자를 배달하는 모습을 유튜브에 공개했다. 도미노피자는 법적 규제가 완화되면, 몇 년 안에 드론을 실제 배달 서비스에 쓸 계획이라고 한다.

최근엔 개인을 겨냥한 드론도 나오고 있다. RC마니아나 키덜트족을 공략한 제품이 주로 출시되고 있으며, 셀카를 찍을 수 있는 드론도 등장하고 있다. 이처럼 일반 소비자층을 겨냥한 드론은 앞으로 꾸준히 늘어날 것으로 보인다. 국내에서도 방위산업체나 중소기업, 택배업체 등 최근 드론에 관심을 보이고 있는 이들이 많지만 아직까지는 드론이 항공기로 분류되어 있고, 법도 기존 군사용이나 공적인 업무로 사용하던 것 중심으로 제정돼 있어 여러 가지로 제약이 따른다. 따라서 드론을 상업용으로 확장하여 사용하려면 관련 규정 및 법이 개정되어야 할 필요가 있다. 이러한 상황은 비단 한국뿐 아니라 북미나 유럽 지역에서도 비슷하게 나타나고 있다.

드론은 유용한 것은 사실이나 장점만 있는 것은 아니다. 드론에 위험물질을 넣어 테러에 악용할 수도 있고, 해킹을 당할 수도 있다. 또한, 촬영용 드론이 많아질수록 사생활 침해 위협도 늘어난다.

① 일상생활에서 사용되는 드론의 사례
② 국내 드론의 개발 진척 상황
③ 드론의 군사적 활용 사례
④ 드론의 단점과 장점
⑤ 드론 사용과 관련한 법적 제한의 필요성

19

게임 중독세는 세금 징수의 당위성이 인정되지 않는다. 세금으로 특별 목적 기금을 조성하려면 검증을 통해 그 당위성을 인정할 수 있어야 한다. (가) 담배에 건강 증진 기금을 위한 세금을 부과하는 것은 담배가 건강에 유해한 요소들로 이루어져 있다는 것이 의학적으로 증명되어 세금 징수의 당위성이 인정되기 때문이다. (나) 하지만 게임은 유해한 요소들로 이루어져 있다는 것이 의학적으로 증명되지 않았다.

게임 중독세는 게임 업체에 조세 부담을 과도하게 지우는 것이다. 게임 업체는 이미 매출에 상응하는 세금을 납부하고 있는데, 여기에 게임 중독세까지 내도록 하는 것은 지나치다. (다) 또한 스마트폰 사용 중독 등에 대해서는 세금을 부과하지 않는데, 유독 게임 중독에 대해서만 세금을 부과하는 것은 형평성에 맞지 않는다. 게임 중독세는 게임에 대한 편견을 강화하여 게임 업체에 대한 부정적 이미지만을 공식화한다. 게임 중독은 게임 이용자의 특성이나 생활환경 등이 원인이 되어 발생하는 것이지 게임 자체에서 비롯되는 것은 아니다. (라) 게임 중독이 이용자 개인의 책임이 큰 문제임에도 불구하고 게임 업체에 징벌적 세금을 물리는 것은 게임을 사회악으로 규정하고 게임 업체에 사회 문제를 조장하는 기업이라는 낙인을 찍는 것이다. (마)

───〈보기〉───

카지노, 복권 등 사행 산업을 대상으로 연 매출의 일부를 세금으로 추가 징수하는 경우가 있긴 하지만, 게임 산업은 문화 콘텐츠 산업이지 사행 산업이 아니다.

① (가) ② (나)
③ (다) ④ (라)
⑤ (마)

20

전국(戰國) 시대의 사상계가 양주(楊朱)와 묵적(墨翟)의 사상에 경도되어 유학의 영향력이 약화되고 있다고 판단한 맹자(孟子)는 유학의 수호자를 자임하면서 공자(孔子)의 사상을 계승하는 한편, 다른 학파의 사상적 도전에 맞서 유학 사상의 이론화 작업을 전개하였다. 그는 공자의 춘추(春秋) 시대에 비해 사회 혼란이 가중되는 시대적 환경 속에서 사회 안정을 위해 특히 '의(義)'의 중요성을 강조하였다.

맹자가 강조한 '의'는 공자가 제시한 '의'에 대한 견해를 강화한 것이었다. 공자는 사회 혼란을 치유하는 방법을 '인(仁)'의 실천에서 찾고, '인'의 실현에 필요한 객관 규범으로서 '의'를 제시하였다. 공자가 '인'을 강조한 이유는 자연스러운 도덕 감정인 '인'을 사회 전체로 확산했을 때 비로소 사회가 안정될 것이라고 보았기 때문이다. 이때 공자는 '의'를 '인'의 실천에 필요한 합리적 기준으로서 '정당함'을 의미한다고 보았다. **(가)**

맹자는 공자와 마찬가지로 혈연관계에서 자연스럽게 드러나는 도덕 감정인 '인'의 확산이 필요함을 강조하면서도, '의'의 의미를 확장해 '의'를 '인'과 대등한 지위로 격상했다. **(나)** 그는 부모에게 효도하는 것은 '인'이고, 형을 공경하는 것은 '의'라고 하여 '의'를 가족 성원 간에도 지켜야 할 규범이라고 규정하였다. 그리고 나의 형을 공경하는 것에서 시작하여 남의 어른을 공경하는 것으로 나아가는 유비적 확장을 통해 '의'를 사회 일반의 행위 규범으로 정립하였다. **(다)** 나아가 그는 '의'를 개인의 완성 및 개인과 사회의 조화를 위해 필수적인 행위 규범으로 설정하였고, 사회 구성원으로서 개인은 '의'를 실천하여 사회 질서 수립과 안정에 기여해야 한다고 주장하였다. **(라)**

또한 맹자는 '의'가 이익의 추구와 구분되어야 한다고 주장하였다. 이러한 입장에서 그는 사적인 욕망으로부터 비롯된 이익의 추구는 개인적으로는 '의'의 실천을 가로막고, 사회적으로는 혼란을 야기한다고 보았다. 특히 작은 이익이건 천하의 큰 이익이건 '의'에 앞서 이익을 내세우면 천하는 필연적으로 상하 질서의 문란이 초래될 것이라고 역설하였다. **(마)**

〈보기〉

그래서 그는 사회 안정을 위해 사적인 욕망과 결부된 이익의 추구는 '의(義)'에서 배제되어야 한다고 주장하였다.

① (가)   ② (나)
③ (다)   ④ (라)
⑤ (마)

※ 다음 명제가 참일 때, 빈칸에 들어갈 명제로 가장 적절한 것을 고르시오. **[1~4]**

01

> • 술을 많이 마시면 간에 무리가 간다.
> • _____
> • 스트레스를 많이 받으면 술을 많이 마신다.
> • 그러므로 운동을 꾸준히 하지 않으면 간에 무리가 간다.

① 운동을 꾸준히 하지 않아도 술을 끊을 수 있다.
② 간이 건강하다면 술을 마실 수 있다.
③ 술을 마시지 않는다는 것은 스트레스를 주지 않는다는 것이다.
④ 스트레스를 많이 받지 않는다는 것은 운동을 꾸준히 했다는 것이다.
⑤ 운동을 꾸준히 한다고 해도 스트레스를 많이 받지 않는다는 것은 아니다.

02

> • 모든 식물은 광합성을 한다.
> • _____
> • 그러므로 사과나무는 광합성을 한다.

① 사과나무는 햇빛을 좋아한다.
② 광합성을 하지 않으면 식물이 아니다.
③ 사과나무는 식물이다.
④ 사과나무에서 사과가 열린다.
⑤ 사과는 식물의 열매이다.

03

> • 영화를 좋아하는 사람은 드라마를 싫어한다.
> • _____
> • 그러므로 음악을 좋아하는 사람은 영화를 싫어한다.

① 드라마를 좋아하는 사람은 영화를 싫어한다.
② 영화를 싫어하는 사람은 드라마를 좋아한다.
③ 드라마를 싫어하는 사람은 음악을 싫어한다.
④ 드라마를 좋아하는 사람은 음악을 싫어한다.
⑤ 음악을 싫어하는 사람은 드라마를 좋아한다.

04

> • 회사원은 야근을 한다.
> • _____
> • 늦잠을 자지 않는 사람은 회사원이 아니다.

① 회사원이 아니면 야근을 하지 않는다.
② 늦잠을 자면 회사원이다.
③ 야근을 하지 않는 사람은 늦잠을 잔다.
④ 야근을 하는 사람은 늦잠을 잔다.
⑤ 회사원이면 늦잠을 자지 않는다.

05 진영이가 다니는 유치원에는 서로 다른 크기의 토끼, 곰, 공룡, 기린, 돼지 인형이 있다. 다음에 근거하여 바르게 추론한 것은?

> • 진영이가 좋아하는 인형의 크기가 가장 크다.
> • 토끼 인형은 곰 인형보다 크다.
> • 공룡 인형은 기린 인형보다 작다.
> • 곰 인형은 기린 인형보다는 크지만 돼지 인형보다는 작다.

① 곰 인형의 크기가 가장 작다.
② 기린 인형의 크기가 가장 작다.
③ 돼지 인형은 토끼 인형보다 작다.
④ 토끼 인형은 돼지 인형보다 작다.
⑤ 진영이가 좋아하는 인형은 알 수 없다.

06 L회사는 공장 내 미세먼지 정화설비 A~F 6개 중 일부를 도입하고자 한다. 설비들의 호환성에 따른 도입규칙이 다음과 같을 때, L회사에서 도입할 설비를 모두 고르면?

〈호환성에 따른 도입규칙〉

규칙1. A는 반드시 도입한다.
규칙2. B를 도입하지 않으면 D를 도입한다.
규칙3. E를 도입하면 A를 도입하지 않는다.
규칙4. B, E, F 중 적어도 두 개는 반드시 도입한다.
규칙5. E를 도입하지 않고, F를 도입하면 C는 도입하지 않는다.
규칙6. 최대한 많은 설비를 도입한다.

---

① A, C, E ② A, B, C, E
③ A, B, C, F ④ A, B, D, F
⑤ A, C, D, E, F

07 L회사 근처에는 A~E 5개의 약국이 있으며, 공휴일에는 A~E약국 중 단 2곳만 영업을 한다. 다음 〈조건〉을 참고할 때, 반드시 참인 것은?(단, 한 달간 약국의 공휴일 영업일수는 서로 같다)

〈조건〉

- 이번 달의 공휴일은 총 5일이다.
- 오늘은 세 번째 공휴일이며, 현재 A약국과 C약국이 영업하고 있다.
- D약국은 오늘을 포함하여 이번 달 남은 공휴일에 더 이상 영업하지 않는다.
- E약국은 마지막 공휴일에 영업한다.
- A약국과 E약국은 이번 달 공휴일에 D약국과 함께 이미 한 번씩 영업하였다.

---

① A약국은 이번 달 두 번의 공휴일에 연속으로 영업한다.
② 이번 달 B약국과 E약국이 함께 영업하는 공휴일은 없다.
③ B약국은 두 번째, 네 번째 공휴일에 영업한다.
④ 네 번째 공휴일에 영업하는 약국은 B약국과 C약국이다.
⑤ E약국은 첫 번째, 다섯 번째 공휴일에 영업한다.

08 A고등학교는 부정행위 방지를 위해 1 ~ 3학년이 한 교실에서 같이 시험을 본다. 다음 〈조건〉을 참고할 때, 항상 거짓인 것은?

─〈조건〉─

- 교실에는 책상이 여섯 줄로 되어 있다.
- 같은 학년은 바로 옆줄에 앉지 못한다.
- 첫 번째 줄과 다섯 번째 줄에는 3학년이 앉는다.
- 3학년이 앉은 줄의 수는 1학년과 2학년이 앉은 줄의 합과 같다.

① 2학년은 네 번째 줄에 앉는다.
② 첫 번째 줄과 세 번째 줄의 책상 수는 같다.
③ 3학년의 학생 수가 1학년의 학생 수보다 많다.
④ 여섯 번째 줄에는 1학년이 앉는다.
⑤ 1학년이 두 번째 줄에 앉으면 2학년은 세 번째 줄에 앉는다.

09 L전자의 출근 시각은 오전 9:00이다. J사원, M대리, H과장 세 사람의 시계가 고장나는 바람에 세 사람의 오늘 출근 시각이 평소와 달랐다. 다음 정황으로 미루어보았을 때, J사원, M대리, H과장의 출근 순서로 옳은 것은?

- 각자 자신의 시계를 기준으로 H과장과 J사원은 출근 시각 5분 전에, M대리는 10분 전에 항상 사무실에 도착한다.
- J사원의 시계는 M대리의 시계보다 15분이 느리다.
- H과장의 시계는 J사원의 시계보다 10분 빠르다.
- 첫 번째로 도착한 사람과 두 번째로 도착한 사람, 두 번째로 도착한 사람과 세 번째로 도착한 사람의 시간 간격은 동일하다.
- 가장 빨리 도착한 사람이 회사에 도착한 시각은 9시 5분이다.

① M대리 → H과장 → J사원
② M대리 → J사원 → H과장
③ H과장 → J사원 → M대리
④ H과장 → M대리 → J사원
⑤ J사원 → M대리 → H과장

10 초등학교 담장에 벽화를 그리기 위해 바탕색을 칠하려고 한다. 5개의 벽에 바탕색을 칠해야 하고, 벽은 일자로 나란히 배열되어 있다고 한다. 아래와 같은 조건을 지켜가며 칠한다고 했을 때, 항상 옳은 것은?(단, 칠해야 할 색은 빨간색, 주황색, 노란색, 초록색, 파란색이다)

〈조건〉
- 주황색과 초록색은 이웃해서 칠한다.
- 빨간색과 초록색은 이웃해서 칠할 수 없다.
- 파란색은 양 끝에 칠할 수 없으며, 빨간색과 이웃해서 칠할 수 없다.
- 노란색은 왼쪽에서 두 번째에 칠할 수 없다.

① 노란색을 왼쪽에서 첫 번째에 칠할 때, 주황색은 오른쪽에서 세 번째에 칠하게 된다.
② 칠할 수 있는 경우의 수 중에 한 가지는 주황 – 초록 – 파랑 – 노랑 – 빨강이다.
③ 파란색을 오른쪽에서 두 번째에 칠할 때, 주황색은 왼쪽에서 첫 번째에 칠하게 된다.
④ 주황색은 왼쪽에서 첫 번째에 칠할 수 없다.
⑤ 빨간색은 오른쪽에서 첫 번째에 칠할 수 없다.

11 초콜릿 과자 3개와 커피 과자 3개를 A ~ E 다섯 명이 서로 나누어 먹는다고 할 때, 다음을 읽고 바르게 추론한 것은?

- A와 C는 한 종류의 과자만 먹었다.
- B는 초콜릿 과자 1개만 먹었다.
- C는 B와 같은 종류의 과자를 먹었다.
- D와 E 중 한 명은 두 종류의 과자를 먹었다.

① A는 초콜릿 과자 2개를 먹었다.
② C는 초콜릿 과자 2개를 먹었다.
③ A가 커피 과자 1개를 먹었다면, D와 E 중 한 명은 과자를 먹지 못했다.
④ A가 커피 과자 1개를 먹었다면, D가 두 종류의 과자를 먹었을 것이다.
⑤ A와 D가 같은 과자를 하나씩 먹었다면, E가 두 종류의 과자를 먹었을 것이다.

12 다음 명제를 통해 얻을 수 있는 결론으로 가장 적절한 것은?

> • 클래식을 좋아하는 사람은 고전을 좋아한다.
> • 사진을 좋아하는 사람은 운동을 좋아한다.
> • 고전을 좋아하지 않는 사람은 운동을 좋아하지 않는다.

① 클래식을 좋아하지 않는 사람은 운동을 좋아한다.
② 고전을 좋아하는 사람은 운동을 좋아하지 않는다.
③ 운동을 좋아하는 사람은 클래식을 좋아하지 않는다.
④ 사진을 좋아하는 사람은 고전을 좋아한다.
⑤ 사진을 좋아하는 사람은 클래식을 좋아하지 않는다.

13 다음 명제를 통해 얻을 수 있는 결론으로 적절하지 않은 것은?

> • 어떤 회사의 모든 직원들은 영어, 중국어, 일본어 중 하나의 외국어만을 선택해서 배운다.
> • 모든 남직원들은 중국어를 배운다.
> • 어떤 여직원들은 일본어를 배우지 않는다.

① 이 회사에서 중국어를 배우지 않는 직원은 모두 여직원이다.
② 이 회사에서 일본어를 배우는 직원이 있다면 여직원이다.
③ 이 회사에는 영어를 배우는 직원이 적어도 한 명 있다.
④ 이 회사의 남직원은 아무도 일본어를 배우지 않는다.
⑤ 이 회사에는 중국어를 배우는 여직원이 있을 수 있다.

14 다음 다섯 사람 중 오직 한 사람만이 거짓말을 하고 있다. 거짓말을 하고 있는 사람은?

> • A : C는 거짓말을 하고 있다.
> • B : C의 말이 참이면 E의 말도 참이다.
> • C : B는 거짓말을 하고 있지 않다.
> • D : A의 말이 참이면 내 말은 거짓이다.
> • E : C의 말은 참이다.

① A   ② B
③ C   ④ D
⑤ E

15 민지, 아름, 진희, 희정, 세영은 함께 15시에 상영하는 영화를 예매하였고, 상영시간에 맞춰 영화관에 도착하는 순서대로 각자 상영관에 입장하였다. 다음 대화에서 한 사람이 거짓말을 하고 있을 때, 가장 마지막으로 영화관에 도착한 사람은 누구인가?(단, 다섯 명 모두 다른 시간에 도착하였다)

- 민지 : 나는 마지막에 도착하지 않았어. 다음에 분명 누군가가 왔어.
- 아름 : 내가 가장 먼저 영화관에 도착했어. 진희의 말은 진실이야.
- 진희 : 나는 두 번째로 영화관에 도착했어.
- 희정 : 나는 세 번째로 도착했고, 진희는 내가 도착한 다음에서야 왔어.
- 세영 : 나는 영화가 시작한 뒤에야 도착했어. 나는 마지막으로 도착했어.

① 민지   ② 아름
③ 진희   ④ 희정
⑤ 세영

16 주차장에 이부장, 박과장, 김대리 세 사람의 차가 나란히 주차되어 있는데, 순서는 알 수 없다. 다음 중 한 사람의 모든 진술이 거짓이라고 할 때, 주차장에 주차된 순서로 옳은 것은?

- 이부장 : 내 옆에는 박과장 차가 세워져 있더군.
- 박과장 : 제 옆에 김대리 차가 있는 걸 봤어요.
- 김대리 : 이부장님 차가 가장 왼쪽에 있어요.
- 이부장 : 김대리 차는 가장 오른쪽에 주차되어 있던데.
- 박과장 : 저는 이부장님 옆에 주차하지 않았어요.

① 김대리 – 이부장 – 박과장   ② 박과장 – 김대리 – 이부장
③ 박과장 – 이부장 – 김대리   ④ 이부장 – 박과장 – 김대리
⑤ 이부장 – 김대리 – 박과장

17 L사에 근무 중인 A ~ D는 이번 인사발령을 통해 용인, 인천, 안양, 과천의 4개 지점에서 각각 근무하게 되었다. 다음 〈조건〉을 참고할 때, 반드시 참인 것은?

───────〈조건〉───────
- 이미 근무했던 지점에서는 다시 근무할 수 없다.
- A와 B는 용인 지점에서 근무한 적이 있다.
- C와 D는 인천 지점에서 근무한 적이 있다.
- A는 이번 인사발령을 통해 과천 지점에서 근무하게 되었다.

① A는 안양 지점에서 근무한 적이 있다.   ② B는 과천 지점에서 근무한 적이 있다.
③ B는 인천 지점에서 근무하게 되었다.   ④ C는 용인 지점에서 근무하게 되었다.
⑤ D는 안양 지점에서 근무하게 되었다.

18 A ~ E는 부산에 가기 위해 서울역에서 저녁 7시에 출발하여 대전역과 울산역을 차례로 경유하는 부산행 KTX를 타기로 했다. 이들 중 2명은 서울역에서 승차하였고, 다른 2명은 대전역에서, 나머지 1명은 울산역에서 각각 승차하였다. 다음 중 항상 옳은 것은?(단, 같은 역에서 승차한 경우 서로의 탑승 순서는 알 수 없다)

- A : 나는 B보다 먼저 탔지만, C보다 먼저 탔는지는 알 수 없어.
- B : 나는 C보다 늦게 탔어.
- C : 나는 가장 마지막에 타지 않았어.
- D : 나는 대전역에서 탔어.
- E : 나는 내가 몇 번째로 탔는지 알 수 있어.

① A는 대전역에서 승차하였다.　　　　② B는 C와 같은 역에서 승차하였다.
③ C와 D는 같은 역에서 승차하였다.　　④ D는 E와 같은 역에서 승차하였다.
⑤ E는 울산역에서 승차하였다.

19 다음 사실로부터 추론할 수 있는 결론으로 옳은 것은?

- 도봉산은 북악산보다 높다.
- 북악산은 관악산보다 낮다.
- 북한산은 도봉산과 관악산보다 높다.

① 도봉산이 관악산보다 높다.　　　　② 관악산이 도봉산보다 높다.
③ 관악산이 가장 낮다.　　　　　　　④ 북악산이 가장 낮다.
⑤ 북악산은 도봉산보다 낮지만, 북한산보다 높다.

20 귀하는 사내 워크숍 준비를 위해 A ~ E직원의 참석 여부를 조사하고 있다. 다음 〈조건〉을 참고하여 C가 워크숍에 참석한다고 할 때, 다음 중 워크숍에 참석하는 직원을 바르게 추론한 것은?

───────〈조건〉───────
- B가 워크숍에 참석하면 E는 참석하지 않는다.
- D는 B와 E가 워크숍에 참석하지 않을 때 참석한다.
- A가 워크숍에 참석하면 B 또는 D 중 한 명이 함께 참석한다.
- C가 워크숍에 참석하면 D는 참석하지 않는다.
- C가 워크숍에 참석하면 A도 참석한다.

① A, B, C　　　　　　　　　　　② A, C, D
③ A, C, D, E　　　　　　　　　　④ A, B, C, D
⑤ A, B, C, E

01 다음은 A제철소에서 생산한 철강의 출하량을 분야별로 기록한 표이다. 2023년도에 세 번째로 많은 생산을 했던 분야에서 2021년 대비 2022년의 변화율을 바르게 표시한 것은?

〈A제철소 철강 출하량〉

(단위 : 천 톤)

구분	자동차	선박	토목 / 건설	일반기계	기타
2021년	5,230	3,210	6,720	4,370	3,280
2022년	6,140	2,390	5,370	4,020	4,590
2023년	7,570	2,450	6,350	5,730	4,650

① 약 10% 증가하였다.

② 약 10% 감소하였다.

③ 약 8% 증가하였다.

④ 약 8% 감소하였다.

⑤ 변화하지 않았다.

02 다음은 합계 출산율과 모의연령별 출산율에 대한 그래프이다. 이에 대한 설명으로 옳지 않은 것은?

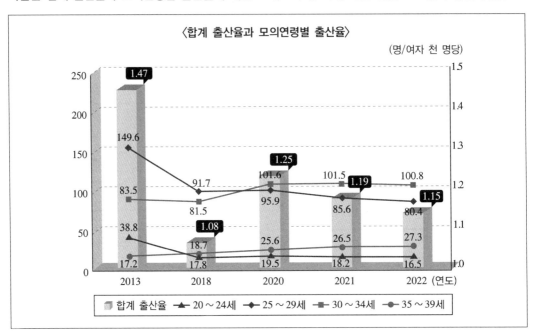

① 2020년부터 30 ~ 34세의 출산율은 계속 감소하고 있다.

② 2013년에 비해 2022년 가장 큰 폭의 변화를 보인 연령대는 25 ~ 29세이다.

③ 2018년부터 20 ~ 24세의 출산율은 최하위를 기록하고 있다.

④ 2013년부터 35 ~ 39세의 고령자 산모 비율은 계속 증가하고 있다.

⑤ 2013년부터 2022년까지 합계 출산율의 최저 변화폭은 0.05명 이상이다.

03 다음은 2013년부터 2022년까지 연도별 청년 고용률 및 실업률에 대한 그래프이다. 다음 중 고용률과 실업률의 차이가 가장 큰 연도로 옳은 것은?

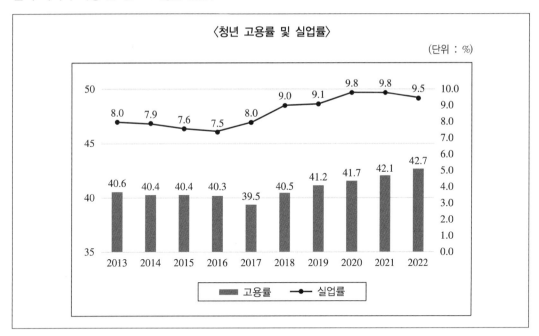

① 2015년
② 2016년
③ 2019년
④ 2021년
⑤ 2022년

04 다음은 대륙별 인터넷 이용자 수에 대한 표이다. 이에 대한 설명으로 옳지 않은 것은?

〈대륙별 인터넷 이용자 수〉

(단위 : 백만 명)

구분	2015년	2016년	2017년	2018년	2019년	2020년	2021년	2022년
중동	66	86	93	105	118	129	141	161
유럽	388	410	419	435	447	466	487	499
아프리카	58	79	105	124	148	172	193	240
아시아·태평양	726	872	988	1,124	1,229	1,366	1,506	1,724
아메리카	428	456	483	539	584	616	651	647
독립국가연합	67	95	114	143	154	162	170	188

① 2022년 중동의 인터넷 이용자 수는 2015년에 비해 9천 5백만 명이 늘었다.

② 2021년에 비해 2022년의 인터넷 이용자 수가 감소한 대륙은 한 곳이다.

③ 2021년 아프리카의 인터넷 이용자 수는 2018년에 비해 약 1.9배 증가했다.

④ 조사 기간 중 전년 대비 아시아·태평양의 인터넷 이용자 수의 증가량이 가장 큰 해는 2016년이다.

⑤ 대륙별 인터넷 이용자 수의 1·2·3순위는 2021년까지 계속 유지되고 있다.

05 연도별 1분기 국립공원 방문객 수가 다음과 같을 때, 2022년 1분기 방문객 수와 방문객 수 비율을 바르게 짝지은 것은?(단, 방문객 수는 천의 자리에서 반올림하고 방문객 수 비율은 소수점은 버리며, 증감률은 소수점 둘째 자리에서 반올림한다)

〈연도별 1분기 국립공원 방문객 수〉

구분	방문객 수(명)	방문객 수 비율(%)	전년 대비 증감률(%p)
2018년	1,580,000	90	–
2019년	1,680,000	96	6.3
2020년	1,750,000	100	4.2
2021년	1,810,000	103	3.4
2022년			−2.8

※ 방문객 수 비율은 2020년을 100으로 함

	방문객 수	방문객 수 비율		방문객 수	방문객 수 비율
①	1,760,000명	103%	②	1,760,000명	100%
③	1,780,000명	101%	④	1,780,000명	100%
⑤	1,760,000명	101%			

06 다음은 국가별 생산자 물가지수 추이에 대한 자료이다. 이에 대한 설명으로 옳지 않은 것은?

〈국가별 생산자 물가지수 추이〉

구분	2015년	2016년	2017년	2018년	2019년	2020년	2021년
한국	97.75	98.63	100.0	108.60	108.41	112.51	119.35
미국	93.46	96.26	100.0	106.26	103.55	107.94	114.39
독일	93.63	98.69	100.0	105.52	101.12	102.72	–
중국	94.16	96.99	100.0	106.87	101.13	106.69	113.09
일본	95.15	98.27	100.0	104.52	99.04	98.94	100.96
대만	88.89	93.87	100.0	105.16	95.91	101.16	104.62

① 독일을 제외한 2015년 대비 2021년의 생산자 물가지수 상승폭이 가장 낮은 나라보다 4배 이상 높은 나라는 없다.
② 2018년 대비 2021년 우리나라의 생산자 물가지수 상승률은 독일을 제외한 다른 나라에 비해 가장 높은 상승률을 보인다.
③ 2015년에 비해 2021년 물가지수 상승폭이 가장 낮은 나라는 일본이다.
④ 2016년부터 2021년까지 전년 대비 미국과 일본, 중국의 생산자 물가지수는 동일한 증감 추이를 보인다.
⑤ 전년 대비 2016년 물가지수 상승폭이 가장 큰 나라의 상승치는 5 이상이다.

07 다음은 성인의 독서프로그램 정보 획득 경로에 대한 자료이다. 관공서, 도서관 등의 안내에 따라 독서프로그램 정보를 획득한 여성 수 대비 스스로 탐색하여 독서프로그램 정보를 획득한 남성 수의 비율로 옳은 것은? (단, 인원은 소수점 첫째 자리에서, 비율은 소수점 둘째 자리에서 반올림한다)

〈성인의 독서프로그램 정보 획득 경로〉

(단위 : %)

성별	남성	여성
사례 수(명)	137	181
지인	23.4	20.1
스스로 탐색	22.0	27.6
소속단체에서의 권장	28.8	23.0
관공서, 도서관 등의 안내	22.8	20.5
인터넷, 동호회, SNS	3.0	6.4
기타	0	2.4

① 72.6%
② 75.5%
③ 79.8%
④ 81.1%
⑤ 84.7%

08 다음은 우리나라의 거주지역별 주택소유 및 무주택 가구 수 현황이다. 이에 대한 설명으로 옳은 것은?

〈거주지역별 주택소유 및 무주택 가구 수 현황〉

(단위 : 가구)

구분	총가구 수	주택소유 가구 수	무주택 가구 수
전국	19,673,875	11,000,007	8,673,868
서울특별시	3,813,260	1,875,189	1,938,071
부산광역시	1,354,401	791,489	562,912
대구광역시	948,030	550,374	397,656
인천광역시	1,080,285	630,228	450,057
광주광역시	575,732	328,263	247,469
대전광역시	597,736	320,407	277,329
울산광역시	428,720	271,099	157,621
세종특별자치시	104,325	55,925	48,400
경기도	4,602,950	2,542,649	2,060,301
강원도	620,729	345,955	274,774
충청북도	629,073	362,726	266,347
충청남도	834,986	477,532	357,454
전라북도	728,871	427,522	301,349
전라남도	733,757	435,332	298,425
경상북도	1,087,807	652,416	435,391
경상남도	1,292,998	800,655	492,343
제주특별자치도	240,215	132,246	107,969

① 전국 총가구 중 전라북도와 경상남도의 총가구가 차지하는 비중은 10% 미만이다.

② 인천광역시의 총가구 중 무주택 가구가 차지하는 비중은 40% 이상이다.

③ 총가구 중 주택소유 가구의 비중은 충청북도가 강원도보다 5%p 이상 더 크다.

④ 부산광역시의 무주택 가구는 주택소유 가구의 55% 미만이다.

⑤ 세종특별자치시의 무주택 가구 수는 광주광역시의 무주택 가구 수의 20% 이상이다.

09 다음은 종이책 및 전자책 성인 독서율에 대한 자료이다. 빈칸 (가)에 들어갈 수치로 적절한 것은?(단, 각 항목의 2020년 수치는 2018년 수치 대비 일정한 규칙으로 변화한다)

〈종이책 및 전자책 성인 독서율〉

(단위 : %)

항목	연도	2018년			2020년		
		사례 수(건)	1건 이상	읽지 않음	사례 수(건)	1건 이상	읽지 않음
전체	소계	5,000	60	40	6,000	72	28
성별	남자	2,000	60	40	3,000	90	10
	여자	3,000	65	35	3,000	65	35
연령별	20대	1,000	87	13	1,000	87	13
	30대	1,000	80.5	19.5	1,100	88.6	11.4
	40대	1,000	75	25	1,200	90	10
	50대	1,000	60	40	1,200	(가)	−
	60대 이상	1,000	37	63	1,400	51.8	48.2
학력별	중졸 이하	900	30	70	1,000	33.3	66.7
	고졸	1,900	63	37	2,100	69.6	30.4
	대졸 이상	2,200	70	30	2,800	89.1	10.9

① 44
② 52
③ 72
④ 77
⑤ 82

10 다음은 국가별 국방예산을 나타낸 그래프이다. 이에 대한 설명으로 옳지 않은 것은?(단, 소수점 둘째 자리에서 반올림한다)

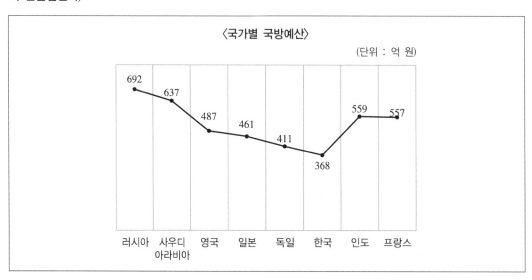

〈국가별 국방예산〉

(단위 : 억 원)

692
637
487
461
411
368
559
557

러시아 사우디아라비아 영국 일본 독일 한국 인도 프랑스

① 국방예산이 가장 많은 국가와 가장 적은 국가의 예산 차이는 324억 원이다.

② 사우디아라비아의 국방예산은 프랑스의 국방예산보다 14% 이상 많다.

③ 인도보다 국방예산이 적은 국가는 5개 국가이다.

④ 영국과 일본의 국방예산 차액은 독일과 일본의 국방예산 차액의 55% 이상이다.

⑤ 8개 국가 국방예산 총액에서 한국이 차지하는 비중은 약 8.8%이다.

11 다음은 10년간 업종별 외국인근로자의 고용현황에 대한 표이다. 이에 대한 설명으로 옳은 것을 〈보기〉에서 모두 고르면?

〈업종별 외국인근로자 고용현황〉

(단위 : 명)

구분	2010년	2015년	2018년	2019년	2020년
제조업	31,114	31,804	48,967	40,874	40,223
건설업	84	2,412	1,606	2,299	2,228
농축산업	419	3,079	5,641	6,047	5,949
서비스업	41	56	70	91	71
어업	0	1,130	2,227	2,245	2,548
합계	31,658	38,481	58,511	51,556	51,019

〈보기〉

㉠ 2020년 전체 업종 대비 상위 2개 업종이 차지하는 비율은 2019년에 비해 낮아졌다.
㉡ 2020년 서비스업에 종사하는 외국인근로자의 2015년 대비 증가율보다 전년 대비 증가율이 더 높다.
㉢ 국내에서 일하고 있는 외국인근로자는 2019년부터 전년 대비 감소하는 추세이다.
㉣ 2015년 농축산업에 종사하는 외국인근로자 수는 전체 외국인근로자의 6% 이상이다.
㉤ 전체적으로 건설업보다 제조업에 종사하는 외국인근로자의 소득이 더 높다.

① ㉠, ㉡
② ㉢, ㉣
③ ㉠, ㉢, ㉣
④ ㉡, ㉣, ㉤
⑤ ㉢, ㉣, ㉤

12 다음은 2015년부터 2020년까지 우체국 수 연도별 분포현황이다. 이에 대한 설명으로 옳은 것은?

〈우체국 수 연도별 분포현황〉

(단위 : 개)

우체국 종류	2015년	2016년	2017년	2018년	2019년	2020년
지방우정청	9	9	9	9	9	9
4급국(서기관국)	121	121	120	138	138	139
5급국(사무관국)	133	135	138	180	171	169
6급국(주사국)	1,673	1,678	1,567	1,493	1,501	1,501
7급국(분국)	50	47	28	22	16	17
군우국	21	21	21	21	21	21
출장소	112	112	104	104	100	101
별정국	757	755	754	750	745	737
취급국	774	762	810	810	805	782
합계	3,650	3,640	3,551	3,527	3,506	3,476

① 5급국의 수와 6급국의 수는 2016년부터 2020년까지 전년 대비 증감 추이가 동일하다.

② 4급국의 수는 2018년에 전년 대비 20% 이상 증가하였다.

③ 2017년 취급국의 수는 별정국의 수보다 15% 이상 많다.

④ 2019년 출장소 수 대비 군우국 수의 비율은 전년 대비 감소하였다.

⑤ 7급국이 전체 우체국 중 차지하는 비율은 2016년에 비해 2019년에 감소하였다.

13 다음은 방송통신위원회가 발표한 2023년 유선방송사 현황이다. 다음 〈보기〉의 빈칸에 들어갈 수로 옳은 것은?

<표>

구분	SO 수(개)		방송사업수익 (억 원)		방송사업수익 점유율(%)		가입자당 월평균 수신료(원)	
	2022년	2023년	2022년	2023년	2022년	2023년	2022년	2023년
T사	21	22	4,946	5,384	25.6	25.4	8,339	8,660
C사	17	19	4,290	5,031	22.2	23.8	6,661	6,264
H사	8	8	1,663	1,835	8.6	8.7	6,120	6,402
M사	9	9	1,036	1,142	5.4	5.4	4,552	4,567
G사	2	–	672	–	3.5	–	6,806	–
MOS 규모	73	76	16,121	18,133	83.6	85.7	7,008	7,083
SO 전체	94	94	19,285	21,169	100.0	100.0	6,583	6,781

〈복수종합유선방송사(MSO) 현황과 시장점유율〉

─────〈보기〉─────
2022년 가입자당 월평균 수신료가 가장 높은 방송사와 가장 낮은 방송사의 수신료 차이는 _____원이다.

① 2,531
② 2,893
③ 3,112
④ 3,219
⑤ 3,787

14 다음은 지자체별 쌀 소득보전 직불금 지급에 대한 자료이다. (A), (B), (C)에 들어갈 숫자로 옳은 것은?(단, 소수점 둘째 자리 및 천 원 단위에서 반올림한다)

구분	대상자 수(명)	대상 면적(ha)	직불금액(천 원)	총액 대비(%)	1인당 평균 지급액(만 원)
경기	77,581	71,800	71,372,460	8.6	92
강원	32,561	36,452	35,913,966	4.2	110
충북	53,562	44,675	43,923,103	5.2	82
충남	121,341	145,099	147,152,697	(A)	121
전북	90,539	136,676	137,441,060	16.4	(C)
전남	130,321	171,664	175,094,641	20.9	134
경북	140,982	120,962	119,398,465	14.2	85
경남	107,406	80,483	80,374,802	(B)	75
광역・자치시	39,408	29,615	27,597,745	3.3	70
합계	793,701	837,426	838,268,939	–	–

	(A)	(B)	(C)
①	17.6	9.5	151
②	17.6	9.5	152
③	17.6	9.6	152
④	17.5	9.5	151
⑤	17.5	9.6	151

15 다음은 20개 품목의 권장소비자가격과 판매가격 차이를 조사한 표이다. 이에 대한 설명으로 옳지 않은 것은?

〈20개 품목 권장소비자가격과 판매가격의 차이〉

(단위 : 개, 원, %)

구분	조사 제품 수			권장소비자가격과의 괴리율		
	합계	정상가 판매 제품 수	할인가 판매 제품 수	권장소비자 가격	정상가 판매시 괴리율	할인가 판매시 괴리율
세탁기	43	21	22	640,000	23.1	25.2
유선전화기	27	11	16	147,000	22.9	34.5
와이셔츠	32	25	7	78,500	21.7	31.0
기성신사복	29	9	20	337,500	21.3	32.3
VTR	44	31	13	245,400	20.5	24.3
진공청소기	44	20	24	147,200	18.7	21.3
가스레인지	33	15	18	368,000	18.0	20.0
냉장고	41	23	18	1,080,000	17.8	22.0
무선전화기	52	20	32	181,500	17.7	31.6
청바지	33	25	8	118,400	14.8	52.0
빙과	19	13	6	2,200	14.6	15.0
에어컨	44	25	19	582,000	14.5	19.8
오디오세트	47	22	25	493,000	13.9	17.7
라면	70	50	20	1,080	12.5	17.2
골프채	27	22	5	786,000	11.1	36.9
양말	30	29	1	7,500	9.6	30.0
완구	45	25	20	59,500	9.3	18.6
정수기	17	4	13	380,000	4.3	28.6
운동복	33	25	8	212,500	4.1	44.1
기성숙녀복	32	19	13	199,500	3.0	26.2

※ 권장소비자가격과의 괴리율(%)=$\dfrac{(권장소비자가격)-(판매가격)}{(권장소비자가격)}\times100$

※ 정상가 : 할인판매를 하지 않는 상품의 판매가격

※ 할인가 : 할인판매를 하는 상품의 판매가격

① 정상가 판매 시 괴리율과 할인가 판매 시 괴리율의 차가 가장 큰 종목은 청바지이다.

② 할인가 판매제품 수가 정상가 판매제품 수보다 많은 품목은 8개이다.

③ 할인가 판매제품 수와 정상가 판매제품 수의 차이가 가장 크게 나는 품목은 라면이다.

④ 권장소비자가격과 정상 판매가격의 격차가 가장 큰 품목은 세탁기이고, 가장 작은 품목은 기성숙녀복이다.

⑤ 할인가 판매 시 괴리율이 40%가 넘는 품목은 2개이다.

16 다음은 국가별 크루즈 외래객 점유율에 대한 그래프이다. 이에 대한 설명으로 옳은 것을 〈보기〉에서 모두 고르면?

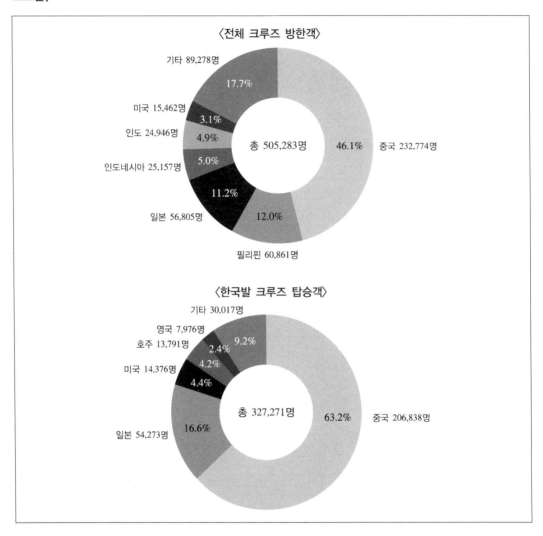

〈전체 크루즈 방한객〉

기타 89,278명 17.7%
미국 15,462명 3.1%
인도 24,946명 4.9%
인도네시아 25,157명 5.0%
일본 56,805명 11.2%
필리핀 60,861명 12.0%
총 505,283명
중국 232,774명 46.1%

〈한국발 크루즈 탑승객〉

기타 30,017명 9.2%
영국 7,976명 2.4%
호주 13,791명 4.2%
미국 14,376명 4.4%
일본 54,273명 16.6%
총 327,271명
중국 206,838명 63.2%

〈보기〉
ㄱ. 전체 크루즈 방한객의 수와 한국발 크루즈 탑승객 수의 국가별 순위는 동일하다.
ㄴ. 미국 크루즈 방한객 수 대비 미국의 한국발 크루즈 탑승객 수의 비율은 85% 이상이다.
ㄷ. 필리핀의 크루즈 방한객 수는 필리핀의 한국발 크루즈 탑승객 수의 최소 8배 이상이다.
ㄹ. 영국의 한국발 크루즈 탑승객의 수는 일본의 한국발 크루즈 탑승객의 수의 20% 미만이다.

① ㄱ, ㄴ
② ㄱ, ㄷ
③ ㄴ, ㄷ
④ ㄴ, ㄹ
⑤ ㄷ, ㄹ

17 다음은 제주특별자치도 외국인관광객 입도통계에 대한 표이다. 이에 대한 설명으로 옳은 것을 〈보기〉에서 모두 고르면?

〈제주특별자치도 외국인관광객 입도통계〉

(단위 : 명, %)

구분		외국인관광객 입도 수		
		2022년 4월	2023년 4월	전년 대비 증감률
아시아	소계	74,829	79,163	5.8
	일본	4,119	5,984	45.3
	중국	28,988	44,257	52.7
	홍콩	6,066	4,146	−31.7
	대만	2,141	2,971	38.8
	싱가포르	6,786	1,401	−79.4
	말레이시아	10,113	6,023	−40.4
	인도네시아	3,439	2,439	−29.1
	베트남	2,925	3,683	25.9
	태국	3,135	5,140	64.0
	기타	7,117	3,119	−56.2
아시아 외	소계	21,268	7,519	−64.6
	미국	4,903	2,056	−58.1
	기타	16,365	5,463	−66.6
합계		96,097	86,682	−9.8

〈보기〉

ㄱ. 2022년 4월 베트남인 제주도 관광객이 같은 기간 대만인 제주도 관광객보다 30% 이상 많다.

ㄴ. 일본인 제주도 관광객은 2023년 4월 전월 대비 40% 이상 증가하였다.

ㄷ. 2023년 4월의 미국인 제주도 관광객 수는 2022년 4월의 홍콩인 제주도 관광객 수의 35% 미만이다.

ㄹ. 기타를 제외하고 2023년 4월에 제주도 관광객이 전년 동월 대비 25% 이상 감소한 아시아 국가는 모두 5개국이다.

① ㄱ, ㄴ   ② ㄱ, ㄷ

③ ㄴ, ㄷ   ④ ㄴ, ㄹ

⑤ ㄷ, ㄹ

18 다음은 성별 및 연령대별 농가인구에 대한 자료이다. 2022년 대비 2023년 증감률을 바르게 나타낸 그래프는?

<성별 및 연령대별 농가인구>

(단위 : 천 명, %)

구분		농가인구	10세 미만	10 ~ 19세	20 ~ 29세	30 ~ 39세	40 ~ 49세	50 ~ 59세	60 ~ 69세	70세 이상
2022년		3,187 (100.0)	154 (4.8)	267 (8.4)	220 (6.9)	209 (6.6)	368 (11.5)	584 (18.3)	699 (21.9)	686 (21.5)
2023년		3,116 (100.0)	142 (4.6)	256 (8.2)	209 (6.7)	201 (6.5)	338 (10.9)	577 (18.5)	682 (21.9)	711 (22.8)
	남자	1,509 (100.0)	75 (5.0)	138 (9.1)	109 (7.2)	115 (7.6)	165 (10.9)	263 (17.4)	324 (21.5)	320 (21.2)
	여자	1,607 (100.0)	67 (4.2)	118 (7.4)	100 (6.2)	86 (5.4)	174 (10.8)	314 (19.5)	357 (22.2)	391 (24.3)

① (%)

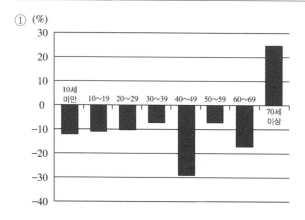

② (%)

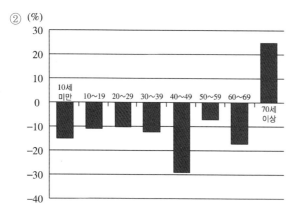

③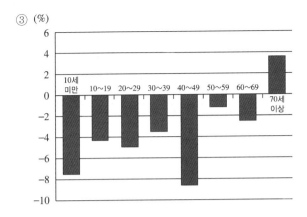

④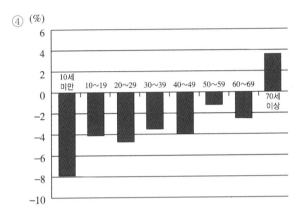

⑤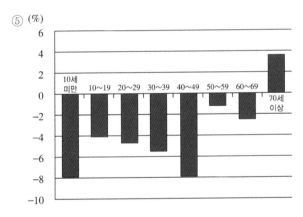

19 다음은 월별 장병내일준비적금 가입 현황에 대한 표이다. 이를 그래프로 변환했을 때 옳지 않은 것은?

<table>
<tr><th colspan="8">〈장병내일준비적금 가입 현황〉</th></tr>
<tr><td rowspan="2">구분</td><td colspan="3">2022년</td><td colspan="3">2023년</td><td rowspan="2">합계</td></tr>
<tr><td>10월</td><td>11월</td><td>12월</td><td>1월</td><td>2월</td><td>3월</td></tr>
<tr><td>가입자 수(명)</td><td>18,127</td><td>30,196</td><td>24,190</td><td>16,225</td><td>18,906</td><td>15,394</td><td>123,038</td></tr>
<tr><td>가입계좌 수(개)</td><td>23,315</td><td>39,828</td><td>32,118</td><td>22,526</td><td>25,735</td><td>20,617</td><td>164,139</td></tr>
<tr><td>가입 금액(백만 원)</td><td>4,361</td><td>7,480</td><td>5,944</td><td>4,189</td><td>4,803</td><td>3,923</td><td>30,700</td></tr>
</table>

① 2022년 10월 ~ 2023년 3월 동안 적금 가입자 수와 가입 금액 현황

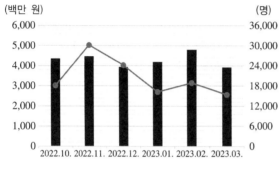

② 2022년 10월 ~ 2023년 3월 동안 적금 가입자 수와 가입계좌 수 현황

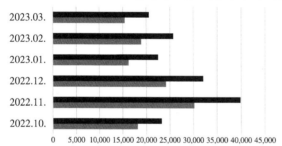

③ 2022년 10월~2023년 3월 동안 적금 가입계좌 수와 가입 금액 현황

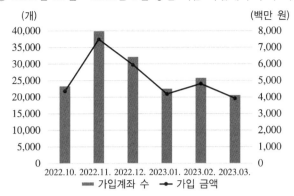

④ 2022년 10~12월 동안 적금 가입자 수, 가입계좌 수, 가입 금액 현황

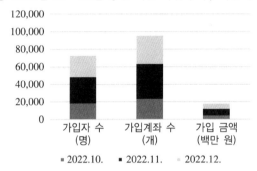

⑤ 2023년 1~3월 동안 적금 가입자 수, 가입계좌 수, 가입 금액 현황

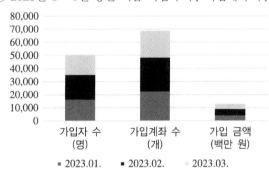

20 다음은 지역별 초·중·고등학교 수 현황이다. 이를 그래프로 변환했을 때 옳지 않은 것은?(단, 모든 그래프의 단위는 '개'이다)

〈지역별 초·중·고등학교 현황〉

(단위 : 개)

구분	초등학교	중학교	고등학교
서울	680	660	590
인천	880	820	850
경기	580	520	490
강원	220	180	190
대전	180	150	140
충청	320	290	250
경상	380	250	280
전라	420	390	350
광주	190	130	120
대구	210	160	140
울산	150	120	110
부산	260	220	230
제주	110	100	100
합계	4,580	3,990	3,840

※ 수도권은 서울, 인천, 경기 지역임

① 수도권 지역의 초·중·고등학교 수

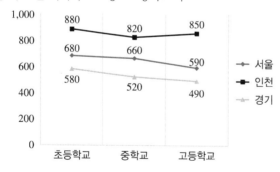

② 광주, 울산, 제주 지역별 초·중·고등학교 수

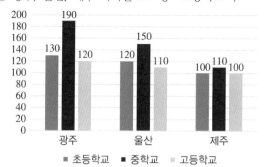

③ 수도권 외 지역의 초·중·고등학교 수

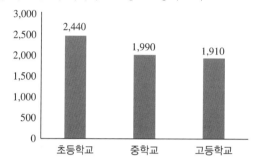

④ 국내의 초·중·고등학교 수

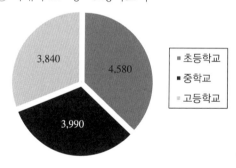

⑤ 인천 지역의 초·중·고등학교 수

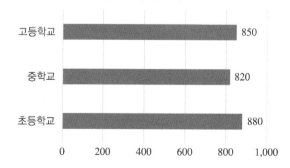

01 일정한 규칙으로 수를 나열할 때, 빈칸에 들어갈 수로 알맞은 것은?

3	-4	6	7	4	( )	18	-3	27

① -2 ② -5

③ -8 ④ -14

⑤ -20

02 L회사에서는 사회나눔사업의 일환으로 마케팅부에서 5팀, 총무부에서 2팀을 구성해 요양시설에서 7팀 모두가 하루에 한 팀씩 7일 동안 봉사활동을 하려고 한다. 7팀의 봉사활동 순번을 임의로 정할 때, 첫 번째 날 또는 마지막 날에 총무부 소속 팀이 봉사활동을 하게 될 확률은?

① $\dfrac{5}{21}$ ② $\dfrac{1}{3}$

③ $\dfrac{3}{7}$ ④ $\dfrac{11}{21}$

⑤ $\dfrac{13}{21}$

03 일정한 규칙으로 수를 나열할 때, 빈칸에 들어갈 수로 알맞은 것은?

$1\dfrac{4}{8}$	( )	$3\dfrac{6}{20}$	$4\dfrac{7}{29}$	$5\dfrac{8}{40}$	$5\dfrac{9}{53}$	$6\dfrac{10}{68}$

① $2\dfrac{1}{13}$ ② $2\dfrac{3}{13}$

③ $2\dfrac{5}{13}$ ④ $3\dfrac{3}{13}$

⑤ $3\dfrac{5}{13}$

04 서울에서 부산까지의 거리는 400km이고 서울에서 부산까지 가는 기차는 120km/h의 속력으로 달리며, 역마다 10분씩 정차한다. 서울에서 9시에 출발하여 부산에 13시 10분에 도착했다면, 기차는 가는 도중 몇 개의 역에 정차하였는가?

① 4개   ② 5개

③ 6개   ④ 7개

⑤ 8개

05 일정한 규칙으로 수를 나열할 때, 빈칸에 들어갈 수로 알맞은 것은?

| -15.15 | 17.18 | -21.24 | 27.33 | ( ) | 45.6 | -57.78 | 71.99 | -88.23 |

① -35.45 ② -36.55

③ -37.65 ④ -38.75

⑤ -39.85

06 혜영이가 자전거를 타고 300m를 달리는 동안 지훈이는 자전거를 타고 400m를 달린다고 한다. 두 사람이 둘레가 1,800m인 원 모양의 연못 둘레를 같은 지점에서 같은 방향으로 동시에 출발하여 15분 후 처음으로 만날 때 혜영이와 지훈이가 이동한 거리의 합은?

① 7,200m   ② 8,800m

③ 9,400m   ④ 12,600m

⑤ 16,800m

07 일정한 규칙으로 수를 나열할 때, 빈칸에 들어갈 수로 알맞은 것은?

$$2\frac{5}{9} \quad 3\frac{8}{12} \quad (\quad) \quad 8\frac{14}{30} \quad 12\frac{17}{54} \quad 17\frac{20}{102} \quad 23\frac{23}{198} \quad 30\frac{26}{390}$$

① $5\dfrac{11}{18}$

② $5\dfrac{12}{18}$

③ $6\dfrac{11}{18}$

④ $6\dfrac{12}{18}$

⑤ $7\dfrac{11}{18}$

08 스마트폰의 3월 전체 개통 건수는 400건이었다. 4월의 남성 고객의 개통 건수는 3월보다 10% 감소했고, 여성 고객의 개통 건수는 3월보다 15% 증가하여 4월 전체 개통 건수는 3월보다 5% 증가했다. 4월의 여성 고객의 개통 건수는?

① 276건

② 279건

③ 282건

④ 285건

⑤ 293건

09 일정한 규칙으로 수를 나열할 때, 빈칸에 들어갈 수로 알맞은 것은?

| 12.01 | 12.26 | 11.9 | 12.39 | 11.75 | 12.56 | 11.56 | 12.77 | 11.33 | ( ) |

① 12.88

② 12.95

③ 13.02

④ 13.09

⑤ 13.16

10 어느 학교의 모든 학생이 n대의 버스에 나누어 타면 한 대에 45명씩 타야 하고, $(n+2)$대의 버스에 나누어 타면 한 대에 40명씩 타야 한다. 이 학교의 학생은 모두 몇 명인가?(단, 빈자리가 있는 버스는 없다)

① 600명　　　　　　　　② 640명
③ 680명　　　　　　　　④ 720명
⑤ 760명

11 일정한 규칙으로 수를 나열할 때, 빈칸에 들어갈 수로 알맞은 것은?

2.19	0.94	2.82	1.57	( )	3.46	10.38	9.13	27.39	26.14

① 2.04　　　　　　　　② 2.97
③ 3.85　　　　　　　　④ 4.71
⑤ 5.62

12 농도 5%의 소금물 400g이 있다. 여기에서 몇 g의 물을 증발시켜야 농도 10%의 소금물을 얻을 수 있는가?

① 100g　　　　　　　　② 200g
③ 300g　　　　　　　　④ 400g
⑤ 500g

13 일정한 규칙으로 수를 나열할 때, 빈칸에 들어갈 수로 알맞은 것은?

| 10.24 | 30.72 | 15.36 | 46.08 | ( ) | 69.12 | 34.56 | 103.68 | 51.84 |

① 26.28

② 25.2

③ 24.12

④ 23.04

⑤ 22.96

14 집에서 회사까지 자동차를 타고 시속 40km로 가면 자전거를 타고 시속 16km로 가는 것보다 45분 먼저 도착한다. 이때 집에서 회사까지 자전거를 타고 가는 데 걸리는 시간은?

① 47분

② 65분

③ 75분

④ 84분

⑤ 90분

15 다음 전개도는 일정한 규칙에 따라 나열된 수열이다. 물음표에 들어갈 수로 알맞은 것은?

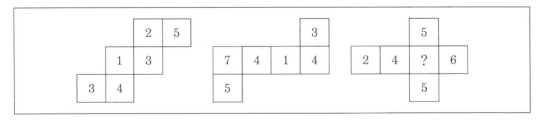

① 5

② 7

③ 8

④ 10

⑤ 11

16 현재 시간이 7시 20분일 때, 시계의 시침과 분침의 작은 각의 각도는?

① 100°　　　　　　　　　② 105°

③ 110°　　　　　　　　　④ 115°

⑤ 120°

17 일정한 규칙으로 수를 나열할 때, 빈칸에 들어갈 수로 알맞은 것은?

| 6 | −24 | −30 | 120 | 114 | −456 | ( ) |

① −432　　　　　　　　　② −442

③ −452　　　　　　　　　④ −462

⑤ −472

18 어른 3명과 어린 아이 3명이 함께 식당에 갔다. 자리가 6개인 원탁에 앉는다고 할 때 앉을 수 있는 경우의 수는 몇 가지인가?(단, 아이들은 어른들 사이에 앉힌다)

① 8가지　　　　　　　　　② 12가지

③ 16가지　　　　　　　　　④ 20가지

⑤ 24가지

19 일정한 규칙으로 수를 나열할 때, 빈칸에 들어갈 알맞은 수로 알맞은 것은?

( )	−76	−58	−4	158	644

① −80

② −82

③ −84

④ −86

⑤ −88

20 다음 도형은 일정한 규칙에 따라 나열된 수열이다. 물음표에 들어갈 수로 알맞은 것은?

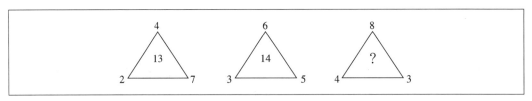

① 9

② 13

③ 15

④ 16

⑤ 19

LG그룹
온라인 적성검사

최종모의고사 6회분 + 무료LG특강

편저 | SDC(Sidae Data Center)

SDC

SDC는 시대에듀 데이터 센터의 약자로 약 30만 개의 NCS · 적성 문제 데이터를
바탕으로 최신 출제경향을 반영하여 문제를 출제합니다.

정답 및 해설

시대에듀

LG그룹
온라인 적성검사
정답 및 해설

도서 동형 모의고사 무료쿠폰	온라인 모의고사 무료쿠폰
ASYK-00000-7AB3B	ASYJ-00000-08EBA

[쿠폰 사용 안내]

1. 합격시대 홈페이지(www.sdedu.co.kr/pass_sidae_new)에 접속합니다.
2. 회원가입 후 로그인합니다.
3. 홈페이지 우측 상단 '쿠폰 입력하고 모의고사 받자' 배너를 클릭합니다.
4. 쿠폰번호를 등록합니다.
5. 내강의실 > 모의고사 > 합격시대 모의고사 클릭 후 응시합니다.

※ 본 쿠폰은 등록 후 30일간 이용 가능합니다.
※ iOS / macOS 운영체제에서는 서비스되지 않습니다.

제1회 모의고사 정답 및 해설

제 1 영역 언어이해

01	02	03	04	05	06	07	08	09	10
③	①	④	②	④	②	③	④	④	⑤
11	12	13	14	15	16	17	18	19	20
⑤	④	③	①	⑤	④	③	⑤	②	⑤

01
정답 ③

언어는 한 나라의 상징이다. 그 상징에는 역사와 문화가 담겨 있기에 조선어학회의 투쟁은 단순한 말글 투쟁이 아니라 독립운동으로 기억해야 한다.

02
정답 ①

제시문은 재즈가 어떻게 생겨났고 재즈가 어떠한 것들을 표현해내는 음악인지에 대해 설명하고 있으므로 글의 제목으로는 ①이 가장 적절하다.

03
정답 ④

먼저 정신과 물질의 관계에 관한 이원론과 동일론을 언급하며 동일론의 문제점을 이야기하는 (다) 문단이 오는 것이 적절하다. 다음으로는 그러한 동일론의 문제점을 해결할 수 있는 기능론에 관해 설명하는 (나) 문단이 오는 것이 적절하고, 그 뒤를 이어 기능론을 비판하는 이원론의 입장에서 감각질과 관련한 사고 실험에 대해 설명하는 (라) 문단이 오는 것이 적절하다. 마지막으로는 그러한 사고 실험에서 감각질이 뒤집혀도 겉으로 드러난 행동과 말이 똑같은 이유를 설명하는 (가) 문단의 순으로 나열하는 것이 가장 적절하다.

04
정답 ②

세조의 집권과 추락된 왕권 회복을 위한 세조의 정책을 설명하는 (나) 문단이 첫 번째 문단으로 적절하며, 이후 세조의 왕권 강화 정책 중 특히 주목되는 술자리 모습을 소개하는 (라) 문단이 적절하다 그리고 다음으로는 당시 기록을 통해 세조의 술자리 모습을 설명하는 (가) 문단과 마지막으로 세조의 술자리가 가지는 의미를 해석하는 (다) 문단의 순으로 나열하는 것이 가장 적절하다.

05
정답 ④

문단을 논리적인 구성에 맞게 나열하려면 각 문단의 첫 부분과 마지막 부분을 살펴봐야 한다. 연결어나 지시어가 없고, 글의 전체적 주제를 제시하는 문단이 가장 처음에 올 가능성이 높다. 따라서 사랑과 관련하여 여러 형태의 빛 신호를 가지고 있는 반딧불이를 소개하고, 이들이 단체로 빛을 내면 장관을 이룬다는 내용의 (라) 문단이 맨 처음에 와야 한다. 다음으로는 (라) 문단의 마지막 내용과 연결되는 반딧불이 집단의 불빛으로 시작해 반딧불이의 단독행동으로 끝이 나는 (나) 문단이 이어지는 것이 자연스럽다. 그리고 단독으로 행동하기를 좋아하는 반딧불이가 짝을 찾는 모습을 소개한 (마) 문단이 이어져야 하며, 그러한 특성을 이용해 먹잇감을 찾는 반딧불이의 종류를 이야기하는 (가) 문단이 오는 것이 적절하다. (다) 문단은 (가) 문단에 이어지는 내용이므로 그 뒤에 나열하는 것이 가장 적절하다.

06
정답 ②

제시문은 두 소설가가 그린 비관적인 미래 모습에 대하여 설명하고 있는 글이다. 처음 제시된 지문의 내용은 두 소설가인 조지 오웰과 올더스 헉슬리에 대한 소개이므로 이어지는 글에는 오웰과 헉슬리의 소설에 대한 설명이 나와야 한다. 하지만 헉슬리의 소설을 설명하는 (라) 문단에는 '반면에'라는 접속어가 있으므로 오웰의 소설을 설명하는 (나)가 먼저 오는 것이 적절하다. 따라서 (나) 조지 오웰의 소설에서 나타난 폐쇄적이고 감시당하는 미래의 모습 – (라) 조지 오웰과 정반대의 미래를 생각해 낸 올더스 헉슬리 – (가) 국가가 양육의 책임을 지는 대신 문화적 다양성을 폐쇄하고 정해진 삶을 살도록 하는 올더스 헉슬리의 미래상 – (다) 오웰과 헉슬리의 소설에서 나타난 단점이 중첩되어 나타나고 있는 현대 사회의 순으로 나열하는 것이 가장 적절하다.

07
정답 ③

제시문은 인간에게 어떠한 이익을 주는가에 초점을 맞춰 생물 다양성의 가치를 논하고 있다. 즉, 인간 자신의 이익을 위해 생물 다양성을 보존해야 한다는 것이다. 따라서 ③에서처럼 인간 중심적인 시각을 비판할 수 있다.

오답분석
① 마지막 문단에 문제 해결의 구체적 실천 방안이 제시되었다.
② 생물 다양성의 경제적 가치뿐만 아니라 생태적 봉사 기능, 학술적 가치 등을 설명하며 동등하게 언급하였다.

④ 자연을 우선시하고 있지는 않지만, 마지막 문단에서 인간 중심에 따른 생태계 파괴의 문제를 지적하고 보존 대책을 제시하는 등 인간과 자연이 공존할 수 있는 길을 모색하고 있다.

⑤ 제시문에서는 인간과 자연을 대립 관계로 보는 시각이 드러나 있지 않다.

08 정답 ④

방언이 유지되려는 힘이 크다는 것은 각 지역마다 자기 방언의 특성을 지키려는 노력이 강하다는 것을 의미하므로 방언이 유지되려는 힘이 커지면 방언의 통일성은 약화될 것이다.

09 정답 ④

제시문에 전 세계의 기상 관측소와 선박, 부표에서 온도를 측정한 것은 19세기 중반부터이며, 1979년 이후부터는 지상 위 인간의 시야를 벗어나 대류권과 성층권에서도 지구의 기후 변화를 감시하게 되었다고 나와 있다.

10 정답 ⑤

세 번째 문단에서 ⑤와 같은 낙관론은 자칫하면 낙관론 그 자체에만 빠질 오류가 있다는 것을 밝히고 있다.

11 정답 ⑤

제시문은 집단을 중심으로 절차의 정당성을 근거로 한 과도한 권력, 즉 무제한적 민주주의를 비판한 글이다. 또한 민주주의에 의해 훼손될 수 있는 자유와 권리의 옹호라는 주제에 도달해야 하므로, 과도한 권력을 견제할 필요가 있다는 내용이 빈칸에 들어갈 내용으로 가장 적절하다.

12 정답 ④

보기의 문단은 아쿠아포닉스의 단점에 대해 설명하고 있다. 따라서 보기의 앞에서 아쿠아포닉스의 장점을 설명하고, 뒤에서 단점을 해결하는 방법이나 추가적인 단점 등이 오는 것이 적절하다. 또한 마지막 문단의 '이러한 수고로움'이 앞에 제시되어야 하므로, 보기가 들어갈 위치로 가장 적절한 곳은 (라)이다.

13 정답 ③

제시문에서는 언어도 물과 공기, 빛과 소리처럼 오염 물질을 지니고 있다는 언어생태학자인 드와잇 볼링거의 주장을 제시하면서 내용을 전개하고 있다. 드와잇 볼링거의 주장을 바탕으로 문명의 발달로 언어가 오염되고 있으며, 이러한 언어 오염이 인간의 정신을 황폐하게 만든다고 주장하고 있다. 따라서 권위자의 주장을 인용해 내용을 전개하고 있음을 알 수 있다.

14 정답 ①

A사원의 경우 계획적이고 순차적으로 효율적인 업무 수행을 하고 있기 때문에 비효율적인 일중독자의 사례로 적절하지 않다.

오답분석

② 다른 사람의 업무에 지나칠 정도로 책임감을 느끼며 괴로워하는 B대리는 '배려적 일중독자'에 해당한다.

③ 음식을 과다 섭취하는 폭식처럼 일을 한 번에 몰아서 하는 C주임은 '폭식적 일중독자'에 해당한다.

④ 휴일이나 주말에도 일을 놓지 못하는 D사원은 '지속적인 일중독자'에 해당한다.

⑤ 한 번에 소화할 수 없을 만큼 많은 업무를 담당하는 E대리는 '주의결핍형 일중독자'에 해당한다.

15 정답 ⑤

제시문에서는 금융의 디지털 전환이 가속화됨에 따라 디지털금융의 중요성이 커지고 있음을 이야기하며, 마지막 문단에서 디지털금융의 중요성을 인식하여 법과 제도를 정비하고 있는 해외 국가들에 비해 국내의 전자금융거래법은 이렇다 할 변화가 없음을 지적한다. 따라서 다음에 이어질 내용으로는 디지털금융의 발전을 위해서 전자금융거래법의 개정이 필요하다는 내용이 가장 적절하다.

16 정답 ④

제시문의 두 번째 문단에서 CCTV는 열차 종류에 따라 네트워크 방식과 개별 독립 방식으로 설치된다고 하였다. 따라서 개별 독립 방식으로 설치된 일부 열차에서는 각 객실의 상황을 실시간으로 파악하지 못할 수 있다는 것을 추측할 수 있다.

오답분석

① 첫 번째 문단에서 모든 열차의 모든 객실에 CCTV를 설치하겠다는 내용으로 보아, 현재 모든 열차의 모든 객실에 CCTV가 설치되지 않았음을 추측할 수 있다.

② 첫 번째 문단에 따르면 모든 열차 승무원에게 바디 캠을 지급하겠다고 하였다. 이에 따라 승객이 승무원을 폭행하는 등의 범죄 발생 시 해당 상황을 녹화한 바디 캠 영상이 있어 수사의 증거자료로 사용할 수 있게 되었음을 추측할 수 있다.

③ 두 번째 문단에 따르면 CCTV는 사각지대 없이 설치되며 일부는 휴대 물품 보관대 주변에도 설치된다고 하였다. 따라서 인적 피해와 물적 피해 모두 파악할 수 있게 되었다.

⑤ 마지막 문단에 따르면 CCTV 품평회와 시험을 통해 제품의 형태와 색상, 재질, 진동과 충격 등에 대한 적합성을 고려한다고 하였다.

17
정답 ③

인간의 편의를 우선시한다면 야생동물의 이동을 통제하거나 고립시키는 생태도로가 될 것이다. 따라서 본래 서식지를 자유롭게 이동할 수 있도록 도와줄 수 있는 생태도로가 설치되어야 하며, 야생동물과 인간이 동행하는 환경을 조성하기 위한 생태통로의 효율적인 배치가 필요하다.

18
정답 ⑤

특정 상황을 가정하여 컴퓨터와 스마트폰이 랜섬웨어에 감염되는 사례를 통해 문제 상황을 제시한 뒤, 이에 대한 보안 대책 방안을 제시하고 있으므로 글의 전개 방식으로 ⑤가 가장 적절하다.

19
정답 ②

놀이공원이나 휴대전화 요금제 등을 미루어 생각해 볼 때, 이부가격제는 이윤 추구를 최대화하려는 기업의 가격 제도이다.

20
정답 ⑤

지방이 각종 건강상의 문제를 일으키는 것은 지방을 섭취하는 인간의 자기 관리가 허술했기 때문이며, 좋고 나쁜 지방을 분별력 있게 가려 먹는다면 걱정할 필요가 없다는 것을 마지막 문단을 통해 알 수 있다.

제2영역 언어추리

01	02	03	04	05	06	07	08	09	10
④	③	④	③	④	⑤	③	④	①	②
11	12	13	14	15	16	17	18	19	20
①	②	③	③	②	③	③	①	②	②

01
정답 ④

첫 번째 명제의 대우와 두 번째 명제를 정리하면 '모든 대학생 → 교양 강의를 들음 → 전공 강의를 들음'이 되어 '모든 대학생은 교양 강의와 전공 강의를 듣는다.'가 성립한다. 세 번째 명제에서 전공 강의를 듣는 '어떤' 대학생들은 심화 강의를 듣는다고 했으므로 '어떤 대학생들은 교양, 전공, 심화 강의를 듣는다.'가 결론이다.

02
정답 ③

첫 번째 명제의 대우는 '세계 평화가 오지 않았다면 전쟁이 없어지지 않은 것이다.'이므로 빈칸에 '전쟁이 없어지지 않으면 냉전체제가 계속된다.'가 들어가야 삼단논법에 따라 세 번째 명제가 결론이 된다.

03
정답 ④

'경찰에 잡히지 않음 → 도둑질을 하지 않음', '감옥에 가지 않음 → 도둑질을 하지 않음'이 성립하려면 '감옥에 안 가면 경찰에 잡히지 않은 것이다.'라는 명제가 필요하다. 따라서 이의 대우 명제인 ④가 적절하다.

04
정답 ③

'승용차를 탄다.'를 p, '연봉이 높아진다.'를 q, '야근을 많이 한다.'를 r, '서울에 거주한다.'를 s라고 했을 때, 첫 번째 명제는 '$p \rightarrow s$', 세 번째 명제는 '$q \rightarrow r$', 네 번째 명제는 '$q \rightarrow s$'이므로 마지막 명제가 참이 되기 위해서는 빈칸에 '$r \rightarrow p$'라는 명제가 필요하다. 따라서 '$r \rightarrow p$'의 대우 명제인 ③이 적절하다.

05
정답 ④

지원자 4의 진술이 거짓이면 지원자 5의 진술도 거짓이고, 지원자 4의 진술이 참이면 지원자 5의 진술도 참이다. 즉, 한 명의 진술만 거짓이므로 지원자 4, 5의 진술은 참이다. 그러면 지원자 1과 지원자 2의 진술이 모순되므로 각각 참인 경우를 확인하면 다음과 같다.
- 지원자 1의 진술이 참인 경우
  지원자 2는 A부서에 선발이 되었고, 지원자 3은 B부서 또는 C부서에 선발되었다. 이때, 지원자 3의 진술에 따라 지원자 4가 B부서, 지원자 3이 C부서에 선발되었다.

∴ A부서 : 지원자 2, B부서 : 지원자 4, C부서 : 지원자 3, D부서 : 지원자 5
- 지원자 2의 진술이 참인 경우
  지원자 3은 A부서에 선발이 되었고, 지원자 2는 B부서 또는 C부서에 선발되었다. 이때, 지원자 3의 진술에 따라 지원자 4가 B부서, 지원자 2가 C부서에 선발되었다.
  ∴ A부서 : 지원자 3, B부서 : 지원자 4, C부서 : 지원자 2, D부서 : 지원자 5
따라서 지원자 4는 항상 B부서에 선발된다.

06 정답 ⑤

C사원과 D사원의 항공 마일리지를 비교할 수 없으므로 순서대로 나열하면 'A − D − C − B'와 'A − C − D − B' 모두 가능하므로 항상 참이 되지는 않는다.

07 정답 ③

B는 8장의 응모권을 받은 A보다 2장 적게 받으므로 6장의 응모권을 받는다. 이때, C는 응모권을 A의 8장보다는 적게, B의 6장보다는 많이 받으므로 7장의 응모권을 받은 것을 알 수 있다.

08 정답 ④

먼저 L씨가 월요일부터 토요일까지 운동 스케줄을 등록할 때, 토요일에는 리포머 수업만 진행되므로 L씨는 토요일에 리포머 수업을 선택해야 한다.
금요일에는 체어 수업에 참여하므로 네 번째 조건에 따라 목요일에는 바렐 또는 리포머 수업만 선택할 수 있다. 그런데 L씨가 화요일에 바렐 수업을 선택한다면, 목요일에는 리포머 수업만 선택할 수 있다. 따라서 수요일에는 리포머 수업을 선택할 수 없으며, 반드시 체어 수업을 선택해야 한다.

월	화	수	목	금	토
리포머	바렐	체어	리포머	체어	리포머

오답분석

L씨가 등록할 수 있는 운동 스케줄은 다음과 같다.

구분	월	화	수	목	금	토
경우 1	리포머	바렐	체어	리포머	체어	리포머
경우 2	리포머	체어	바렐	리포머	체어	리포머
경우 3	리포머	체어	리포머	바렐	체어	리포머
경우 4	체어	리포머	바렐	리포머	체어	리포머
경우 5	바렐	리포머	체어	리포머	체어	리포머

① 경우 2와 경우 3에 따라 옳은 내용이다.
② 경우 4에 따라 옳은 내용이다.
③ 경우 2에 따라 옳은 내용이다.
⑤ 경우 3에 따라 옳은 내용이다.

09 정답 ①

1행과 2행에 빈자리가 한 곳씩 있고 a자동차는 대각선을 제외하고 주변에 주차된 차가 없다고 하였으므로 a자동차는 1열이나 3열에 주차되어 있다. b자동차와 c자동차는 바로 옆에 주차되어 있다고 하였으므로 같은 행에 주차되어 있다. 1행과 2행에 빈자리가 한 곳씩 있다고 하였으므로 b자동차와 c자동차가 주차된 행에는 a자동차와 d자동차가 주차되어 있을 수 없다. 따라서 a자동차와 d자동차는 같은 행에 주차되어 있다. 이를 정리하면 다음과 같다.

- 경우 1

a		d
	b	c

- 경우 2

a		d
	c	b

- 경우 3

d		a
b	c	

- 경우 4

d		a
c	b	

오답분석

② 경우 1, 4에서는 b자동차의 앞 주차공간이 비어있지만, 경우 2, 3에서는 b자동차의 앞 주차공간에 d자동차가 주차되어 있으므로 항상 거짓은 아니다.
③ 경우 1, 4에서는 c자동차의 옆 주차공간에 빈자리가 없지만, 경우 2, 3에서는 c자동차의 옆 주차공간에 빈자리가 있으므로 항상 거짓은 아니다.
④ 경우 1, 2, 3, 4에서 모두 a자동차와 d자동차는 1행에 주차되어 있으므로 항상 참이다.
⑤ 경우 1, 4에서는 d자동차와 c자동차가 같은 열에 주차되어 있지만, 경우 2, 3에서는 d자동차와 c자동차가 같은 열에 주차되어 있지 않으므로 항상 거짓은 아니다.

10 정답 ②

A는 B와 C를 범인으로 지목하고, D는 C를 범인으로 지목하고 있다. A의 진술은 진실인데 D는 거짓일 수 없으므로 A와 D의 진술이 모두 진실인 경우와 A의 진술이 거짓이고 D의 진술은 참인 경우 그리고 A와 D의 진술이 모두 거짓인 경우로 나누어 볼 수 있다.
ⅰ) A와 D의 진술이 모두 진실인 경우
B와 C가 범인이므로 B와 C가 거짓을 말해야 하며, A, D, E는 반드시 진실을 말해야 한다. 그런데 E가 거짓을 말하고 있으므로 2명만 거짓을 말해야 한다는 조건에 위배된다.

ii) A의 진술은 거짓, D의 진술은 진실인 경우

B는 범인이 아니고 C만 범인이므로 B는 진실을 말하고, B가 범인이 아니라고 한 E도 진실을 말한다. 따라서 A와 C가 범인이다.

iii) A와 D의 진술이 모두 거짓일 경우

범인은 A와 D이고, B, C, E는 모두 진실이 된다.

따라서 A와 C 또는 A와 D가 동시에 범인이 될 수 있다.

11
정답 ①

②, ③, ④ 중에 하나를 거짓으로 보면 ⑤에 의해 모순이 생긴다. 또 ⑤가 거짓이라고 하면 ②, ③, ④에 의해 모순이 생긴다. 따라서 ①이 거짓이어야 모순이 생기지 않고 A ~ E 5명이 사용하는 카드가 정해진다.

12
정답 ②

A가 가 마을에 살고 있다고 가정하면, B 또는 D는 가 마을에 살고 있다. F가 가 마을에 살고 있다고 했으므로 C, E는 나 마을에 살고 있음을 알 수 있다. 하지만 C가 A, E 중 1명은 나 마을에 살고 있다고 말한 것은 진실이므로 모순이다.

A가 나 마을에 살고 있다고 가정하면, B, D 중 1명은 가 마을에 살고 있다는 말은 거짓이므로 B, D는 나 마을에 살고 있다. A, B, D가 나 마을에 살고 있으므로 나머지 C, E, F는 가 마을에 살고 있음을 알 수 있다.

13
정답 ③

연경이의 말이 참이면 효진이의 말도 참이 되고, 연경이의 말이 거짓이면 효진이의 말도 거짓이 된다.

• 연경이의 말이 참인 경우

효진이의 말도 참이다. 그런데 효진이의 말이 참이라면 지현이의 증언이 거짓이 되어 꽃을 꽂아 놓은 사람이 지민이를 포함하여 2명 이상이 되므로 거짓이다.

• 연경이의 말이 거짓인 경우

효진이의 말도 거짓이므로 지민이는 꽃을 꽂아 놓은 사람이 아니다. 따라서 다솜, 지민, 지현이의 말이 참이므로 다솜이가 꽃을 꽂아 두었다.

14
정답 ③

B의 진술에 따르면 A가 참이면 B도 참이므로, A와 B는 모두 참을 말하거나 모두 거짓을 말한다. 또한 C와 E의 진술은 서로 모순되므로 2명 중 1명의 진술은 참이고, 다른 1명의 진술은 거짓이 된다. 만약 A와 B의 진술이 모두 거짓일 경우 A, B, E 3명의 진술이 거짓이 되므로 2명의 학생이 거짓을 말한다는 조건에 맞지 않는다. 따라서 A와 B의 진술은 모두 참이고, 이에 따라 C, D의 진술은 거짓, E의 진술은 참이 되어 범인은 C이다.

15
정답 ②

'을'과 '정'이 서로 상반된 이야기를 하고 있으므로 2명 중 1명이 거짓말을 하고 있다. 만일 '을'의 진술이 참이고 '정'의 진술이 거짓이라면 화분을 깨뜨린 사람은 '병', '정'이 되는데, 화분을 깨뜨린 사람은 1명이어야 하므로 모순이다. 따라서 거짓말을 한 사람은 '을'이다.

16
정답 ③

거짓을 말하는 사람이 1명이기 때문에 B와 C 2명 중 1명이 거짓을 말하는 경우로 나눠 볼 수 있다.

• C가 거짓말을 하는 경우

B는 진실을 말하므로 A도 거짓말을 하고 있다. 문제에서 1명만 거짓을 말한다고 했으므로 모순이다.

• B가 거짓말을 하는 경우

A는 진실을 말하고 있다. A는 C가 범인이라고 했고, E는 A가 범인이라고 했으므로 A와 C가 범인이다.

17
정답 ③

은호의 신발 사이즈는 235mm이며, 아빠의 신발 사이즈는 270mm 이므로 아빠와 은호의 신발 사이즈 차이는 270-235=35mm이다.

오답분석

① 은수의 정확한 신발 사이즈는 알 수 없다.

② 엄마는 은호보다 5mm 큰 신발을 신으므로 엄마의 신발 사이즈는 240mm이다. 따라서 아빠와 엄마의 신발 사이즈 차이는 270-240=30mm이다.

④ 235mm인 은호의 신발 사이즈와 230mm 이하인 은수의 신발 사이즈는 최소 5mm 이상 차이가 난다.

⑤ 은수의 신발 사이즈는 230mm 이하로 엄마의 신발 사이즈와 최소 10mm 이상 차이가 난다.

18
정답 ①

다음과 같이 원탁 자리에 임의로 번호를 지정한 후, 기준이 되는 C를 앉히고 나머지를 배치하면 다음과 같다.

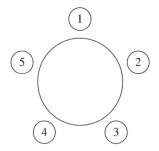

C를 1번에 앉히면, 첫 번째 조건에서 C 바로 옆에 E가 앉아야 하므로 E는 5번 또는 2번에 앉는다. 만약 E가 2번에 앉으면 세 번째 조건에 따라 D가 A의 오른쪽에 앉는다. A, D가 4번과 3번에 앉으면 B가 5번에 앉게 되어 첫 번째 조건에 부합하지 않는다. 또한 A가 5번, D가 4번에 앉는 경우 B는 3번에 앉게 되지만 두 번째 조건에서 D와 B는 나란히 앉을 수 없어 불가능하다.
따라서 E를 5번에 앉히고 A가 3번, D가 2번에 앉게 되면 B는 4번에 앉아야 하므로 모든 조건을 만족하게 된다. 그러므로 C를 포함하여 세 번째에 앉은 사람은 3번 자리의 A이다.

19 정답 ②

주어진 조건을 세 번째 조건까지 고려하면 'C – L – A – B' 또는 'L – C – A – B' 순으로 대기하고 있다는 것을 알 수 있다. 그중 L – C – A – B의 경우에는 마지막 조건을 만족시킬 수 없으므로 대기자 5명은 'C – L – A – B – D' 순서로 대기하고 있다.
따라서 L씨는 두 번째로 진찰을 받을 수 있다.

20 정답 ②

세 번째, 네 번째, 다섯 번째 정보에 의해 8등(꼴찌)이 될 수 있는 사람은 A 또는 C인데, C는 7등인 D와 연속해서 들어오지 않았으므로 8등은 A이다. 또한 두 번째 정보에 의해 B는 4등이고, 네 번째 정보에 의해 E는 5등이다. 마지막으로 첫 번째 정보에 의해 C는 6등이 될 수 없으므로 1, 2, 3등 중에 하나이다.

01	02	03	04	05	06	07	08	09	10
①	④	④	①	①	④	②	④	④	④
11	12	13	14	15	16	17	18	19	20
②	⑤	③	③	②	③	②	②	④	⑤

01 정답 ①

50대 해외·국내여행 평균 횟수는 매년 1.2회씩 증가한다.
따라서 빈칸에 들어갈 수치는 31.2+1.2=32.4이다.

02 정답 ④

우리나라는 30개의 회원국 중에서 OECD 순위가 매년 20위 이하이므로 상위권이라 볼 수 없다.

오답분석
① 우리나라의 CPI는 2021년에 5.6점으로 가장 높아 가장 청렴했다고 볼 수 있다.
② 2022년에 39위를 함으로써 처음으로 30위권에 진입했다.
③ 청렴도는 2017년에 4.5점으로 가장 낮고, 2023년과 차이는 5.4−4.5=0.9점이다.
⑤ 제시된 자료를 통해 알 수 있다.

03 정답 ④

2022년 K시 전체 회계 예산액에서 특별회계 예산액의 비중은 $\frac{325,007}{1,410,393} \times 100 ≒ 23.0\%$이므로 25% 미만이다.

오답분석
① 두 도시의 전체 회계 예산액은 매년 증가하고 있으므로 L시의 전체 회계 예산액이 증가한 시기에는 K시의 전체 회계 예산액도 증가했다.
② 2019 ~ 2023년 K시 일반회계 예산액의 1.5배는 다음과 같다.
  • 2019년 : 984,446×1.5=1,476,669백만 원
  • 2020년 : 1,094,510×1.5=1,641,765백만 원
  • 2021년 : 1,134,229×1.5=1,701,343.5백만 원
  • 2022년 : 1,085,386×1.5=1,628,079백만 원
  • 2023년 : 1,222,957×1.5=1,834,435.5백만 원
  따라서 L시의 일반회계 예산액은 항상 K시의 일반회계 예산액보다 1.5배 이상 더 많다.
③ 2021년 K시 특별회계 예산액의 L시 특별회계 예산액 대비 비중은 $\frac{264,336}{486,577} \times 100 ≒ 54.3\%$이므로 옳은 설명이다.
⑤ L시 일반회계의 연도별 증감 추이는 계속 증가하고 있고, K시 일반회계의 연도별 증감 추이는 '증가 – 증가 – 감소 – 증가'이므로 L시와 K시 일반회계의 연도별 증감 추이는 다르다.

04

- 1 ~ 4월까지의 총반품금액에 대한 4월 반품금액의 비율
  - 2월 반품금액 : $1,700,000-(2월\ 반품금액)-160,000-30,000=1,360,000$원
    $\therefore$ (2월 반품금액)$=150,000$원
  - 4월 반품금액 : $300,000+150,000+180,000+(4월\ 반품금액)=900,000$원
    $\therefore$ (4월 반품금액)$=270,000$원

  그러므로 1 ~ 4월까지의 총반품금액에 대한 4월 반품금액의 비율은 $\frac{270,000}{900,000}\times100=30\%$이다.

- 1 ~ 4월까지의 총배송비에 대한 1월 배송비의 비율
  - 3월 배송비 : $2,200,000-180,000-140,000-(3월\ 배송비)=1,840,000$원
    $\therefore$ (3월 배송비)$=40,000$원
  - 1월 배송비 : (1월 배송비)$+30,000+40,000+60,000=160,000$원
    $\therefore$ (1월 배송비)$=30,000$원

  그러므로 1 ~ 4월까지의 총배송비에 대한 1월 배송비의 비율은 $\frac{30,000}{160,000}\times100=18.75\%$이다.

따라서 구하고자 하는 값은 $30-18.75=11.25\%p$이다.

05

C사의 이익률은 2%, 3%, 4%, …, 즉 1%p씩 증가하고 있다.
따라서 빈칸에 들어갈 수는 $350\times0.06=21$이다.

06

ㄴ. A방송사의 연간 방송시간 중 보도시간 비율은 $\frac{2,343}{2,343+3,707+1,274}\times100\fallingdotseq32.0\%$이고, D방송사의 교양방송 비율은 $\frac{2,498}{1,586+2,498+3,310}\times100\fallingdotseq33.8\%$이므로 D방송사의 교양방송 비율이 더 높다.

ㄹ. 전체 방송시간은 $6,304+12,181+10,815=29,300$시간이고, 이 중 오락시간의 비율은 $\frac{10,815}{29,300}\times100\fallingdotseq36.9\%$로 40% 이하이다.

오답분석

ㄱ. 전체 보도시간은 $2,343+791+1,584+1,586=6,304$시간, 전체 교양시간은 $3,707+3,456+2,520+2,498=12,181$시간, 전체 오락시간은 $1,274+2,988+3,243+3,310=10,815$시간으로, 교양, 오락, 보도시간 순으로 방송시간이 많다.

ㄷ. A방송사의 연간 방송시간 중 보도시간 비율은 $\frac{2,343}{2,343+3,707+1,274}\times100\fallingdotseq32.0\%$이고,

B방송사는 $\frac{791}{791+3,456+2,988}\times100\fallingdotseq10.9\%$,

C방송사는 $\frac{1,584}{1,584+2,520+3,243}\times100\fallingdotseq21.6\%$,

D방송사는 $\frac{1,586}{1,586+2,498+3,310}\times100\fallingdotseq21.4\%$이다.

따라서 A방송사의 비율이 가장 높다.

07

제주공항 화물은 김해공항 화물의 $\frac{23,245}{14,469}\fallingdotseq1.6$배이다.

오답분석

① 제주공항, 대구공항은 도착 여객보다 출발 여객의 수가 많다.

③ 인천공항의 운항은 전체 공항 운항의 $\frac{31,721}{70,699}\times100\fallingdotseq44.9\%$를 차지한다.

④ 도착 운항이 두 번째로 많은 공항은 제주공항이다. 그러나 도착 화물이 두 번째로 많은 공항은 김포공항이다.

⑤ 김해공항 운항은 9,094편, 제주공항 운항은 14,591편이다. 김해공항 운항과 제주공항 운항을 합하면 $9,094+14,591=23,685$편이므로, 김포공항 화물의 합계인 23,100톤보다 많다.

08

2017년과 2018년에 구입한 책상은 조건에 제시된 날짜(2023년 8월 15일)를 기준으로 계산하면 5년 이상이다. 따라서 부서별로 먼저 교체할 책상 개수를 표로 정리하면 다음과 같다.

(단위 : 개)

구분	E부서	F부서	G부서	H부서	합계
5년 이상인 책상	25	16	17	12	70
5년 미만인 책상	5	2	0	3	10
합계	30	18	17	15	80

네 번째 조건에서 기존 책상과 교체할 책상 개수 비율이 10 : 90일 경우 교체할 책상 개수가 $80\times\frac{90}{100}=72$개이고, 비율이 20 : 80일 때 교체할 책상은 $80\times\frac{80}{100}=64$개이다. 교체 대상으로 5년 이상인 책상의 개수가 총 70개이므로 교체할 책상은 64개가 된다. 다섯 번째 조건에서 부서별로 기존 책상이 전체 책상 개수의 10%를 넘지 말아야 하므로 교체하지 않은 책상은 부서별로 $80\times0.1=8$개 이하이다. 따라서 부서별 교체할 책상 개수 범위는 다음과 같다.

구분	E부서	F부서	G부서	H부서
교체할 책상 개수 범위	22개 이상 25개 이하	10개 이상 16개 이하	9개 이상 17개 이하	7개 이상 12개 이하

따라서 교체할 책상의 개수 범위가 맞으며, 총개수가 64개인 선택지는 ④이다.

① · ⑤ F부서의 교체할 책상 개수는 범위에 속하지 않는다.
② G부서와 H부서의 교체할 책상 개수는 범위에 속하지 않는다.
③ 모든 부서의 교체할 책상 개수가 범위 안에 있지만, 전체 교체할 책상 개수는 $22+12+16+12=62$개이므로 64개보다 적다.

09 정답 ④

ㄱ. 영어 관광통역 안내사 자격증 취득자 수는 2021년에 2020년 대비 감소하였으며, 스페인어 관광통역 안내사 자격증 취득자 수는 2022년에 2021년 대비 감소하였다.

ㄷ. 2019 ~ 2021년까지 태국어 관광통역 안내사 자격증 취득자 수 대비 베트남어 취득자 수 비율을 구하면 다음과 같다.

- 2019년 : $\frac{4}{8} \times 100 = 50.0\%$
- 2020년 : $\frac{15}{35} \times 100 ≒ 42.9\%$
- 2021년 : $\frac{5}{17} \times 100 ≒ 29.4\%$

따라서 매년 감소하고 있음을 알 수 있다.

ㄹ. 2020년에 불어 관광통역 안내사 자격증 취득자 수는 전년 대비 불변인 반면, 스페인어 관광통역 안내사 자격증 취득자 수는 전년 대비 증가하였다.

ㄴ. 2020 ~ 2022년의 일어 관광통역 안내사 자격증 취득자 수의 8배는 다음과 같다.
- 2020년 : $266 \times 8 = 2,128$명
- 2021년 : $137 \times 8 = 1,096$명
- 2022년 : $153 \times 8 = 1,224$명

따라서 중국어 관광통역 안내사 자격증 취득자 수는 각각 2,468명, 1,963명, 1,418명이므로 8배 이상이다.

10 정답 ④

고령취업자의 농가 비율이 53%이고 비농가 비율이 11.4%이므로 단순 비율계산을 통해 전체 고령취업자 중 농가의 취업자 수가 $\frac{53}{53+11.4} \times 100 ≒ 82\%$라고 생각하기 쉽지만, 이러한 계산은 농가의 전체 취업자 수와 비농가의 전체 취업자 수가 같을 때에만 성립하게 되므로 옳지 않다.

① 농가에서의 고령취업자 비율은 53%로 절반이 넘어가므로 농가에서 취업한 두 명 중 한 명은 고령자임을 알 수 있다.
② 2022년 농가의 고령취업자 비율은 53%이고 비농가의 고령취업자 비율은 11.4%이므로 고령취업률은 농가가 비농가보다 높음을 알 수 있다.
③ 제시된 자료를 통해 고령취업자 비율은 매년 여성이 남성보다 높은 것을 알 수 있다.
⑤ 제시된 자료를 통해 농가의 고령취업자 비율은 매년 증가하고 있는 것을 알 수 있다.

11 정답 ②

2014년과 2020년의 전년 대비 유엔 정규 분담률의 증가율을 구하면 다음과 같다.

- 2014년 전년 대비 유엔 정규분담률의 증가율
: $\frac{2.26-2.173}{2.173} \times 100 = \frac{0.087}{2.173} \times 100 ≒ 4.0\%$
- 2020년 전년 대비 유엔 정규분담률의 증가율
: $\frac{2.039-1.994}{1.994} \times 100 = \frac{0.045}{1.994} \times 100 ≒ 2.3\%$

12 정답 ⑤

3호선과 4호선의 7월 승차인원은 같으므로 1 ~ 6월 승차인원만 비교하면 다음과 같다.
- 1월 : $1,692-1,664=28$만 명
- 2월 : $1,497-1,475=22$만 명
- 3월 : $1,899-1,807=92$만 명
- 4월 : $1,828-1,752=76$만 명
- 5월 : $1,886-1,802=84$만 명
- 6월 : $1,751-1,686=65$만 명

따라서 3호선과 4호선의 승차인원 차이는 3월에 가장 컸다.

① · ② 제시된 자료를 통해 확인할 수 있다.
③ 8호선 7월 승차인원의 1월 대비 증가율은 $\frac{566-548}{548} \times 100$ ≒ 3.28%이다.
④ • 2호선의 2 ~ 7월의 전월 대비 증감 추이
: 감소 – 증가 – 감소 – 증가 – 감소 – 증가
• 8호선의 2 ~ 7월의 전월 대비 증감 추이
: 감소 – 증가 – 감소 – 증가 – 감소 – 증가
따라서 증감 추이는 동일하다.

13 정답 ③

2020년 1 ~ 4분기의 전년 동분기 대비 증가폭을 구하면 다음과 같다.
- 1분기 : $109,820-66,541=43,279$건
- 2분기 : $117,808-75,737=42,071$건
- 3분기 : $123,650-89,571=34,079$건
- 4분기 : $131,741-101,086=30,655$건

따라서 2020년 중 전년 동분기 대비 확정기여형을 도입한 사업장 수가 가장 많이 증가한 시기는 1분기이다.

① 제시된 자료를 통해 확인할 수 있다.
② 분기별 확정급여형과 확정기여형 취급실적을 비교하면 확정기여형이 항상 많은 것을 확인할 수 있다.
④ · ⑤ 자료를 통해 확인할 수 있다.

14
정답 ③

2022년 10월부터 2023년 3월까지 각 지역마다 미세먼지 농도가 가장 높은 달이 3월인 지역은 '수원, 안양, 성남, 광명, 과천'으로 다섯 곳이다.

오답분석

① 2022년 10 ~ 12월까지 미세먼지 농도의 합이 $150\mu g/m^3$ 이상인 지역은 막대 그래프에서 $140\mu g/m^3$ 이 넘는 지역만 확인한다. 따라서 시흥과 파주 지역의 각 미세먼지 농도의 합을 구하면 시흥 한 곳만이 $150\mu g/m^3$ 이상이다.
- 시흥 : $46+53+52=151\mu g/m^3$
- 파주 : $45+53+50=148\mu g/m^3$

② 2023년 1월 미세먼지 농도의 전월(2022년 12월) 대비 증감률이 0%인 지역은 안양이다. 안양의 2023년 2월 미세먼지 농도는 $46\mu g/m^3$ 로 $45\mu g/m^3$ 이상이다.

④ 미세먼지 현황이 좋아졌다는 것은 미세먼지 농도가 낮아졌다는 것이며, 반대로 농도가 높아지면 현황이 나빠졌다는 뜻이다. 2023년 1월 대비 2월의 미세먼지 농도는 모든 지역에서 낮아졌고, 3월은 모든 지역에서 농도가 다시 높아졌다.

⑤ 2022년 10월의 미세먼지 농도가 $35\mu g/m^3$ 미만인 지역은 '수원, 성남, 과천, 의왕, 하남'이며, 다섯 곳의 2023년 2월 미세먼지 농도 평균은 $\dfrac{42+43+43+43+43}{5}\fallingdotseq43\mu g/m^3$ 이다.

15
정답 ②

ㄴ. 2022년 우유생산량이 4,000톤 이상인 지역은 대구광역시, 인천광역시, 울산광역시이고, 2020년도 동일하다.

ㄹ. 2022년 부산광역시 우유생산량의 2020년 대비 감소율은 $\dfrac{2,481-2,433}{2,481}\times100\fallingdotseq1.9\%$ 로 3% 미만이다.

오답분석

ㄱ. 2021 ~ 2022년 동안 전년 대비 우유생산량이 증가하는 지역은 서울특별시, 인천광역시, 울산광역시이며, 감소하는 지역은 부산광역시, 대구광역시, 광주광역시이다. 따라서 증가하는 지역과 감소하는 지역의 수는 동일하다.

ㄷ. 2021년 우유생산량이 두 번째로 많은 지역은 대구광역시이며, 2020년에는 우유생산량이 두 번째로 많은 지역은 울산광역시였다.

16
정답 ③

ㄷ. 2023년 2분기 전체 대출금 합계에서 도매 및 소매업 대출금이 차지하는 비중은 $\dfrac{110,526.2}{865,254.0}\times100\fallingdotseq12.8\%$ 이다.

ㄹ. 2023년 3분기에 전분기 대비 감소한 산업은 광업, 공공행정 등 기타서비스 2개 산업뿐이다. 증가한 산업 수는 이를 제외한 15개 산업이고, 15개의 20%는 $15\times0.2=3$ 개이므로 옳지 않다.

오답분석

ㄱ. 2023년 3분기에 전체 대출금 합계는 전분기 대비 증가하였으나, 광업 대출금은 감소하였으므로, 2023년 3분기에 광업이 차지하는 비중이 전분기 대비 감소하였음을 알 수 있다.

ㄴ. 2023년 3분기 전문, 과학 및 기술 서비스업 대출금의 2분기 대비 증가율은 $\dfrac{12,385.7-11,725.2}{11,725.2}\times100\fallingdotseq5.6\%$ 이므로 옳은 설명이다.

17
정답 ②

연도별 누적 막대 그래프로 각 지역의 적설량이 바르게 제시되어 있다.

오답분석

① 적설량의 단위는 'm'가 아니라 'cm'이다.
③ 수원과 강릉의 2020년, 2021년 적설량 수치가 바뀌었다.
④ 그래프의 가로축을 연도가 아닌 지역으로 수정해야 한다.
⑤ 서울과 수원의 적설량 수치가 바뀌었다.

18
정답 ②

남녀 국회의원의 여야별 SNS 이용자 구성비 중 여자의 경우 여당이 $(22\div38)\times100\fallingdotseq57.9\%$ 이고, 야당은 $(16\div38)\times100\fallingdotseq42.1\%$ 이므로 옳지 않은 그래프이다.

오답분석

① 국회의원의 여야별 SNS 이용자 수는 각각 145명, 85명이다.
③ 야당 국회의원의 당선 횟수별 SNS 이용자 구성비는 85명 중 초선 36명, 2선 28명, 3선 14명, 4선 이상 7명이므로 각각 계산해보면 42.4%, 32.9%, 16.5%, 8.2%이다.
④ 2선 이상 국회의원의 정당별 SNS 이용자 수는 A당 $29+22+12=63$ 명, B당 $25+13+6=44$ 명, C당 $3+1+1=5$ 명이다.
⑤ 여당 국회의원의 당선 유형별 SNS 이용자 구성비는 145명 중 지역구가 126명이고, 비례대표가 19명이므로 각각 86.9%와 13.1%이다.

19
정답 ④

응답한 지방자치단체 중 '미도입'으로 응답한 비율이 30% 이상인 곳은 기초지방자치단체의 구 한 곳이다.

오답분석

① 광역지방자치단체의 응답률의 소계는 $\dfrac{\text{응답한 지방자치단체 수}}{\text{지방자치단체 수}}\times100$ 이므로 $\dfrac{16}{17}\times100\fallingdotseq94.1\%$ 이다.

② 광역지방자치단체의 시 도입률은 $\dfrac{7}{8}\times100\fallingdotseq87.5\%$ 이고, 기초지방자치단체의 시 도입률은 $\dfrac{51}{74}\times100\fallingdotseq68.9\%$ 이므로 광역지방자치단체의 시 도입률이 기초지방자치단체보다 높다.

③ 기초지방자치단체에서 빈칸인 시의 도입률은 $\frac{51}{74} \times 100 ≒$ 68.9%이므로 시의 도입률이 가장 크다.

⑤ 미응답한 구의 7명이 모두 '도입'으로 응답한다면 '도입'으로 응답한 기초지방자치단체 수는 50개이고, 기초지방자치단체 수는 69개이다. 따라서 도입률은 $\frac{50}{69} \times 100 ≒ 72.5\%$이므로 75% 이하이다.

20
정답 ⑤

ㄷ. 2020년 음쥬율 1위 국가는 리투아니아로, 남성의 음주율은 '감소 – 감소'하는 추이를 보이지만 여성은 '불변 – 감소'하였다.

ㄹ. 대한민국 2020년 전체 음주율은 28.1%이고, 2022년 전체 음주율은 24.7%로 $\frac{28.1-24.7}{28.1} \times 100 ≒ 12.1\%$ 감소했고, 리투아니아의 2020년 전체 음주율은 28.5%, 2022년 전체 음주율은 24.4%로 $\frac{28.5-24.4}{28.5} \times 100 ≒ 14.4\%$ 감소하여 대한민국 음주율의 감소율은 리투아니아보다 낮다.

오답분석

ㄱ. 2020 ~ 2022년에 전체 음주율이 5위 안에 드는 국가는 대한민국, 리투아니아, 헝가리, 슬로베니아 4개국이지만, 순위가 동일한 국가는 없다.

ㄴ. 헝가리의 2021년 전체 음주율은 전년 대비 증가하였다.

제4영역 창의수리

01	02	03	04	05	06	07	08	09	10
②	④	③	⑤	④	③	③	②	②	③
11	12	13	14	15	16	17	18	19	20
②	④	②	②	④	①	②	③	⑤	①

01
정답 ②

제시된 수열은 앞의 항이 $a\frac{c}{b}$일 때, 다음 항의 값은 $(a+2)\left(\frac{a-c}{a+b}\right)$인 수열이다.

따라서 (　)$=(10+2)\left(\frac{10-3}{10+23}\right)=12\frac{7}{33}$이다.

02
정답 ④

돈을 지불할 수 있는 방법은 다음과 같이 5가지이다.
$(10,000 \times 2, 1,000 \times 3)$, $(10,000 \times 1, 5,000 \times 2, 1,000 \times 3)$, $(10,000 \times 1, 5,000 \times 1, 1,000 \times 8)$,
$(5,000 \times 4, 1,000 \times 3)$, $(5,000 \times 3, 1,000 \times 8)$

03
정답 ③

제시된 수열은 정수 부분이 (앞의 항)+2, +3, +4, +5, … 씩 증가하고, 소수 부분은 0.01×9^2, 0.01×8^2, 0.01×7^2, 0.01×6^2, … 인 수열이다.

따라서 (　)$=(28+8)+(0.01 \times 2^2)=36.04$이다.

04
정답 ⑤

12장의 카드에서 3장을 꺼낼 때, 3장이 모두 스페이드, 하트, 다이아몬드 무늬인 사건을 각각 A, B, C라 하면 다음과 같다.

• $P(A)=\frac{{}_4 C_3}{{}_{12} C_3}=\frac{4}{220}$

• $P(B)=\frac{{}_3 C_3}{{}_{12} C_3}=\frac{1}{220}$

• $P(C)=\frac{{}_5 C_3}{{}_{12} C_3}=\frac{10}{220}$

A, B, C는 서로 배반사건이므로

$P(A \cup B \cup C)=P(A)+P(B)+P(C)=\frac{4}{220}+\frac{1}{220}+\frac{10}{220}=\frac{3}{44}$

따라서 두 가지 이상의 무늬의 카드가 나올 확률은

$P((A \cup B \cup C)^c)=1-P(A \cup B \cup C)=1-\frac{3}{44}=\frac{41}{44}$이다.

05

제시된 수열은 앞의 정수 부분이 a일 때, 다음 항의 값이 $(a+1)\left[\dfrac{a^2}{(a+1)^2}\right]$인 수열이다.

따라서 ( )$=(5+1)\left[\dfrac{5^2}{(5+1)^2}\right]=6\dfrac{25}{36}$이다.

06

정답 ③

제시된 수열은 (앞의 항)$+1.99$, $+1.98$, $+1.97$, $\cdots$씩 증가하는 수열이다.

따라서 ( )$=7.94+1.96=9.9$이다.

07

정답 ③

농도가 일정한 색상의 물이 나오는 호스를 사용하여 같은 색을 만들기 위해서는 사용시간 비율을 같게 한다. 처음 실험에서 얻은 색은 A호스와 B호스는 6시간씩, C호스는 4시간 동안 틀어 만들어진 것으로, 사용시간 비율을 구하면 A : B : C=3 : 3 : 2가 나온다. 두 번째 실험에서 같은 색을 나오게 하려면 사용시간 비율에 비례하여 답을 구하면 된다. A호스를 1시간 틀었으므로 사용시간 비율에 $\dfrac{1}{3}$을 곱하면 3 : 3 : 2=1 : 1 : $\dfrac{2}{3}$가 되어 B호스는 1시간, C호스는 $\dfrac{2}{3}$시간 튼 것이 된다.

따라서 B호스와 C호스를 틀었던 시간은 총 $60\times\dfrac{5}{3}=100$분이다.

08

정답 ②

나열된 수를 각각 A, B, C라고 하면 다음과 같은 규칙이 성립한다.

$\underline{A\ B\ C}\rightarrow A^2+B^2=C$

따라서 ( )$=1+25=26$이다.

09

정답 ②

제품 1개를 판매했을 때 얻는 이익은 $2,000\times0.15=300$원이므로 정가는 2,300원이다. 또한 판매이익은 $160\times300=48,000$원이고, 하자 제품에 대한 보상금액은 $8\times2\times2,300=36,800$원이다.

따라서 얻은 이익은 총 $48,000-36,800=11,200$원이다.

10

정답 ③

제시된 수열은 정수 부분이 $\times2+2$씩 증가하고, 분수 부분의 분자는 $\times2-1$씩, 분모는 $\times2+1$씩 증가하는 수열이다.

따라서 ( )$=(14\times2+2)\left(\dfrac{9\times2-1}{23\times2+1}\right)=30\dfrac{17}{47}$이다.

11

정답 ②

제시된 수열은 (앞의 항) -2.02, $+4.04$, -6.06, $+8.08$, -10.1, $+12.12$, $\cdots$인 수열이다.

따라서 ( )$=36.61-14.14=22.47$이다.

12

정답 ④

놀이기구의 개수를 n개라고 하자.

$5n+12=6(n-2)+2 \rightarrow n=22$

즉, 놀이기구의 개수는 22개이고, 사람은 $5\times22+12=122$명이다.

따라서 구하고자 하는 값은 $22+122=144$이다.

13

정답 ②

가로 또는 세로의 네 숫자를 더하면 20이 된다.

따라서 ( )$=20-(11-8+5)=12$이다.

14

정답 ②

A과목과 B과목을 선택한 학생의 비율이 각각 전체의 40%, 60%이고 A과목을 선택한 학생 중 여학생은 30%, B과목을 선택한 학생 중 여학생은 40%이므로 각 비율을 구하면 다음과 같다.

- A과목을 선택한 여학생의 비율 : $0.4\times0.3=0.12$
- B과목을 선택한 여학생의 비율 : $0.6\times0.4=0.24$

따라서 구하고자 하는 확률은 $\dfrac{0.24}{0.12+0.24}=\dfrac{2}{3}$이다.

15

정답 ④

나열된 수를 각각 A, B, C라고 하면 다음과 같은 규칙이 성립한다.

$\underline{A\ B\ C}\rightarrow(A\times B)-5=C$

따라서 ( )$=(3+5)\div(-4)=-20$이다.

16

정답 ①

현재 부부의 나이의 합을 x살, 딸의 나이를 y살이라 하면 $x=7y$이다. 5년 전 부부의 나이의 합은 $(x-10)$살, 딸의 나이는 $(y-5)$살이므로 다음과 같은 식이 성립된다.

$x-10=12(y-5)$

$\rightarrow 7y-10=12(y-5)$

$y=10$이므로 $x=70$이다.

t년 후에 부부의 나이의 합이 딸의 나이의 4배 이하가 된다고 하면

$70+2t\leq4(10+t)$

$\rightarrow 2t\geq30$

$\therefore t\geq15$

따라서 딸이 $10+15=25$살일 때부터 부부의 나이의 합이 딸의 나이의 4배 이하이다.

17

정답 ②

나열된 수를 각각 A, B, C라고 하면 다음과 같은 규칙이 성립된다.

$\underline{A\ B\ C} \rightarrow A^2 - B^2 = C$

따라서 ( )=$7^2 - 3^2 = 81 \rightarrow 81 = 9^2$이므로 ( )=9이다.

18

정답 ③

A지점에서 P지점 사이의 거리를 $x$km, P지점에서 B지점 사이의 거리를 $(30-x)$km라고 하자.

(A에서 P까지 가는 데 걸린 시간)+(P에서 B까지 가는 데 걸린 시간)=9시간

$\dfrac{x}{3} + \dfrac{30-x}{4} = 9$

$\therefore x = 18$

따라서 A지점과 P지점의 사이의 거리는 18km이다.

19

정답 ⑤

전개도를 접어 입체도형을 만들었을 때 마주보는 면에 적혀 있는 수의 차가 일정한 규칙이다. 왼쪽은 1, 2, 3이고 오른쪽은 2, 3, 4이다.

따라서 ( )=2 또는 8이다.

20

정답 ①

농도가 14%인 A설탕물 300g과 농도가 18%인 B설탕물 200g을 합친 후 100g의 물을 더 넣으면 600g의 설탕물이 되고, 이 설탕물에 녹아있는 설탕의 양은 $300 \times 0.14 + 200 \times 0.18 = 78$g이다. 여기에 C설탕물을 합치면 $600 + 150 = 750$g의 설탕물이 되고, 이 설탕물에 녹아있는 설탕의 양은 $78 + 150 \times 0.12 = 96$g이다.

따라서 마지막 200g에 들어있는 설탕의 질량은 $200 \times \dfrac{96}{750} = 200 \times 0.128 = 25.6$g이다.

제2회 모의고사 정답 및 해설

제 1 영역 언어이해

01	02	03	04	05	06	07	08	09	10
②	②	⑤	②	⑤	⑤	②	④	⑤	④
11	12	13	14	15	16	17	18	19	20
③	①	①	②	③	①	①	⑤	⑤	④

01
정답 ②

제시문은 고전주의의 예술관을 설명한 후 이에 반하는 수용미학의 등장을 설명하고, 수용미학을 처음 제시한 야우스의 주장에 대해 설명하고 있다. 이어서 이것을 체계화한 이저의 주장을 소개하고 이저가 생각한 독자의 역할을 제시한 뒤 이것의 의의에 대해 설명하고 있는 글이다. 따라서 (가) 고전주의 예술관과 이에 반하는 수용미학의 등장 - (라) 수용미학을 제기한 야우스의 주장 - (다) 야우스의 주장을 정리한 이저 - (나) 이저의 이론 속 텍스트와 독자의 상호작용의 의의 순으로 나열하는 것이 가장 적절하다.

02
정답 ②

수직 계열화에서 사용자 중심으로 산업 패러다임이 변화되고 있음을 제시하는 (나) 문단이 가장 먼저 오는 것이 적절하며, 그 다음으로 가스 경보기를 예로 들어 수평적 연결에 대해 설명하는 (다) 문단이 적절하다. 그 뒤를 이어 이러한 수평적 연결이 사물인터넷 서비스로 새롭게 성장한다는 (가) 문단이, 마지막으로는 다양해지는 사물인터넷 서비스에 대해 설명하는 (라) 문단 순으로 나열하는 것이 가장 적절하다.

03
정답 ⑤

제시문에서는 우리 민족과 함께해 온 김치의 역사를 비롯하여 김치의 특징과 다양성 등을 이야기하고 있으며, 복합 산업으로 발전하면서 규모가 성장하고 있는 김치 산업에 대해서도 이야기하고 있다. 따라서 글 전체의 내용을 아우를 수 있는 글의 제목으로 가장 적절한 것은 ⑤이다.

오답분석
①·④ 첫 번째 문단이나 두 번째 문단의 소제목은 될 수 있으나, 글 전체 내용을 나타내는 제목으로는 적절하지 않다.

② 마지막 문단에서 김치 산업에 대한 내용을 언급하고 있지만, 이는 현재 김치 산업의 시장 규모에 대한 내용일 뿐이므로 산업의 활성화 방안과는 거리가 멀다.
③ 김장이 우리 민족의 행사라는 내용은 있지만 글 전체 내용을 나타내는 제목으로는 적절하지 않다.

04
정답 ②

국민연금은 이미 15년 전, 국내에선 아직 ESG 이슈가 낯설었던 2006년부터 위탁 운용을 통해 ESG 전략을 투자에 접목해 왔고 ESG 투자 규모를 늘려왔다.

오답분석
① 국민연금 기금의 규모는 2020년 말 기준 834조 원에 이르며, 1,000조 원 돌파를 목전에 두고 있다.
③ 예전에는 측정할 수 없다는 이유로 ESG 등 비재무적 요소들이 경영·투자판단에 고려되지 않았다.
④ 처음 시작은 EU(유럽연합)였다. EU(유럽연합)를 시작으로 한국·미국 등 주요국에서는 온실가스 거래시장이 만들어졌다.
⑤ 2020년 기준으로 전체 기금 자산에서 차지하는 ESG 투자자산의 비중은 현재 10%이다. 50%는 2021년 목표치이다.

05
정답 ⑤

태양광 도로는 노면 자체가 곧 태양광 발전소이며, 전기차를 충전하거나 겨울철 빙판길 방지에도 활용 가능하다.

오답분석
① 우리나라는 1995년부터 인공태양 연구를 시작했으며 KSTAR, ITER 등 세계적인 핵융합장치를 개발 중에 있다.
② 광전효과는 태양광을 이용한 발전에 의해 발생한다.
③ 독일과 중국 모두 석탄발전보다 태양광발전이 저렴하나, 우리나라는 아직 과도기에 머물러 있다.
④ 선봇을 태양전지에 활용하면 10%에서 20%가 아니라 현재 20% 수준인 발전 효율을 90%까지 끌어올릴 수 있다.

06

정답 ⑤

순환성의 원리에 따르면 화자와 청자의 역할은 원활하게 교대되어 정보가 순환될 수 있어야 한다. 그러나 대화의 상황에 맞게 원활한 교대가 이루어져야 하므로 대화의 흐름을 살펴 순서에 유의하여 말하는 것이 좋으며, 상대방의 말을 가로채는 것은 바람직하지 않다.

오답분석

① 공손성의 원리
② 적절성의 원리
③ 순환성의 원리
④ 관련성의 원리

07

정답 ②

공급자가 소수 기업에 의해 지배되는 경우, 즉 독과점에 해당하는 경우나 공급자가 공급하는 상품이 업계에서 중요한 부품인 경우와 같이 공급자의 힘이 커지면 산업 매력도는 떨어지게 된다.

08

정답 ④

감각으로 검증할 수 없는 존재에 대한 관념은 그것의 실체를 확인할 수 없기 때문에 거짓으로 보아야 하는 문제가 발생하는 것은 대응설이다.

09

정답 ⑤

제시문에서는 사유 재산에 대한 개인의 권리 추구로 다수가 피해를 입게 된다면 사익보다 공익을 우선시하여 개인의 권리가 제한되어야 한다고 주장한다. 따라서 이러한 주장에 대한 반박으로는 개인인 땅 주인이 권리를 행사함에 따라 다수인 마을 사람들에게 발생하는 피해가 법적으로 증명되어야만 권리를 제한할 수 있다는 ⑤가 가장 적절하다.

10

정답 ④

문맥의 흐름으로 볼 때 빈칸에는 '유쾌한 건망증'의 예가 될 만한 속담이 들어가야 한다. 따라서 빈칸 뒷부분에서 소개되고 있는 일화와 비슷한 성격의 내용이 담긴 속담인 ④가 들어가는 것이 가장 적절하다.

11

정답 ③

제시문은 건축물에 대해서 고대 그리스, 헬레니즘, 로마 시대를 순서대로 나열하여 설명하고 있다. 따라서 역사적 순서대로 주제의 변천에 대해 서술하고 있음을 알 수 있다.

12

정답 ①

제시문에서는 물리적 태세와 목적론적 태세 그리고 지향적 태세라는 추상적 개념을 구체적인 사례(소금, 〈F8〉 키, 쥐)를 통해 설명하고 있다.

13

정답 ①

제시문은 스타 시스템의 문제점을 지적하고 글쓴이 나름대로의 대안을 모색하고 있다.

14

정답 ②

르네상스의 야만인 담론은 이전과는 달리 현실적 구체성을 띠고 있지만 전통적인 야만인관에 의해 각색되는 것은 여전하다.

오답분석

①·④·⑤ 두 번째 문단에서 확인할 수 있다.
③ 첫 번째 문단에서 확인할 수 있다.

15

정답 ③

마지막 문단에 따르면 모든 동물이나 식물종을 보존할 수 없는 것과 같이 언어 소멸 역시 막기 어려운 측면이 있으며 그럼에도 이를 그저 바라만 볼 수는 없다고 하였다. 즉, 언어 소멸 방지의 어려움을 동물이나 식물종을 완전히 보존하기 어려운 것에 비유한 것이지, 언어 소멸 자체가 자연스럽고 필연적인 현상인 것은 아니다.

오답분석

① 두 번째 문단에 따르면 히브리어는 지속적으로 공식어로 사용할 의지에 따라 부활한 언어임을 알 수 있다.
② 두 번째 문단에서 '토착 언어 사용자들의 거주지가 파괴되고 종족 말살과 동화(同化)교육이 이루어지며, 사용 인구가 급격히 감소하는 것' 이외에도 전자 매체의 확산이 언어 소멸의 원인이 된다고 하였다. 따라서 타의적·물리적 압력에 의해서만 언어 소멸이 이루어지는 것은 아님을 알 수 있다.
④ 마지막 문단 두 번째 문장의 '가령, 어떤 ~ 초래할 수도 있다.'를 통해 알 수 있다.
⑤ 첫 번째 문단에 따르면 전 세계적으로 3,000개의 언어가 소멸해 가고 있으며, 이 중에서 약 600개의 언어는 사용자 수가 10만 명을 넘으므로 비교적 안전한 상태라고 언급했다. 따라서 나머지 약 2,400개의 언어는 사용자 수가 10만 명이 넘지 않는다고 추측할 수 있다.

16

정답 ①

마지막 문단의 설명처럼 선거 기간 중 여론 조사 결과의 공표 금지 기간이 과거에 비해 대폭 줄어든 것은 국민들의 알 권리를 보장하기 위한 것이다. 따라서 공표 금지 기간이 길어질수록 알 권리는 약화된다.

17 정답 ①

국가 주요 정책이나 환경에 대한 관심이 상표 출원에 많은 영향을 미치고 있음을 알 수 있다.

오답분석

② 친환경 상표가 가장 많이 출원된 제품이 화장품인 것은 맞지만 그 안전성에 대해서는 언급하고 있지 않기 때문에 유추하기 어렵다.

③ 환경과 건강에 대한 관심이 증가하면서 앞으로도 친환경 관련 상표 출원은 증가할 것으로 유추할 수 있다.

④ 2007 ~ 2017년까지 영문자 ECO가 상표 출원실적이 가장 높았으며 그다음은 그린, 에코 순이다. 제시문의 내용만으로는 유추하기 어렵다.

⑤ 출원건수는 상품류를 기준으로 한다. ECO 달세제, ECO 별세제는 모두 친환경 세제라는 상품류에 속하므로 단류 출원 1건으로 계산한다.

18 정답 ⑤

제시문은 셰익스피어의 작품 『맥베스』에 나타난 비극의 요소를 설명하는 글이다. 제시된 글의 마지막 문장을 통해 『맥베스』가 처음으로 언급되고 있으므로, 이어질 내용은 『맥베스』라는 작품에 대한 설명이 오는 것이 적절하다. 따라서 (다) 『맥베스』의 기본적인 줄거리 - (나) 『맥베스』의 전개 특징 - (라) 『맥베스』가 인간의 내면 변화를 집중적으로 다루는 이유 - (가) 『맥베스』에 대한 일반적인 평가의 순으로 나열하는 것이 가장 적절하다.

19 정답 ⑤

제시문은 검무의 정의와 기원, 검무의 변천 과정과 구성, 검무의 문화적 가치를 설명하는 글이다.

20 정답 ④

보기의 내용은 감각이 아닌 산술 혹은 기하학 등 단순한 것의 앎에 대한 의심으로서, 특히 '하느님과 같은 어떤 전능자가 명백하다고 여겨지는 것들에 관해서도 속을 수 있는 본성을 나에게 줄 수 있다.'라는 마지막 문장을 주시해야 한다. 또한 (라) 시작 부분에 '누구든지 나를 속일 수 있거든 속여 보라.'라는 문장을 보면, 보기의 마지막과 (라)의 시작 부분이 연결됨을 알 수 있다. 따라서 보기의 내용이 들어갈 위치로 가장 적절한 곳은 (라)이다.

제2영역 언어추리

01	02	03	04	05	06	07	08	09	10
⑤	④	①	①	③	④	⑤	④	⑤	⑤
11	12	13	14	15	16	17	18	19	20
④	⑤	①	③	④	④	①	①	①	①

01 정답 ⑤

'홍보실'을 A, '워크숍에 간다.'를 B, '출장을 간다.'를 C라고 했을 때, 첫 번째 명제와 마지막 명제는 각각 A → B, ~C → B이다. 따라서 마지막 명제가 참이 되려면 ~C → A 또는 ~A → C가 필요하므로 '홍보실이 아니면 출장을 간다.'는 명제가 적절하다.

02 정답 ④

p='비가 옴', q='한강 물이 불어남', r='보트를 탐', s='자전거를 탐'이라고 하면 $p → q$, $~p → ~r$, $~s → q$이다. 앞의 두 명제를 연결하면 $r → p → q$이고, 결론이 $~s → q$가 되기 위해서는 $~s → r$이라는 명제가 추가로 필요하다. 따라서 '자전거를 타지 않으면 보트를 탄다.'는 명제가 적절하다.

03 정답 ①

'노란 재킷을 입는다.'를 A, '빨간 운동화를 신는다.'를 B, '파란 모자를 쓴다.'를 C라고 한다면 첫 번째 명제는 A → B이다. 따라서 A → C라는 결론을 얻기 위해서는 B → C 또는 ~C → ~B라는 명제가 적절하다.

04 정답 ①

'어떤 음식은 식물성이다.'는 '식물성인 것 중에는 음식이 있다.'와 같은 말이다. 따라서 이를 바꾸어 표현하면 '어떤 식물성인 것은 음식이다.'는 명제가 적절하다.

05 정답 ③

명제가 참이면 이의 대우 명제도 참이다. 즉, '을이 좋아하는 과자는 갑이 싫어하는 과자이다.'가 참이면 '갑이 좋아하는 과자는 을이 싫어하는 과자이다.'도 참이다. 따라서 '갑은 비스킷을 좋아하고, 을은 비스킷을 싫어한다.'는 명제는 반드시 참이다.

06 정답 ④

p='도보로 걸음', q='자가용 이용', r='자전거 이용', s='버스 이용'이라고 하면 $p → ~q$, $r → q$, $~r → s$이며, 두 번째 명제의 대우인 $~q → ~r$이 성립함에 따라 $p → ~q → ~r → s$가 성립한다. 따라서 '도보로 걷는 사람은 버스를 탄다.'는 명제는 반드시 참이다.

07 정답 ⑤

직원 A ~ E 중 직원 C는 직원 E의 성과급이 늘었다고 하였고, 직원 D는 직원 E의 성과급이 줄었다고 하였으므로 직원 C와 D 중 한 명은 거짓말을 하고 있다.
- 직원 C가 거짓말을 하고 있는 경우
  직원 'B − A − D' 순으로 성과급이 늘었고, 직원 E와 C는 성과급이 줄어들었지만, 순위는 알 수 없다.
- 직원 D가 거짓말을 하고 있는 경우
  직원 'B − A − D' 순으로 성과급이 늘었고, 직원 C와 E도 성과급이 늘었지만, 순위는 알 수 없다.

따라서 어떤 경우이든 직원 E의 성과급 순위는 알 수 없다.

08 정답 ④

제시된 조건을 식으로 표현하면 다음과 같다.
- 첫 번째 조건의 대우 : A → C
- 네 번째 조건의 대우 : C → ~E
- 두 번째 조건 : ~E → B
- 세 번째 조건의 대우 : B → D

위의 조건식을 정리하면 A → C → ~E → B → D이므로 주말여행에 참가하는 사람은 A, B, C, D 4명이다.

09 정답 ⑤

조건의 주요 명제들을 순서대로 논리 기호화하여 표현하면 다음과 같다.
- 두 번째 명제 : 머그컵 → ~노트
- 세 번째 명제 : 노트
- 네 번째 명제 : 태블릿PC → 머그컵
- 다섯 번째 명제 : ~태블릿PC → (가습기 ∧ ~컵받침)

세 번째 명제에 따라 노트는 반드시 선정되며, 두 번째 명제의 대우(노트 → ~머그컵)에 따라 머그컵은 선정되지 않는다. 그리고 네 번째 명제의 대우(~머그컵 → ~태블릿PC)에 따라 태블릿PC도 선정되지 않으며, 다섯 번째 명제에 따라 가습기는 선정되고 컵받침은 선정되지 않는다. 따라서 총 3개의 경품을 선정한다고 하였으므로 노트, 가습기와 함께 펜이 경품으로 선정된다.

10 정답 ⑤

제시된 조건을 표로 정리하면 다음과 같다.

구분	A	B	C	D	E
가	○	○	×	?	?
나	?	?	○	○	?
다	○	○	?	?	×
라	×	○	?	×	?
마	○	×	?	○	×

나는 병이 치료되지 않았기 때문에 C와 D는 성공한 신약이 아니다.

- A가 신약인 경우

구분	A(신약)	B	C	D	E
가	○	○	×	?	?
나	×	?	○	○	×
다	○	○	?	?	×
라	×	○	?	×	?
마	○	×	?	○	×

세 명이 치료되므로 신약이 될 수 없다.

- B가 신약인 경우

구분	A	B(신약)	C	D	E
가	○	○	×	?	?
나	?	×	○	○	×
다	○	○	?	?	×
라	×	○	?	×	?
마	○	×	?	○	×

세 명이 치료되므로 신약이 될 수 없다.

- E가 신약인 경우

구분	A	B	C	D	E(신약)
가	○	○	×	?	?
나	?	?	○	○	×
다	○	○	?	?	×
라	×	○	?	×	?
마	○	×	?	○	×

가와 라 두 명이 치료될 수 있으므로 선공한 신약이 될 수 있다. 따라서 개발에 성공한 신약이 E이다.

11 정답 ④

라팀은 파란색을 선택하였으므로 보라색을 사용하지 않고, 나와 다팀도 보라색을 사용한 적이 있으므로 가팀은 보라색을 선택한다. 나팀은 빨간색을 사용한 적이 있고, 파란색과 보라색은 사용할 수 없으므로 노란색을 선택한다. 다팀은 나머지 빨간색을 선택한다. 이를 표로 정리하면 다음과 같다.

가	나	다	라
보라색	노란색	빨간색	파란색

따라서 항상 참인 것은 ④이다.

오답분석
① · ③ · ⑤ 주어진 정보만으로는 판단하기 힘들다.
② 가팀의 상징색은 보라색이다.

12 정답 ⑤

주어진 조건에 따라 앞서 달리고 있는 순서대로 나열하면 'A − D − C − E − B'가 된다. 따라서 이 순위대로 결승점까지 달린다면 C는 3등을 할 것이다.

13
정답 ①

D와 E의 주장이 서로 상반되므로 2명 중에 1명은 거짓을 말하고 있는 범인인 것을 알 수 있다.

• D가 범인인 경우
D가 거짓을 말하고 있으므로 A는 범인이 아니다. A가 범인이 아니며, E는 진실을 말하고 있으므로 B 또한 범인이 아니다. 따라서 B가 범인이라고 주장한 C가 범인이고, 나머지는 진실만을 말하므로 범인이 아니다.

• E가 범인인 경우
E가 거짓을 말하고 있으므로 A와 B는 범인이 아니며, A와 B의 주장은 진실이 된다. A는 B, D 중 1명이 범인이라고 했는데 B는 범인이 아니므로 D가 범인이 되고, B의 주장에 따라 C 또한 범인이 되어 범인은 모두 3명으로 모순이 발생된다.

따라서 C와 D가 범인임을 알 수 있다.

14
정답 ③

A/S 기간이 짧은 순서대로 제품을 나열하면 '컴퓨터 - 세탁기 - 냉장고 - 에어컨'이므로 컴퓨터의 A/S 기간이 가장 짧은 것을 알 수 있다.

15
정답 ④

서울 대표를 기준으로 하여 시계 방향으로 '서울 - 대구 - 춘천 - 경인 - 부산 - 광주 - 대전 - 속초' 순서로 앉아 있다. 따라서 경인 대표의 맞은편에 앉은 사람은 속초 대표이다.

16
정답 ④

D가 산악회 회원인 경우와 아닌 경우로 나누어 보면 다음과 같다.

• D가 산악회 회원인 경우
네 번째 조건에 따라 D가 산악회 회원이면 B와 C도 산악회 회원이 되며, A는 두 번째 조건의 대우에 따라 산악회 회원이 될 수 없다. 따라서 B, C, D가 산악회 회원이다.

• D가 산악회 회원이 아닌 경우
세 번째 조건에 따라 D가 산악회 회원이 아니면 B가 산악회 회원이 아니거나 C가 산악회 회원이어야 한다. 그러나 첫 번째 조건의 대우에 따라 C는 산악회 회원이 될 수 없으므로 B가 산악회 회원이 아님을 알 수 있다. 따라서 B, C, D 모두 산악회 회원이 아니다. 이때 최소 1명 이상은 산악회 회원이어야 하므로 A는 산악회 회원이다.

따라서 항상 참인 것은 ④이다.

17
정답 ①

B사원은 2층에 묵는 A사원보다 높은 층에 묵지만, C사원보다는 낮은 층에 묵으므로 3층 또는 4층에 묵을 수 있다. 그러나 D사원이 C사원 바로 아래층에 묵는다고 하였으므로 D사원이 4층, B사원은 3층에 묵는 것을 알 수 있다. 따라서 A~D를 높은 층에 묵는 순서대로 나열하면 'C-D-B-A'가 되며, E는 남은 1층에 묵는 것을 알 수 있다.

18
정답 ①

다음의 논리 순서를 따라 주어진 조건을 정리하면 쉽게 접근할 수 있다.

• 네 번째 조건 : 1층에 경영지원실이 위치한다.
• 첫 번째 조건 : 1층에 경영지원실이 위치하므로 4층에 기획조정실이 위치한다.
• 두 번째 조건 : 2층에 보험급여실이 위치한다.
• 세 번째 조건 : 3층에 급여관리실, 5층에 빅데이터운영실이 위치한다.

따라서 1층부터 순서대로 '경영지원실 - 보험급여실 - 급여관리실 - 기획조정실 - 빅데이터운영실'이 위치하므로 5층에 있는 부서는 빅데이터운영실이다.

19
정답 ①

Q와 R이 유죄와 무죄인 경우로 나누면 다음과 같다.

• Q, R이 유죄인 경우
P, S, T가 무죄가 되어야 한다. 하지만 S가 무죄일 때, R이 무죄라는 조건이 성립하지 않아 오류가 발생한다.

• Q, R이 무죄인 경우
P가 무죄라면 Q, T도 무죄여야 하기 때문에 P, R, Q, T가 무죄라는 오류가 발생한다.

따라서 Q, R이 무죄이고 P가 유죄, S가 무죄일 때 모든 조건을 만족하기 때문에 P, T가 유죄이고 Q, R, S가 무죄임을 알 수 있다.

20
정답 ①

부산이 네 번째 여행지였을 때 가능한 경우를 표로 정리하면 다음과 같다.

1번째	2번째	3번째	4번째	5번째	6번째
전주	강릉	춘천	부산	안동	대구

따라서 전주는 민호의 1번째 여행지이다.

제3영역 자료해석

01	02	03	04	05	06	07	08	09	10
④	④	③	②	④	①	③	④	⑤	②
11	12	13	14	15	16	17	18	19	20
⑤	②	②	②	①	⑤	②	③	①	②

01 정답 ④

• 2021년 전년 대비 감소율 : $\dfrac{23-24}{24}\times100 ≒ -4.17\%$

• 2022년 전년 대비 감소율 : $\dfrac{22-23}{23}\times100 ≒ -4.35\%$

따라서 2022년이 2021년보다 더 큰 비율로 감소하였다.

오답분석

① 2023년 총지출을 a억 원이라고 가정하면, $a\times0.06=21$억 원이 → $a=\dfrac{21}{0.06}=350$억 원이다.

② 2019 ~ 2023년 동안 경제 분야에 투자한 금액은 $20+24+23+22+21=110$억 원이다.

③ 2020년 경제 분야 투자 규모의 전년 대비 증가율은 $\dfrac{24-20}{20}\times100=20\%$이다.

⑤ 2020 ~ 2023년 동안 경제 분야 투자 규모의 전년 대비 증감 추이는 '증가 – 감소 – 감소 – 감소'이고, 총지출 대비 경제 분야 투자 규모 비중의 경우 '증가 – 증가 – 감소 – 감소'이다.

02 정답 ④

2017년, 2018년, 2021년은 금융부채가 비금융부채보다 각각 약 1.48배, 1.48배, 1.4배 많다.

오답분석

① 부채는 2020년 이후 줄어들고 있다.
② 자본은 비금융부채보다 매년 약 1.9 ~ 6.3배 이상이다.
③ 자산은 2014 ~ 2022년까지 꾸준히 증가했다.
⑤ 2020년의 부채비율은 $56.6÷41.6\times100 ≒ 136.1$로 약 136% 이며, 부채비율이 가장 높다.

03 정답 ③

2018 ~ 2023년 국내 제조 수출량 대비 국외 제조 수출량의 비율을 비교해 보면 다음과 같다.

• 2018년 : $\dfrac{504,430}{909,180}\times100 ≒ 55\%$

• 2019년 : $\dfrac{1,447,750}{619,070}\times100 ≒ 234\%$

• 2020년 : $\dfrac{1,893,780}{229,190}\times100 ≒ 826\%$

• 2021년 : $\dfrac{2,754,770}{162,440}\times100 ≒ 1,696\%$

• 2022년 : $\dfrac{2,206,710}{313,590}\times100 ≒ 704\%$

• 2023년 : $\dfrac{2,287,840}{398,360}\times100 ≒ 574\%$

따라서 국내 제조 수출량 대비 국외 제조 수출량 비율이 가장 높은 해는 2021년도이다.

오답분석

① 2019년의 총 세탁기 수출량은 2018년보다 $\dfrac{2,066,820-1,413,610}{1,413,610}\times100 ≒ 46.2\%$ 증가하였다.

② 2021년에 총 수출한 세탁기 수는 2,917,210대이며, 초과분은 120만 대를 제외한 1,717,210대이다.

④ 2022년은 미국이 한국에게 세이프가드를 적용한 지 2년째이 므로 120만 대까지 관세는 18%이다.

⑤ 2018년부터 2021년까지 국내 제조 수출량은 계속 감소하고, 국외 제조 수출량은 계속 증가했음을 알 수 있다.

04 정답 ②

영국의 2023년 지식재산권 지급 금액의 전년 대비 감소율은 $\dfrac{7,015-6,907}{7,015}\times100 ≒ 1.54\%$로 10% 미만으로 감소했다.

오답분석

① 제시된 자료를 통해 매년 지식재산권 수입이 증가했음을 알 수 있다.

③ 매년 한국의 지식재산권 수입의 3배와 독일의 지식재산권 수입을 비교하면 다음과 같다.
• 2021년 : $2,610\times3=7,830$백만 원<7,977백만 원
• 2022년 : $2,789\times3=8,367$백만 원<8,511백만 원
• 2023년 : $3,656\times3=10,968$백만 원<11,003백만 원
따라서 매년 한국의 지식재산권 수입의 3배보다 독일의 지식 재산권 수입이 더 크다는 것을 알 수 있다.

④ 일본의 2021 ~ 2023년 지식재산권 수입 및 지급 금액은 매년 가장 많다.

⑤ 2021 ~ 2023년 동안 한국을 제외한 모든 나라들은 지식재산 권 수입보다 지식재산권 지급이 낮다.

05 정답 ④

광고경기 체감도가 80 ~ 99점이라고 답한 수도권 업체의 수는 $5,128\times0.305 ≒ 1,564$개이다. 체감도가 120점 이상인 경상권 업체 수는 $1,082\times0.118 ≒ 128$개이다.

따라서 광고경기 체감도가 80 ~ 99점이라 답한 수도권 업체 수는 체감도가 120점 이상이라 답한 경상권 업체 수의 $1,564÷128 ≒$ 12배이다.

06

영화의 매출액은 매년 전체 매출액의 약 50%를 차지하는 것을 알 수 있다.

오답분석

② 2017 ~ 2018년의 전년 대비 매출액의 증감 추이는 게임의 경우 '감소 - 증가'이고, 음원은 '증가 - 증가'이다.
③ 2018년에 SNS의 매출액은 전년에 비해 감소하였다.
④ 2021년과 2023년 음원 매출액은 SNS 매출액의 2배 미만이다.
⑤ 2021년에 SNS와 영화의 전년 대비 증가한 매출액은 250억 원, 273억 원으로 영화가 더 크지만 2020년 매출액은 SNS가 더 작기 때문에 증가율이 가장 큰 콘텐츠는 SNS이다.

07
정답 ③

- 1인 1일 사용량에서 영업용 사용량이 차지하는 비중
  : $\frac{80}{282} \times 100 ≒ 28.37\%$
- 1인 1일 가정용 사용량의 하위 두 항목이 차지하는 비중
  : $\frac{20+13}{180} \times 100 ≒ 18.33\%$

08
정답 ④

매년 조사대상의 수는 동일하게 2,500명이므로 비율의 누적 값으로만 판단한다. 3년간의 월간 인터넷 쇼핑 이용 누적 비율을 구하면 다음과 같다.
- 1회 미만 : 30.4+8.9+18.6=57.9%
- 1회 이상 2회 미만 : 24.2+21.8+22.5=68.5%
- 2회 이상 3회 미만 : 15.9+20.5+19.8=56.2%
- 3회 이상 : 29.4+48.7+39.0=117.1%

따라서 두 번째로 많이 응답한 인터넷 쇼핑 이용 빈도수는 1회 이상 2회 미만이다.

오답분석

① 제시된 자료를 통해 알 수 있다.
② 2021년 월간 인터넷 쇼핑을 3회 이상 이용했다고 응답한 사람은 2,500×0.487=1,217.5명이다.
③ 1회 이상 2회 미만 쇼핑했다고 응답한 사람의 2021년 비율은 21.8%이고, 2022년은 22.5%이다. 따라서 $\frac{22.5-21.8}{21.8} \times 100 ≒ 3.2\%$이므로 3%p 이상 증가했다.
⑤ 2022년 월간 인터넷 쇼핑을 2회 이상 3회 미만 이용했다고 응답한 비율은 19.8%이고, 2021년 1회 미만으로 이용했다고 응답한 비율은 8.9%이다. 따라서 2배 이상 많다.

09
정답 ⑤

2019년부터는 한국의 PCT 출원 건수가 더 많다.

오답분석

① 2023년은 전년도 5.88%에 비해 5.75%로 감소했지만, 다른 해에는 모두 증가 추세를 보이고 있다.

② 중국은 8.86-1.83=7.03%p가 증가했다.
③ 독일, 프랑스, 미국이 이에 해당한다.
④ 미국은 2017 ~ 2023년에 매년 26% 이상을 유지하고 있으며 그 비중이 가장 크다.

10
정답 ②

2023년 김치 수출액이 3번째로 많은 국가는 홍콩이다. 홍콩의 2022년 대비 2023년 수출액의 증감률은 $\frac{4,285-4,543}{4,543} \times 100 ≒ -5.68\%$이다.

11
정답 ⑤

전년 동월 대비 유럽의 2024년 10월의 내국인과 유럽 방문객 증가율은 다음과 같다.
- 유럽의 국내 방문객 증가율 : $\frac{49,320-43,376}{43,376} \times 100 ≒ 13.7\%$
- 내국인의 유럽 방문객 증가율 : $\frac{46,460-42,160}{42,160} \times 100 ≒ 10.2\%$

따라서 유럽의 국내 방문객 증가율이 더 높다.

오답분석

① 홍콩, 필리핀, 싱가포르, 말레이시아, 인도네시아가 해당된다.
② 내국인의 미국 방문객 감소량은 45,332-42,392=2,940명이고, 말레이시아의 국내 방문객 감소량은 10,356-7,847=2,509명이다.
③ 제시된 자료를 통해 쉽게 확인할 수 있다.
④ 중국, 일본, 태국, 필리핀, 홍콩 순서로 동일하다.

12
정답 ②

2,970,974×0.4=1,188,389.6<1,345,897이므로 40% 이상이다.

오답분석

① 환경보호 관련 지출액이 가장 큰 분야는 35.2%로 폐수관리이고, 수입액이 가장 큰 분야는 61.1%로 폐기물관리이다.
③ 부산물 수입이 10% 미만인 분야는 8개이며, 보조금이 10% 미만인 분야는 7개이다.
④ 1,438,272×0.7=1,006,790.4>987,942이다.
⑤ 투자지출은 3,767,561백만 원으로 폐수관리가 가장 많다.

13
정답 ②

2021년 대비 2023년에 가장 눈에 띄는 증가율을 보인 면세점과 편의점, 무점포 소매점의 증가율을 계산하면 다음과 같다.
- 2021년 대비 2023년 면세점 판매액의 증가율
  : $\frac{14,465-9,198}{9,198} \times 100 ≒ 57\%$
- 2021년 대비 2023년 편의점 판매액의 증가율
  : $\frac{22,237-16,455}{16,455} \times 100 ≒ 35\%$

- 2021년 대비 2023년 무점포 소매점 판매액의 증가율

$$\frac{61,240-46,788}{46,788}\times100\fallingdotseq31\%$$

따라서 2023년 두 번째로 높은 비율의 판매액 증가를 보인 소매 업태는 편의점이고, 증가율은 약 35%이다.

14　　　　　　　　　　　　　　　　　정답 ②

연도별 자금규모 항목을 더한 비율은 100%이어야 한다.
따라서 (가)에 들어갈 수치는 $100-(29.2+13.2+21.2+17.2+5)$
$=14.2$이다.

15　　　　　　　　　　　　　　　　　정답 ①

ㄱ. 4월 1일과 4월 10일의 누적 확진자 수 중 누적 사망자 수의 비율은 다음과 같다.

- 4월 1일 : $\dfrac{242}{1,028}\times100\fallingdotseq23.5\%$

- 4월 10일 : $\dfrac{658}{4,040}\times100\fallingdotseq16.3\%$

　따라서 4월 1일과 10일의 비율 차이는 $23.5-16.3=7.2\%$이고, 8%보다 낮다.

ㄴ. 4월 2일부터 4월 7일까지 전일 대비 사망자 수 증가량의 평균은 $(46+17+63+24+56+42)\div6\fallingdotseq41$명, 4월 8일부터 4월 10일까지 전일 대비 사망자 수 증가량의 평균은 $(40+71+57)\div3\fallingdotseq56$명이다.

오답분석

ㄷ. 4월 6일의 누적 확진자 수와 누적 사망자 수의 차이는 $2,420-448=1,972$명이고, 누적 확진자 수와 누적 사망자 수의 차이가 2천 명 이상인 날은 4월 7일 이후이다.

ㄹ. 전일 대비 확진자 수가 가장 많이 증가한 날은 479명인 4월 9일이며, 전일 대비 사망자 수가 가장 많이 증가한 날도 71명인 4월 9일로 같다.

16　　　　　　　　　　　　　　　　　정답 ⑤

1인당 GDP가 가장 높은 국가는 노르웨이이며, 노르웨이는 인간 개발지수도 0.949로 가장 높다.

오답분석

① 인터넷 사용률이 60% 미만인 나라는 불가리아, 도미니카공화국, 멕시코로 3개국이고, 국회의원 선거 투표율이 50% 이하인 나라는 칠레, 멕시코, 2개국이므로 옳지 않다.

② GDP 대비 공교육비 비율에서 1 ~ 3위는 '노르웨이 – 벨기에 – 멕시코' 순이고, 인터넷 사용률의 경우 1 ~ 3위는 '노르웨이 – 대한민국 – 벨기에' 순이므로 같지 않음을 알 수 있다.

③ GDP 대비 공교육비 비율이 가장 낮은 나라는 도미니카공화국이고, 국회의원 선거 투표율이 가장 낮은 나라는 멕시코이므로 옳지 않다.

④ GDP 대비 공교육비 비율 하위 3개국은 도미니카공화국(2.1%), 불가리아(3.5%), 이탈리아(4.1%)이며, 대한민국(4.6%)은 이보다 높으므로 옳지 않다.

17　　　　　　　　　　　　　　　　　정답 ②

2022년에 여성 중 81 ~ 90세와 100세 이상의 기대여명은 감소했다.

오답분석

① · ⑤ 제시된 자료를 통해 확인할 수 있다.

③ 1970년 대비 2022년에 변동이 가장 적은 연령대는 남여 모두 변동폭이 0.4인 100세 이상이다.

④ 1970년 대비 2022년에 기대여명이 가장 많이 늘어난 것은 20.3년 증가한 0세 남성이다.

18　　　　　　　　　　　　　　　　　정답 ③

오답분석

① 자료보다 2020년 컴퓨터 수치가 낮다.

② 자료보다 2020년 스마트폰 수치가 높다.

④ 자료보다 2023년 스마트폰 수치가 높다.

⑤ 자료보다 2023년 스마트패드 수치가 높다.

19　　　　　　　　　　　　　　　　　정답 ①

오답분석

② 10세 남녀 체중 모두 그래프의 수치가 자료보다 높다.

③ 4 ~ 5세 남자 표준 키 수치가 자료보다 낮다.

④ 12 ~ 13세 여자 표준 키 및 체중이 자료보다 높다.

⑤ 11 ~ 13세의 바로 전 연령 대비 남자 표준 키의 차가 자료보다 낮다.

20　　　　　　　　　　　　　　　　　정답 ②

2023년에 각각 혼인한 건수와 이혼한 건수는 알 수 있지만, 2023년에 결혼한 사람들이 얼마나 이혼할지는 알 수 없다. 따라서 ⓒ은 옳지 않다.

오답분석

㉠ 인구를 구하면, $375,600\div0.008=46,950,000$
　조이혼율$(x)=(116,700\div46,950,000)\times1,000\fallingdotseq2.5$

ⓒ 인구 1,000명당 9명이 혼인한 것이다.

㉣ $y=167.1-(41.0+38.6+32.8+24.9)=29.8$
　따라서 20년 이상은 2.75배(175%) 증가하여 증가율이 가장 높다.

01	02	03	04	05	06	07	08	09	10
②	③	①	⑤	⑤	①	①	④	②	④
11	12	13	14	15	16	17	18	19	20
④	①	①	④	④	③	③	④	④	③

01 정답 ②

제시된 수열은 정수 부분이 $+1$, $+2$, $+3$, … 씩 증가하고 분수 부분의 분자는 $+1$씩 증가하고, 분모는 $+4$씩 증가하는 수열이다.

따라서 ( )$=\left(\dfrac{7+1}{21+4}\right)=22\dfrac{8}{25}$ 이다.

02 정답 ③

L사의 전 직원을 x명이라고 하자. 찬성한 직원은 $0.8x$명 이고, 그중 남직원은 $0.8x \times 0.7 = 0.56x$명이다.

구분	찬성	반대	합계
남자	$0.56x$	$0.04x$	$0.6x$
여자	$0.24x$	$0.16x$	$0.4x$
합계	$0.8x$	$0.2x$	x

따라서 여직원을 뽑았을 때, 이 사람이 유연근무제에 찬성한 사람일 확률은 $\dfrac{0.24x}{0.4x}=\dfrac{3}{5}$ 이다.

03 정답 ①

제시된 수열은 정수 부분이 1^3, 2^3, 3^3, 4^3, … 이고 소수 부분이 -0.03씩 감소하는 수열에서 짝수 번째 항이 음수인 수열이다.
따라서 홀수 번째 항으로 양수이므로 ( )$=5^3+(0.72-0.03)$ $=125.69$이다.

04 정답 ⑤

두 지점 A, B사이의 거리를 $x$km라 하면 A에서 B로 갈 때 걸리는 시간은 $\dfrac{x}{16}$, B에서 A로 되돌아올 때 걸리는 시간은 $\dfrac{x}{8}$ 이므로 $\dfrac{x}{16}+\dfrac{x}{8}\leq\dfrac{3}{2}$ 이다.
따라서 $3x \leq 24 \rightarrow x \leq 8$이므로 두 지점 사이의 거리는 최대 8km 떨어져 있어야 한다.

05 정답 ⑤

나열된 수를 각각 A, B, C라고 하면 다음과 같은 규칙이 성립한다.
$$\underline{A\ B\ C} \rightarrow A^B = C$$
따라서 ( )$=5^3=125$

06 정답 ①

딸기 맛 1개의 가격을 x원, 바닐라 맛 1개를 y원, 초콜릿 맛 1개를 z원이라 하면 다음과 같은 식을 세울 수 있다.
- $2x+z=7,000 \cdots$ ㉠
- $2y=4,000 \cdots$ ㉡
- $3x+2z=11,500 \cdots$ ㉢

㉠, ㉡, ㉢을 연립하면 $x=800$, $y=2,000$, $z=2,000$이다.
따라서 유미가 지불해야 하는 금액은 $2,500+2,000=4,500$원이다.

07 정답 ①

제시된 수열은 정수 부분이 -1, -2, -3, … 씩 감소하고, 분자는 -3씩, 분모는 -2씩 감소하는 수열이다.
따라서 ( )$=(94-4)\left(\dfrac{90-3}{95-2}\right)=90\dfrac{87}{93}$ 이다.

08 정답 ④

민경이가 이동한 시간을 x초, 선화가 이동한 시간을 $(x-180)$초라고 하면
$$3x+2(x-180)=900$$
$$\rightarrow 5x=1,260$$
$$\therefore x=252$$
따라서 민경이는 4분 12초 후 선화와 만난다.

09 정답 ②

제시된 수열은 $(4\times3)+(2\times1)\times0.01$, $(5\times4)+(3\times2)\times0.01$, $(6\times5)+(4\times3)\times0.01$, … 인 수열이다.
따라서 ( )$=(10\times9)+(8\times7)\times0.01=90.56$이다.

10 정답 ④

오염물질의 양은 $\dfrac{3}{100}\times30=0.9$L이고, 여기에 깨끗한 물을 xL 더 넣는다면 다음 식이 성립한다.
$$\dfrac{0.9}{30+x}\times100=3-0.5$$
$$\rightarrow 2.5(30+x)=90$$
$$\therefore x=6$$
따라서 깨끗한 물은 6L를 더 넣는다.

11   정답 ④

나열된 수를 각각 A, B, C라고 하면 다음과 같은 규칙이 성립한다.

$\underline{A \ B \ C} \rightarrow (A+B)-2C$

따라서 ( )$=(-13)\times(-2)-(-4)=30$이다.

12   정답 ①

빨간색 버튼을 누를 때 나오는 과자 개수를 x개, 파란색 버튼은 y개일 때, 한 번씩 누를 때 과자 10개가 나오는 방정식과 빨간색 버튼 세 번과 파란색 버튼 두 번 누르면 6명의 아이들이 과자 4개씩 먹을 수 있는 방정식은 다음과 같다.

$x+y=10 \cdots \bigcirc$

$3x+2y=6\times 4=24 \cdots \bigcirc\!\!\!\bigcirc$

$\bigcirc$과 $\bigcirc\!\!\!\bigcirc$을 연립하면

$x=4$, $y=6$

따라서 파란색 버튼을 한 번 누르면 과자는 6개가 나온다.

13   정답 ①

제시된 수열은 홀수 번째 항일 때 $+2.13$씩 증가하고, 짝수 번째 항일 때 $+4.31$씩 증가하는 수열이다.

따라서 ( )$=29.67+4.31=33.98$이다.

14   정답 ④

전개도를 접어 입체도형을 만들었을 때 마주보는 면에 적힌 숫자의 차가 왼쪽 전개도부터 각각 5, 6, 7이다.

따라서 ( )$=9$이다.

15   정답 ④

500g의 설탕물에 녹아있는 설탕의 양을 xg이라고 하자.

농도 3%의 설탕물 200g에 들어있는 설탕의 양은 $\frac{3}{100}\times 200=6$g 이다.

$\frac{x+6}{500+200}\times 100=7$

$\therefore \ x+6=49$

따라서 500g의 설탕물에 녹아있는 설탕의 양은 43g이다.

16   정답 ③

앞의 항에 $\times 4+n$(n은 앞의 항의 순서)인 수열이다.

따라서 ( )$=2,928\times 4+5=11,717$이다.

17   정답 ③

전체 일의 양을 1이라고 할 때, A사원이 하루 동안 하는 일의 양을 x, B사원은 y라고 하자.

$(x+y)\times 2=1 \rightarrow 2x+2y=1 \cdots \bigcirc$

$x+4y=1 \cdots \bigcirc\!\!\!\bigcirc$

$\bigcirc$과 $\bigcirc\!\!\!\bigcirc$을 연립하면

$x=\frac{1}{3}$, $y=\frac{1}{6}$

따라서 B사원이 혼자 일하는 데 걸리는 시간은 6일이다.

18   정답 ④

전개도를 접어 입체도형을 만들었을 때 각각의 꼭짓점을 기준으로 인접한 세 개의 면에 적힌 수의 합이 왼쪽 전개도는 10, 11이고 오른쪽 전개도는 11, 12이다.

따라서 ( )$=4$이다.

19   정답 ④

작년 남자 사원 수를 x명, 여자 사원 수를 y명이라고 하자.

$x+y=500 \cdots \bigcirc$

$0.9x+1.4y=500\times 1.08 \rightarrow 0.9x+1.4y=540 \cdots \bigcirc\!\!\!\bigcirc$

$\bigcirc$과 $\bigcirc\!\!\!\bigcirc$을 연립하면

$x=320$, $y=180$

따라서 작년 남자 사원 수는 320명이다.

20   정답 ③

해당 비밀번호를 설정하기 위해 다음과 같이 2가지의 경우로 나눠 구할 수 있다.

• 동일한 숫자가 2개, 2개 있는 경우

0부터 9까지의 숫자 중에서 동일한 숫자 두 개를 뽑는 경우의 수는 $_{10}C_2=45$가지이다. 또한 뽑은 2개의 수로 4자리를 만드는 경우의 수는 $\frac{4!}{2!2!}=6$가지이다. 따라서 설정할 수 있는 비밀번호의 개수는 $45\times 6=270$가지이다.

• 동일한 숫자가 2개만 있는 경우

0부터 9까지의 숫자 중에서 동일한 숫자 한 개를 뽑는 경우의 수는 $_{10}C_1=10$가지이다. 또한 나머지 숫자 2개를 뽑는 경우의 수는 $_9C_2=36$가지이다. 이렇게 뽑은 3개의 수로 4자리를 만드는 경우의 수는 $10\times 36\times\frac{4!}{2!}=4,320$가지이다.

따라서 가능한 모든 경우의 수는 $270+4,320=4,590$가지이다.

제3회 모의고사 정답 및 해설

제 **1** 영역 언어이해

01	02	03	04	05	06	07	08	09	10
④	④	⑤	⑤	①	④	④	②	②	①
11	12	13	14	15	16	17	18	19	20
③	②	①	③	②	③	②	③	②	④

01 정답 ④

제시된 글에서는 '노인 무임승차'에 대해 언급하였다. 따라서 (나) 노인 무임승차의 도입 배경 – (라) 노인 무임승차의 문제점 – (가) 노인 무임승차의 문제점에 대한 해결책 제시 – (다) 제시된 해결책의 현실적 어려움 순으로 나열하는 것이 적절하다.

02 정답 ④

제시된 글에서는 PTSD의 정의에 대해 설명하고 있다. 따라서 (나) 과거에는 정신질환으로 인정되지 않은 PTSD – (가) 현대에 와서 정실질환으로 인정된 PTSD 및 이라크 파병으로 약을 먹는 참전 병사들 – (라) PTSD의 증상 – (다) 다른 정신질환과 다른 PTSD의 문제점 순으로 나열하는 것이 적절하다.

03 정답 ⑤

모듈러 로봇은 외부 자극에 대한 반응이 제대로 작동되지 않는 부분을 다른 모듈로 교체하거나 제거하는 작업을 스스로 진행하여 치유할 수 있는 특징이 있다.

04 정답 ⑤

첫 번째 문단에서 '사피어 워프 가설'을 간략하게 소개하고, 두 번째 ~ 세 번째 문단을 통해 사피어 – 워프 가설을 적용할 수 있는 예를 들고 있다. 이후 네 번째 ~ 마지막 문단을 통해 사피어 – 워프 가설을 언어 우위론적 입장에서 설명할 수 있는 가능성이 있으면서도, 언어 우위론만으로 모든 설명이 되지는 않음을 밝히고 있다. 따라서 제시문은 사피어 – 워프 가설의 주장에 대한 설명(언어와 사고의 관계)과 함께 그것을 하나의 이론으로 증명하기 어려움을 말하고 있다.

05 정답 ①

⊙ : ⊙은 저온 순간 살균법이 무언가의 단점을 보완하기 위해 개발된 것이라고 하였다. 그런데 (다) 바로 앞의 문장에서는 시간이 오래 걸리는 저온 살균법의 단점을 지적한다. 따라서 ⊙의 적절한 위치는 (다)임을 알 수 있다.

⊙ : ⊙에서는 제거하려는 미생물의 종류에 따라 적절한 열처리 조건을 알아야 한다고 말한다. 또한 (가) 바로 뒤에 있는 문장의 '이때'는 '적절한 열처리 조건을 알아야 하는 때'를 가리킨다. 따라서 ⊙의 적절한 위치는 (가)임을 알 수 있다.

06 정답 ④

'하지만 산수화 속의 인간은 산수에 부속된 것일 뿐이다. 산수화에서의 초점은 산수에 있지, 산수 속에 묻힌 인간에 있지 않다.'라는 문장을 통해 알 수 있다.

오답분석

① 여성이 회화의 주요대상으로 등장하는 것은 조선 후기의 풍속화에 와서야 가능하게 되었다.
② 조선 시대 회화의 주류가 인간의 외부에 존재하는 대상을 그리는 것이 대부분이었다면, 조선 후기에 등장한 풍속화는 인간의 모습을 화폭 전면에 채우는 그림으로, 인간을 중심으로 하고 현세적이고 일상적인 생활을 소재로 한다.
③ 풍속화에 등장하는 인물의 주류는 양반이 아닌 농민과 어민 그리고 별감, 포교, 나장, 기생, 뚜쟁이 할미까지 도시의 온갖 인간들이 등장한다.
⑤ 조선 시대 회화의 주류는 산수화였다.

07 정답 ④

제시문에 따르면 사회적 합리성을 위해서는 개인의 노력도 중요하지만 그것만으로는 안 되고 공동의 노력이 필수라는 것을 알 수 있다.

08 정답 ②

제시문은 코젤렉의 '개념사'에 대한 정의와 특징에 대한 글이다. 따라서 (라) 개념에 대한 논란과 논쟁 속에서 등장한 코젤렉의 개념사 – (가) 코젤렉의 개념사와 개념에 대한 분석 – (나) 개념에 대한 추가적인 분석 – (마) 개념사에 대한 추가적인 분석 – (다) 개념사의 목적과 코젤렉의 주장의 순으로 나열하는 것이 적절하다.

09　　　　　　　　　　　　정답 ②

(가) 대상이 되는 연구 방법의 진행 과정과 그 한계 – (마) 융이 기존의 연구 방법에 추가한 과정을 소개 – (라) 기존 연구자들이 간과했던 새로운 사실을 찾아낸 융의 실험의 의의 – (나) 융의 실험을 통해 새롭게 드러난 결과 분석 – (다) 새롭게 드러난 심리적 개념을 정의한 융의 사상 체계에서의 핵심적 요소에 대한 설명 순으로 나열하는 것이 적절하다.

10　　　　　　　　　　　　정답 ①

제시문은 K–POP을 사례로 제시하며 오늘날의 문화 현상의 원인을 설명하고 있으며, 첫 번째 문단에서 기존의 문화 확산론의 한계를 이야기한 후 두 번째 문단에서 체험코드 이론을 제시하고 있다.

11　　　　　　　　　　　　정답 ③

제시문은 최저임금 인상으로 인상에 따른 금액을 회사가 고스란히 부담을 해야 하나 정부가 일자리 안정자금을 지원해 주어 사업주의 부담을 덜 수 있다는 내용이다. 따라서 이러한 일자리 안정자금이 모든 기업의 해결책이 될 수 없다고 주장하는 ③이 비판의 내용으로 가장 적절하다.

오답분석

①・②・⑤ 최저임금제도의 문제점에 대해 비판하고 있다.
④ 제시문은 소상공인에 대한 정부의 일자리 안정자금 지원에 관한 내용으로 일자리 안정자금 제도 자체에 대한 비판은 제시문에 대한 비판으로 적절하지 않다.

12　　　　　　　　　　　　정답 ②

제시문은 유교 사상의 입장에서 자연과 인간의 관계에 대해 설명한 다음, 완전한 존재인 자연을 인간이 본받아야 할 것임을 언급하고 있다. 따라서 유교에서 말하는 자연과 인간의 관계에서 볼 때 인간은 자연의 일부이므로 자연과 인간은 대립이 아니라 공존해야 한다는 요지를 표제와 부제에 담아야 한다. ②는 부제가 본문의 내용을 어느 정도 담고 있으나 표제가 중심 내용을 드러내지 못하고 있다.

13　　　　　　　　　　　　정답 ①

제시문은 일반적인 의미와 다른 나라의 사례를 통해 대체의학의 정의를 설명하고 있다. 크게 세 가지 유형으로 대체의학의 종류를 설명하고 있기 때문에 '대체의학의 의미와 종류'가 제목으로 가장 적절하다.

오답분석

② 대체의학의 문제점은 언급하지 않았다.
③ 대체의학으로 인한 부작용 사례는 언급하지 않았다.
④ 대체의학이 무엇인지 설명하고 있지 개선 방향에 대해 언급하지 않았다.
⑤ 대체의학의 종류 등은 있지만 연구 현황과 미래를 언급하지 않았다.

14　　　　　　　　　　　　정답 ③

제시문은 글을 잘 쓰기 위한 방법은 글을 읽는 독자에게서 찾을 수 있음을 서술한 글이다. 그러므로 독자가 필요로 하는 것이 무엇인지 알아야 하며, 독자가 필요로 하는 것을 알기 위해서는 구어체로 적어보고, 독자를 구체적으로 한 사람 정해놓고 쓰는 게 좋다는 내용이다. 또한 빈칸의 뒷 문장에서 '대상이 막연하지 않기 때문에 읽는 사람이 공감할 확률이 높아진다.'라고 하였으므로 빈칸에 들어갈 내용으로 ③이 가장 적절하다.

15　　　　　　　　　　　　정답 ②

제시문의 '예술가가 무엇인가를 선택하는 정신적인 행위와 작업이 예술의 본질'이라는 내용과 마르셀 뒤샹, 잭슨 폴록 작품에 대한 설명을 통해 퐁피두 미술관이 전통적인 예술작품을 선호할 것이라는 추론은 적절하지 않다.

오답분석

① 마르셀 뒤샹과 잭슨 폴록이 서로 작품을 표현한 방식이 다르듯이 그 밖에 다른 작가들의 다양한 표현 방식의 작품이 있을 것으로 추론함으로써 퐁피두 미술관을 찾는 사람들의 목적이 다양할 것이라는 추론을 도출할 수 있다.
③・④・⑤ 마르셀 뒤샹과 잭슨 폴록의 작품 성격을 통해 추론할 수 있다.

16　　　　　　　　　　　　정답 ③

리플리 증후군 환자와 사기범죄자의 차이는 자신이 거짓말을 말하고 있는지 아닌지를 인지하고 있는가 그리고 그 거짓말이 들키는 것을 두려워하는가이다. 따라서 거짓말 탐지기나 취조, 증거물 제시 등의 방법으로 둘의 차이를 구분할 수 있을 것이다.

오답분석

① 세 번째 문단을 통해 현재까지 리플리 증후군의 정확한 원인은 밝혀지지 않았으며, 여러 가설만이 존재한다는 사실을 확인할 수 있다. 따라서 원인이 복합적일 가능성을 배제할 수 없다.
② 리플리 증후군이 작화증의 일종이라는 가설이 사실로 나타날 경우, 작화증의 발생 원인인 해마의 손상을 치료함에 따라 리플리 증후군 또한 치료될 가능성이 있다.
④ 첫 번째 문단을 통해 소설 속 리플리와 같은 증상이 나타나면서 20세기 후반부터 정신병리학자들의 본격적인 연구 대상이 되었다는 사실을 알 수 있다. 따라서 소설 이전에는 별다른 연구 대상이 되지 않았음을 추론할 수 있다.
⑤ 제시된 가설의 경우 스트레스와 좌절감, 학대와 뇌 질환 등 다양한 정신적・육체적 문제를 그 원인으로 지목하고 있다.

17   정답 ②

네 번째 문단에 언급된 손 모양이 생겨나는 과정을 통해 추론할 수 있는 내용이다.

오답분석

① 몸의 상처가 회복되는 것은 세포의 재생과 관련이 있으므로 적절한 추론이 아니다.
③ 아포토시스를 이용한 항암제는 이미 유전자 변형으로 생겨난 암세포의 죽음을 유발하므로 유전자 변형을 막는다는 추론은 타당하지 않다.
④ 화학 약품은 유전자 변형을 일으키고 오히려 아포토시스가 일어나는 과정을 방해하므로 타당하지 않다.
⑤ 아포토시스는 염증을 발생시키지 않으므로 잘못된 추론이다.

18   정답 ③

채집음식이란 재배한 식물이 아닌 야생에서 자란 음식 재료를 활용하여 만든 음식을 의미한다.

오답분석

① 소비자들이 로가닉 제품의 스토리텔링에 만족한다면 높은 가격은 더 이상 매출 상승의 장애 요인이 되지 않을 것으로 보고 있다.
② '로가닉 조리법'을 활용한 외식 프랜차이즈 브랜드가 꾸준히 인기를 끌고 있음을 확인할 수 있다.
④ 로가닉의 희소성은 루왁 커피 사례와 같이 까다로운 채집 과정과 인공의 힘으로 불가능한 생산 과정을 거치면서 나타남을 알 수 있다.
⑤ 로가닉은 '천연 상태의 날것'을 유지한다는 점에서 기존의 오가닉과 차이를 가짐을 알 수 있다.

19   정답 ②

제시문은 실험결과를 통해 비둘기가 자기장을 가지고 있다는 것을 설명하는 글이다. 따라서 이 글의 다음 내용으로는 비둘기가 자기장을 느끼는 원인에 대한 설명이 적절하다.

오답분석

①·③·④ 제시문의 자기장에 대한 설명과 연관이 없는 주제이다.
⑤ 비둘기가 자기장을 느끼는 원인에 대한 설명이 제시되어 있지 않으므로 적절하지 않다.

20   정답 ④

동양 사상에서 진리 또는 앎은 언어로 표현하기 어렵다고 보고 언어적 지성을 대단치 않게 간주해 왔다고 했다. 따라서 앎에 있어서 언어의 효용은 크지 않다는 의미의 ④가 동양 사상의 언어관으로 적절하다.

오답분석

① 말 많은 집은 장맛도 쓰다. : 집안에 잔말이 많으면 살림이 잘 안 된다.
② 말 한 마디에 천 냥 빚 갚는다. : 말만 잘하면 어려운 일이나 불가능해 보이는 일도 해결할 수 있다.
③ 말을 적게 하는 사람이 일은 많이 하는 법이다. : 말할 시간을 줄여 일을 할 수 있으니 말을 삼가라.
⑤ 가루는 칠수록 고와지고, 말은 할수록 거칠어진다. : 가루는 체에 칠수록 고와지지만, 말은 길어질수록 시비가 붙을 수 있고 말다툼까지 가게 되니 말을 삼가라.

제2영역 언어추리

01	02	03	04	05	06	07	08	09	10
③	④	⑤	②	④	①	⑤	①	③	③
11	12	13	14	15	16	17	18	19	20
⑤	②	③	④	④	②	①	④	③	⑤

01
정답 ③

'인기가 하락했다.'를 A, '호감을 못 얻었다.'를 B, '타인에게 친절하지 않았다.'를 C라고 할 때, 주어진 명제를 정리하면 A → B, A → C이다. 삼단논법이 성립하려면 B → C 또는 대우 명제인 ~C → ~B가 필요하다. 따라서 '타인에게 친절하면 호감을 얻는다.'라는 명제가 적절하다.

02
정답 ④

'공부를 잘하는 사람은 모두 꼼꼼하다.'라는 명제와 '꼼꼼한 사람 중 일부는 시간 관리를 잘한다.'라는 명제가 모두 참이기 위해서는 '공부를 잘한다.'와 '시간 관리를 잘한다.' 사이에 어떤 관계가 성립되어야 한다. 그런데 마지막 명제에서 그 범위를 '모두'가 아닌 '일부'로 한정하였다. 따라서 '공부를 잘하는 어떤 사람은 시간 관리를 잘한다.'라는 명제가 적절하다.

03
정답 ⑤

'공부를 열심히 한다.'를 A, '지식을 함양하지 않는다.'를 B, '아는 것이 적다.'를 C, '인생에 나쁜 영향이 생긴다.'를 D라고 할 때, 첫 번째 명제는 C → D, 세 번째 명제는 B → C, 네 번째 명제는 ~A → D이므로 네 번째 명제가 도출되기 위해서는 ~A → B가 필요하다. 따라서 대우 명제인 '지식을 함양했다는 것은 공부를 열심히 했다는 뜻이다.'라는 명제가 적절하다.

04
정답 ②

세 번째 명제의 대우는 '전기를 낭비하면 많은 사람이 피해를 입는다.'이므로, 삼단논법이 성립하기 위해서는 빈칸에 '전기를 낭비하면 전기 수급에 문제가 생긴다.'라는 명제가 적절하다.

05
정답 ④

제시된 명제와 그 대우 명제를 정리하면 다음과 같다.
• 액션영화 ○ → 팝콘 ○
• 커피 × → 콜라 ×
• 콜라 × → 액션영화 ○
• 팝콘 ○ → 나쵸 ×
• 애니메이션 ○ → 커피 ×
이를 정리하면 '애니메이션 ○ → 커피 × → 콜라 × → 액션영화 ○ → 팝콘 ○ → 나쵸 ×'이다.

06
정답 ①

어떤 꽃은 향기롭고, 향기로운 꽃은 주위에 나비가 많고, 나비가 많은 꽃은 아카시아이다. 따라서 '어떤 꽃은 아카시아이다.'가 성립한다.

07
정답 ⑤

• 두 번째, 세 번째, 여섯 번째 조건 : A는 주황색, B는 초록색(C와 보색), C는 빨간색 구두를 샀다.
• 일곱 번째 조건 : B와 D는 각각 노란색 / 남색 또는 남색 / 노란색(B와 D는 보색) 구두를 샀다.
• 다섯 번째 조건 : 남은 구두는 파란색과 보라색 구두인데 A가 두 켤레를 구매하였으므로 C와 D는 각각 한 켤레씩 샀다.
• 네 번째 조건 : A는 파란색, B는 보라색 구두를 샀다.
이를 정리하면 다음과 같다.

A	B	C	D
주황색	초록색	빨간색	남색 / 노란색
파란색	노란색 / 남색		
	보라색		

따라서 A는 주황색과 파란색 구두를 구매하였다.

08
정답 ①

• 세 번째 조건 : 한국은 월요일에 대전에서 연습을 한다.
• 다섯 번째 조건 : 미국은 월요일과 화요일에 수원에서 연습을 한다.
• 여섯 번째 조건 : 미국은 목요일에 인천에서 연습을 한다.
• 일곱 번째 조건 : 금요일에 중국과 미국은 각각 서울과 대전에서 연습을 한다.
• 여덟 번째 조건 : 한국은 월요일에 대전에서 연습하므로, 화요일과 수요일에 이틀 연속으로 인천에서 연습을 한다.
이때, 미국은 수요일에 서울에서 연습함을 유추할 수 있고, 한국은 금요일에 인천에서 연습을 할 수 없으므로, 목요일에는 서울에서, 금요일에는 수원에서 연습함을 알 수 있다. 그리고 만약 중국이 수요일과 목요일에 이틀 연속으로 수원에서 연습을 하게 되면 일본은 수원에서 연습을 못하게 되므로, 중국은 월요일과 목요일에 각각 인천과 수원에서 연습하고, 화요일과 수요일에 대전에서 이틀 연속으로 연습해야 함을 유추할 수 있다. 나머지는 일본이 모두 연습하면 된다. 이를 정리하면 다음과 같다.

구분	월요일	화요일	수요일	목요일	금요일
서울	일본	일본	미국	한국	중국
수원	미국	미국	일본	중국	한국
인천	중국	한국	한국	미국	일본
대전	한국	중국	중국	일본	미국

따라서 수요일에 대전에서는 중국이 연습을 한다.

09

다섯 번째와 여섯 번째 규정에 의해 50만 원 이상 구매 목록은 매년 2번 이상 구매해야 하며, 두 계절 연속으로 같은 가격대의 구매 목록을 구매할 수 없다. 가을을 제외한 계절에 50만 원 이상인 에어컨을 구매하였으므로 봄에는 50만 원 이상인 구매 목록을 구매할 수 없다.

10
정답 ③

주어진 조건을 정리하면 다음과 같다.

구분	A	B	C	D	E
짱구		×		×	
철수				×	
유리			○		
훈이		×			
맹구		×		×	×

유리는 C를 제안하였으므로 D는 훈이가, B는 철수가 제안하였음을 알 수 있다. 이때 A는 맹구가, 나머지 E는 짱구가 제안하였음을 알 수 있다. 따라서 제안자와 그 제안이 바르게 연결된 것은 철수 B - 짱구 - E이다.

11
정답 ⑤

E는 교양 수업을 신청한 A보다 나중에 수강한다고 하였으므로 목요일 또는 금요일에 강의를 들을 수 있다. 이때 목요일과 금요일에는 교양 수업이 진행되므로 'E는 반드시 교양 수업을 듣는다.'의 ⑤는 항상 참이 된다.

오답분석
① A가 수요일에 강의를 듣는다면 E는 교양2 또는 교양3 강의를 들을 수 있다.
② B가 수강하는 전공 수업의 정확한 요일을 알 수 없으므로 C는 전공1 또는 전공2 강의를 들을 수 있다.
③ C가 화요일에 강의를 듣는다면 D는 교양 강의를 듣는다. 이때 교양 수업을 듣는 A는 E보다 앞선 요일에 수강하므로 E는 교양2 또는 교양3 강의를 들을 수 있다.

구분	월 (전공1)	화 (전공2)	수 (교양1)	목 (교양2)	금 (교양3)
경우1	B	C	D	A	E
경우2	B	C	A	D	E
경우3	B	C	A	E	D

④ D는 전공 수업을 신청한 C보다 나중에 수강하므로 전공 또는 교양 수업을 들을 수 있다.

12
정답 ②

두 번째 조건에 따라 둘째 날에는 2시간 또는 1시간 30분의 발마사지 코스를 선택할 수 있다.
• 둘째 날에 2시간의 발 마사지 코스를 선택하는 경우
  첫째 날에는 2시간, 셋째 날에는 1시간, 넷째 날에는 1시간 30분 동안 발 마사지를 받는다.
• 둘째 날에 1시간 30분의 발 마사지 코스를 선택하는 경우
  첫째 날에는 2시간, 셋째 날에는 30분, 넷째 날에는 1시간 또는 1시간 30분 동안 발 마사지를 받는다.
따라서 현수는 셋째 날에 가장 짧은 마사지 코스를 선택하였다.

13
정답 ③

B의 발언이 참이라면 C가 범인이고 F도 참이 된다. F는 C 또는 E가 범인이라고 했으므로 C가 범인이라면 E는 범인이 아니고, E의 발언 역시 참이 되어야 한다. 하지만 E의 발언이 참이라면 F가 범인이어야 하므로 모순이다. 따라서 B의 발언은 거짓(범인)이며, D의 진술에 의해 A는 범인이 아니고, A와 F의 진술에 의해 F 역시 범인임을 알 수 있다.

14
정답 ④

각 조건을 정리하면 다음과 같다.
• 스페인 반드시 방문
• 프랑스 → ~영국
• 오스트리아 → ~스페인
• 벨기에 → 영국
• 오스트리아, 벨기에, 독일 중 2개 이상 방문
세 번째 명제의 대우 명제는 '스페인 → ~오스트리아'이고, 스페인을 반드시 방문해야 하므로 오스트리아는 방문하지 않을 것이다. 그러면 마지막 조건에 따라 벨기에와 독일을 방문한다. 네 번째 조건에 따라 영국도 방문하므로 두 번째 조건에 따라 프랑스는 방문하지 않게 된다. 따라서 아름이가 방문하지 않을 국가는 오스트리아와 프랑스이다.

15
정답 ④

먼저 A사원의 말이 거짓이라면 A사원과 D사원 두 명이 3층에서 근무하게 되고, 반대로 D사원의 말이 거짓이라면 3층에는 아무도 근무하지 않게 되므로 조건에 어긋난다. 결국 A사원과 D사원은 진실을 말하고 있음을 알 수 있다. 또한 C사원의 말이 거짓이라면 아무도 홍보팀에 속하지 않으므로 C사원도 진실을 말하고 있음을 알 수 있다. 따라서 거짓말을 하고 있는 사람은 B사원이며, 이때 B사원은 총무팀 소속으로 6층에서 근무하고 있다.

28 LG그룹 온라인 적성검사

16
정답 ②

먼저, 네 번째 조건에 따라 마 지사장은 D지사에 근무하며 다섯 번째 조건에 따라 바 지사장은 본사와 두 번째로 가까운 B지사에 근무하는 것을 알 수 있다. 다 지사장은 D지사에 근무하는 마 지사장 바로 옆 지사에 근무하지 않는다는 두 번째 조건에 따라 C지사 또는 E지사에 근무할 수 없다. 이때 다 지사장은 나 지사장과 나란히 근무해야 하므로 F지사에 다 지사장이, E지사에 나 지사장이 근무하는 것을 알 수 있다. 마지막으로 라 지사장이 가 지사장보다 본사에 가깝게 근무한다는 세 번째 조건에 따라 라 지사장이 A지사에, 가 지사장이 C지사에 근무하게 된다.

본사	A	B	C	D	E	F
	라	바	가	마	나	다

따라서 A ~ F지사로 발령받은 순서대로 나열하면 '라 – 바 – 가 – 마 – 나 – 다'이다.

17
정답 ①

첫 번째 조건과 세 번째 조건의 대우를 통해 A가 근무하면 E와 B가 근무한다는 결론이 도출된다. 두 번째 조건과 네 번째 조건에서 B가 근무하면 D는 근무하지 않고, C와 F도 근무하지 않는다는 결론이 도출된다. 따라서 두 조는 (A, B, E), (C, D, F)이며, D와 E는 같은 날에 근무할 수 없다.

18
정답 ④

B과제는 C, F, G, H과제보다 먼저 수행하므로 가장 첫 번째로 수행하는 과제는 B과제임을 알 수 있다. 또한 E과제보다 먼저 수행하는 F과제를 C과제보다 나중에 수행하므로 C과제와 F과제가 각각 두 번째, 세 번째 수행 과제임을 알 수 있다. 마지막으로 남은 G과제와 H과제 중 G과제는 H과제보다 먼저 수행한다. 이에 따라 과제의 순서를 정리하면 다음과 같다.

첫 번째	두 번째	세 번째	네 번째	다섯 번째	여섯 번째
B과제	C과제	F과제	E과제	G과제	H과제

따라서 다섯 번째로 수행할 과제는 G과제이다.

19
정답 ③

주어진 조건에 따라 월 ~ 금요일의 평균 낮 기온을 정리하면 다음과 같다.

월	화	수	목	금	평균
25도	26도	23도		25도	25도

이번 주 월 ~ 금요일의 평균 낮 기온은 25도이므로 목요일의 낮 기온을 구하면, $\frac{25+26+23+25+x}{5}=25 \to x=25\times5-99 =26$도이다.

따라서 목요일의 낮 기온은 평균 26도로 예상할 수 있다.

20
정답 ⑤

오른쪽 끝자리에는 30대 남성이, 왼쪽에서 두 번째 자리에는 40대 남성이 앉으므로 세 번째·네 번째 조건에 따라 30대 여성은 왼쪽에서 네 번째 자리에 앉아야 한다. 이때 40대 여성은 왼쪽에서 첫 번째 자리에 앉아야 하므로 남은 자리에 20대 남녀가 앉을 수 있다.

• 경우 1

40대 여성	40대 남성	20대 여성	30대 여성	20대 남성	30대 남성

• 경우 2

40대 여성	40대 남성	20대 남성	30대 여성	20대 여성	30대 남성

따라서 항상 옳은 것은 ⑤이다.

제**3**영역 자료해석

01	02	03	04	05	06	07	08	09	10
④	③	①	④	④	④	④	⑤	⑤	④

11	12	13	14	15	16	17	18	19	20
②	④	②	③	④	④	⑤	②	①	④

01
정답 ④

수도권 전체 의료인력수는 $93,252+16,915+68,124=178,291$ 천 명이다.

• 수도권에서 경기가 차지하는 비중

: $\dfrac{68,124}{178,291}\times100 ≒ 38.21\%$

• 수도권에서 인천이 차지하는 비중

: $\dfrac{16,915}{178,291}\times100 ≒ 9.49\%$

→ $9.49\times4=37.96\%<38.21\%$

따라서 수도권에서 경기가 차지하는 비중은 인천이 차지하는 비중의 4배 이상이다.

오답분석
① 세종이 가장 적으며 두 번째로 적은 곳은 제주이다.
② 의료인력이 수도권 특히 서울, 경기에 편중되어 있으므로 불균형상태를 보이고 있다.
③ 제시된 그래프에 의료인력별 수치가 나와 있지 않으므로 의료인력수가 많을수록 의료인력 비중이 고르다고 말할 수는 없다.
⑤ 서울과 경기를 제외한 나머지 지역 중 의료인력수가 가장 많은 지역은 부산(28,871천 명)이고, 가장 적은 지역은 세종(575천 명)이다. 부산과 세종의 의료인력의 차는 28,296천 명으로 이는 경남(21,212천 명)보다 크다.

02
정답 ③

A의 식단을 끼니별로 나누어 칼로리를 계산하면 다음과 같다. 이때, 주어진 칼로리 정보를 고려하여 g에 비례하여 칼로리를 계산하여야 하는 것에 주의한다.

구분	식단
아침	우유식빵 280kcal, 사과잼 110kcal, 블루베리 30kcal
점심	현미밥 360kcal, 갈비찜 597kcal, 된장찌개 88kcal, 버섯구이 30kcal, 시금치나물 5kcal
저녁	현미밥 180kcal, 미역국 176kcal, 고등어구이 285kcal, 깍두기 50kcal, 연근조림 48kcal

따라서 하루에 섭취하는 열량은 $280+110+30+360+597+88+30+5+180+176+285+50+48=2,239$kcal이다.

03
정답 ①

2023년 만화산업 수출액 중 가장 높은 비중을 차지하는 지역은 유럽이고, 2023년 만화산업 수입액 중 가장 높은 비중을 차지하는 지역은 일본이다.

• 2023년 전체 수출액에서 유럽의 수출액이 차지하는 비중

: $\dfrac{9,742}{29,354}\times100 ≒ 33.2\%$

• 2023년 전체 수입액에서 일본의 수입액이 차지하는 비중

: $\dfrac{6,002}{6,715}\times100 ≒ 89.4\%$

따라서 구하는 값은 $89.4-33.2=56.2\%$p이다.

04
정답 ④

총무부서 직원은 총 $250\times0.16=40$명이다. 2022년과 2023년의 독감 예방접종 여부가 총무부서에 대한 자료라면, 총무부서 직원 중 2022년과 2023년의 예방접종자 수의 비율 차는 $56-38=18\%$p이다. 따라서 $40\times0.18 ≒ 7.2$이므로 2022년 대비 2023년에 약 7명 증가했다.

오답분석
① 2022년 독감 예방접종자 수는 $250\times0.38=95$명, 2023년 독감 예방접종자 수는 $250\times0.56=140$명이므로, 2022년에는 예방접종을 하지 않았지만, 2023년에는 예방접종을 한 직원은 총 $140-95=45$명이다.
② 2022년의 예방접종자 수는 95명이고, 2023년의 예방접종자 수는 140명이다. 따라서 $\dfrac{140-95}{95}\times100 ≒ 47\%$ 증가했다.
③ 2022년의 예방접종을 하지 않은 직원들을 대상으로 2023년의 독감 예방접종 여부를 조사한 자료라고 한다면, 2022년과 2023년 모두 예방접종을 하지 않은 직원은 총 $250\times0.62\times0.44 ≒ 68$명이다.
⑤ 제조부서를 제외한 직원은 $250\times(1-0.44)=140$명이고, 2023년에 예방접종을 한 직원은 $250\times0.56=140$명이다. 따라서 제조부서 직원 중 예방접종을 한 직원은 없다.

05
정답 ④

• 2023년 구성비가 2021년의 2배 이상인 것은 D이다.
• 2021년 대비 2023년에 재료비가 약 46% 증가한 것은 B이다.
• 2022년 대비 2023년에 구성비가 하락한 것은 A이다.
• 2021년 대비 2023년에 약 1.8배 증가한 것은 C이다.

06
정답 ④

A국과 F국을 비교해보면 참가선수는 A국이 더 많지만, 동메달 수는 F국이 더 많다.

오답분석
① 참가선수가 가장 적은 국가는 F국으로 메달 합계는 6위이다.
② 금메달은 F국 - A국 - E국 - B국 - D국 - C국 순으로, 은메달은 C국 - D국 - B국 - E국 - A국 - F국 순으로 많다.

③ C국은 금메달을 획득하지 못했지만 획득한 메달 수는 149개로 가장 많다.
⑤ 참가선수와 메달 합계의 순위는 동일하다.

07
정답 ④

연도별 전년 대비 노인 비취업률의 증감률은 각각 다음과 같다.

• 2018년 : $\frac{71-71.5}{71.5}\times100≒-0.7\%$

• 2020년 : $\frac{65.5-69.2}{69.2}\times100≒-5.3\%$

• 2021년 : $\frac{66-65.5}{65.5}\times100≒0.8\%$

• 2022년 : $\frac{71.1-66}{66}\times100≒7.7\%$

• 2023년 : $\frac{69.1-71.1}{71.1}\times100≒-2.8\%$

따라서 전년 대비 노인 비취업률의 증감률이 가장 큰 연도는 2022년이다.

08
정답 ⑤

'매우 불만족'으로 평가한 고객 수는 전체 150명 중 15명이므로 전체 10%의 비율을 차지한다. 따라서 $\frac{1}{10}$이 '매우 불만족'으로 평가했다는 것을 알 수 있다.

오답분석
① 응답자의 합계를 확인하면 150명이므로 옳은 설명이다.
② '매우 만족'으로 평가한 응답자의 비율이 20%이므로, $150\times0.2=30$명이다.
③ '보통'으로 평가한 응답자의 수를 역산하여 구하면 48명이고, 비율은 32%이다. 따라서 약 $\frac{1}{3}$이라고 볼 수 있다.
④ '불만족' 이하 구간은 '불만족' 16%와 '매우 불만족' 10%의 합인 26%이다.

09
정답 ⑤

(두 도시의 인구의 곱)

$=\frac{(\text{두 도시 간 인구 이동량})\times(\text{두 도시 간의 거리})}{k}$

• A, B도시의 인구의 곱 : $\frac{60\times2}{k}=\frac{120}{k}$

• A, C도시의 인구의 곱 : $\frac{30\times4.5}{k}=\frac{135}{k}$

• A, D도시의 인구의 곱 : $\frac{20\times7.5}{k}=\frac{150}{k}$

• A, E도시의 인구의 곱 : $\frac{55\times4}{k}=\frac{220}{k}$

A도시가 공통으로 있고 k는 양의 상수이므로, 두 도시의 인구의 곱에서 분자가 크면 인구가 많은 도시이다.
따라서 E−D−C−B 순으로 인구가 많다.

10
정답 ④

ㄴ. 건설 부문의 도시가스 소비량은 2022년 1,808TOE, 2023년 2,796TOE로, 2023년의 전년 대비 증가율은 $\frac{2,796-1,808}{1,808}\times100≒54.6\%$이므로 옳은 설명이다.

ㄷ. 2023년 온실가스 배출량 중 간접 배출이 차지하는 비중은 $\frac{28,443}{35,638}\times100≒79.8\%$이고, 2022 온실가스 배출량 중 고정 연소가 차지하는 비중은 $\frac{4,052}{30,823}\times100≒13.1\%$이다. 그 5배는 $13.1\times5=65.5\%$로 2023년 온실가스 배출량 중 간접 배출이 차지하는 비중인 79.8%보다 작으므로 옳은 설명이다.

오답분석
ㄱ. 에너지 소비량 중 이동 부문에서 경유가 차지하는 비중은 2022년에 $\frac{196}{424}\times100≒46.2\%$, 2023년에 $\frac{179}{413}\times100≒43.3\%$로, 전년 대비 약 2.9%p 감소하였으므로 옳지 않은 설명이다.

11
정답 ②

서비스 품질 5가지 항목의 점수와 서비스 쇼핑 체험 점수를 비교해보면, 모든 대형마트에서 서비스 쇼핑 체험 점수가 가장 낮다는 것을 확인할 수 있다.
따라서 서비스 쇼핑 체험 부문의 만족도는 서비스 품질 부문들보다 낮다고 이해할 수 있으며, 서비스 쇼핑 체험 점수의 평균은 $(3.48+3.37+3.45+3.33)\div4≒3.41$점이다.

오답분석
① 마트별 인터넷・모바일쇼핑 만족도의 차를 구해보면 A마트 0.07점, B마트・C마트 0.03점, D마트 0.05점으로 A마트가 가장 크다.
③ 종합만족도의 평균은 $(3.72+3.53+3.64+3.56)\div4≒3.61$점이다. 업체별로는 A마트 − C마트 − D마트 − B마트 순으로 종합만족도가 낮아짐을 알 수 있다.
④ 모바일쇼핑 만족도는 평균 3.845점이며, 인터넷쇼핑은 평균 3.80점이다. 따라서 모바일쇼핑이 평균 0.045점 높게 평가되었다고 이해하는 것이 옳다.
⑤ 평균적으로 고객접점직원 서비스(약 3.63점)보다는 고객관리 서비스(약 3.58점)가 더 낮게 평가되었다.

12 정답 ④

제시된 자료의 원자력 소비량 수치를 보면 증감을 반복하고 있는 것을 확인할 수 있다.

오답분석

① 2014년 석유 소비량을 제외한 나머지 에너지 소비량의 합을 구하면 54.8+30.4+36.7+5.3=127.2백만 TOE로, 석유 소비량인 101.5백만 TOE보다 크다. 2014 ~ 2023년 역시 석유 소비량을 제외한 나머지 에너지 소비량의 합을 구해 석유 소비량과 비교하면, 석유 소비량이 나머지 에너지 소비량의 합보다 적음을 알 수 있다.

② 석탄 소비량은 2014 ~ 2020년까지 지속적으로 상승하다가 2021년 감소한 뒤 2022년부터 다시 상승세를 보이고 있다.

③ 제시된 자료를 보면 기타 에너지 소비량은 지속적으로 증가하고 있다.

⑤ 2018년에는 LNG 소비량이 감소했으므로 증가 추세가 심화되었다고 볼 수 없다.

13 정답 ②

가입상품별 총 요금을 구하면 다음과 같다.
- 인터넷 : 22,000원
- 인터넷+일반전화 : 20,000+1,100=21,100원
- 인터넷+인터넷전화
  : 20,000+1,100+2,400+1,650=25,150원
- 인터넷+TV(베이직) : 19,800+12,100=31,900원
- 인터넷+TV(스마트) : 19,800+17,600=37,400원
- 인터넷+TV(프라임) : 19,800+19,800=39,600원
- 인터넷+일반전화+TV(베이직)
  : 19,800+1,100+12,100=33,000원
- 인터넷+일반전화+TV(스마트)
  : 19,800+1,100+17,600=38,500원
- 인터넷+일반전화+TV(프라임)
  : 19,800+1,100+19,800=40,700원
- 인터넷+인터넷전화+TV(베이직)
  : 19,800+1,100+2,400+1,650+12,100=37,050원
- 인터넷+인터넷전화+TV(스마트)
  : 19,800+1,100+2,400+1,100+17,600=42,000원
- 인터넷+인터넷전화+TV(프라임)
  : 19,800+1,100+2,400+19,800=43,100원

∴ 43,100−21,100=22,000원

14 정답 ③

2023년 서울특별시의 1인 가구 수는 전국의 1인 가구 수의 $\frac{1,172}{5,613}$ ×100≒21%이다.

오답분석

① 전체 가구 수는 전국적으로 2021년 19,092천 가구, 2022년 19,354천 가구, 2023년 19,590천 가구로 해마다 증가하고 있다.

② 1인 가구 수는 전국적으로 2021년 5,238천 가구, 2022년 5,434천 가구, 2023년 5,613천 가구로 해마다 증가하고 있다.

④ 2023년 서울특별시 전체 가구 수 중에서 1인 가구가 차지하는 비중은 $\frac{1,172}{3,789}$ ×100≒31%이다.

⑤ 대전광역시와 울산광역시의 1인 가구 수의 합을 구하면 다음과 같다.
- 2021년 : 171+104=275천 가구
- 2022년 : 178+107=285천 가구
- 2023년 : 185+110=295천 가구

따라서 인천광역시의 1인 가구 수보다 항상 많다.

15 정답 ④

A ~ C에 들어갈 수는 각각 다음과 같다.
- A : 299,876−179,743=A → A=120,133
- B : B−75,796=188,524 → 188,524+75,796=264,320
- C : 312,208−C=224,644 → 312,208−224,644=87,564

16 정답 ④

15주 동안 A그룹의 몬스터 스트리밍 지수가 B그룹의 블러드 스트리밍 지수보다 높은 지수였던 주는 2주, 10 ~ 15주로 총 7번이다.

오답분석

① A, B그룹의 모든 곡의 1주부터 3주까지 스트리밍 지수 합을 각각 구하면 다음과 같다.

구분	A그룹		
	몬스터	로또	라이프
1주	80,426	75,106	73,917
2주	89,961	78,263	76,840
3주	70,234	70,880	74,259
합계	240,621	224,249	225,016

구분	B그룹		
	파이어	블러드	스프링
1주	62,653	84,355	95,976
2주	66,541	86,437	94,755
3주	64,400	88,850	86,489
합계	193,594	259,642	277,220

따라서 스트리밍 지수 합이 높은 곡의 순서는 '스프링 – 블러드 – 몬스터 – 라이프 – 로또 – 파이어'이다.

② 라이프의 10주 스트리밍 지수는 68,103이고, 블러드의 14주 스트리밍 지수의 1.2배는 56,663×1.2=67,995.6이므로 라이프의 스트리밍 지수는 블러드의 스트리밍 지수의 1.2배 이상이다.

③ 8주 대비 9주의 스트리밍 지수가 증가한 곡은 A그룹의 몬스터와 로또이며, 나머지는 감소했다. 두 곡의 8주 대비 9주의 스트리밍 지수 증가율을 비교하면 로또의 증가율이 가장 높음을 알 수 있다.

- 몬스터 : $\frac{66,355-65,719}{65,719}\times100 ≒ 0.97\%$

- 로또 : $\frac{69,447-67,919}{67,919}\times100 ≒ 2.25\%$

⑤ 6주일 때와 15주일 때, 6곡의 스트리밍 지수 합을 구하면 다음과 같다.

- 6주 : 62,447+69,467+74,077+62,165+78,191+75,362 =421,709

- 15주 : 59,222+47,991+30,218+26,512+54,253+67,518 =285,714

따라서 두 주의 스트리밍 지수 합의 차이는 421,709−285,714 =135,995이다.

17 　　　　　　　　　　　　　　　정답 ⑤

4월 전월 대비 수출액은 감소했고, 5월 전월 대비 수출액은 증가했는데, 해당 그래프에서는 반대로 나타나 있다.

18 　　　　　　　　　　　　　　　정답 ②

조사기간 동안 모든 최저임금 수치가 자료보다 낮다.

19 　　　　　　　　　　　　　　　정답 ①

아시아주 전체 크루즈 이용객의 수는 미주 전체 크루즈 이용객의 수의 $\frac{1,548}{2,445}\times100 ≒ 63\%$이다.

오답분석

② 멕시코보다 여성 크루즈 이용객 수와 남성 크루즈 이용객 수가 모두 많은 국가는 미국뿐이다.

③ 브라질 국적의 남성 크루즈 이용객의 수는 인도네시아 국적의 남성 크루즈 이용객 수의 $\frac{16}{89}\times100 ≒ 18\%$이다.

④ 여성 크루즈 이용객 수가 가장 많은 국가는 미국이며, 미국의 전체 크루즈 이용객 중 남성 이용객 수의 비율은 47.7%로 50% 이하이다.

⑤ 먼저 남성의 수가 여성의 수보다 많은 경우의 나라만 따져본다. 인도의 경우 남성 크루즈 이용객의 수가 여성 크루즈 이용객의 수의 20배인 18×20=360명보다 더 많은 것을 알 수 있다. 다른 국가 중 남성 크루즈 이용객의 수가 여성 크루즈 이용객의 수의 20배를 초과하는 경우는 없으므로 여성 크루즈 이용객 대비 남성 크루즈 이용객의 비율이 가장 높은 국적은 인도임을 알 수 있다.

20 　　　　　　　　　　　　　　　정답 ④

2022년과 2023년에 부산광역시의 아동 십만 명당 안전사고 사망자 수는 광주광역시보다 낮으므로 옳지 않은 설명이다.

오답분석

① 제주특별자치도는 2022년 아동 십만 명당 안전사고 사망자 수가 7.1명으로 6.0명을 넘는다.

② 울산광역시의 2021년 대비 2023년 아동 십만 명당 안전사고 사망자 수 비율은 $\frac{2.3}{7.2}\times100 ≒ 32\%$이므로 약 68% 감소하였음을 알 수 있다.

③ 매년 아동 십만 명당 사망자 수가 증가한 지역은 인천광역시, 1곳이다.

⑤ 경상남도와 같이 2022년에 전년 대비 감소하고 2023년에 전년 대비 증가하는 시·도는 대전광역시, 세종특별자치시, 강원도 3곳이다.

01	02	03	04	05	06	07	08	09	10
⑤	④	④	③	④	③	④	③	④	②
11	12	13	14	15	16	17	18	19	20
③	③	②	②	③	③	②	②	①	⑤

01　　정답 ⑤

제시된 수열은 정수 부분이 +2씩 증가하고, 분수 부분의 분자는 +3씩, 분모는 +7씩 증가하는 수열이다.

따라서 (　)=$(3-2)\left(\dfrac{5-3}{10-7}\right)=1\dfrac{2}{3}$이다.

02　　정답 ④

10개 중 3개를 선택해 순서대로 나열하는 경우의 수는 $_{10}P_3=10\times9\times8=720$이므로, 구하고자 하는 경우의 수는 720가지이다.

03　　정답 ④

제시된 수열은 (앞의 항)+3.02, +5.03, +7.04, +9.05, ⋯씩 증가하는 수열이다.

따라서 (　)=17.1+9.05=26.15이다.

04　　정답 ③

더 넣어야 할 물의 양을 xg이라고 하자.

$\dfrac{9}{100}\times100=\dfrac{6}{100}\times(100+x)$

→ $900=600+6x$

→ $300=6x$

∴ $x=50$

따라서 필요한 물의 양은 50g이다.

05　　정답 ④

제시된 수열은 2^1-1, 2^2-1, 2^3-1, 2^4-1, ⋯로 나열된 수열이다.

따라서 (　)=$2^6-1=63$이다.

06　　정답 ③

집에서 서점까지의 거리를 $x$km라 하자. 집에서 서점까지 갈 때 걸리는 시간은 $\dfrac{x}{4}$ 시간, 서점에서 집으로 되돌아올 때 걸리는 시간은 $\dfrac{x}{3}$ 시간으로 다음과 같은 식이 성립한다.

$\dfrac{x}{4}+\dfrac{x}{3}=7$

→ $7x=84$

∴ $x=12$

따라서 집에서 서점까지의 거리는 12km이다.

07　　정답 ④

$\underline{A\ B\ C} \rightarrow A^2+B^2=C$

따라서 (　)=$\sqrt{74-5^2}=\sqrt{49}=7$이다.

08　　정답 ③

농도 13% 식염수의 양을 xg이라 하면, 농도 8% 식염수의 양은 $(500-x)$g이다.

$\dfrac{8}{100}\times(500-x)+\dfrac{13}{100}\times x=\dfrac{10}{100}\times500$

→ $5x=1,000$

∴ $x=200$

따라서 농도 13%의 식염수는 200g이 필요하다.

09　　정답 ④

제시된 수열은 앞의 항의 정수 부분에 +2, +3, +5를 반복하여 더하고, 분수 부분의 분모에는 +5, +2, +3을, 분자에는 +3, +5, +2를 반복하여 더하는 수열이다.

따라서 (　)=$(17+5)\left(\dfrac{23+2}{24+3}\right)=22\dfrac{25}{27}$이다.

10　　정답 ②

치킨 1마리 값을 x원, 오리구이 100g당 가격을 y원이라고 하자.

$4y+x=22,000\cdots$ ㉠

$2x+2y=35,000\cdots$ ㉡

㉠과 ㉡을 연립하면 $x=16,000$, $y=1,500$이다.

따라서 오리구이 100g당 가격은 1,500원이다.

11　　정답 ③

제시된 수열은 앞의 항에 ×3, −3.3, ⋯을 반복하는 수열이다.

따라서 (　)=5.43×3=16.29이다.

12

정답 ③

팀장의 나이를 x세라고 하자.
과장의 나이는 $(x-4)$세, 대리는 31세, 사원은 25세이다.
과장과 팀장의 나이 합이 사원과 대리의 나이 합의 2배이므로
$x+(x-4)=2\times(31+25)$
$\rightarrow 2x-4=112$
$\therefore x=58$
따라서 팀장의 나이는 58세이다.

13

정답 ②

제시된 수열은 정수 부분과 분수의 분자 부분은 소수를 나열하고, 분모는 자연수와 분자의 수의 합인 수열이다.
빈칸의 앞의 항의 정수 부분은 5, 분자 부분은 7이므로 각 수의 다음으로 올 소수는 7, 11이다.
따라서 (　)$=7\dfrac{11}{18}$이다.

14

정답 ②

철수와 영희가 처음 만날 때까지 걸린 시간을 x분이라고 하자.
x분 동안 철수와 영희의 이동거리는 각각 $70x$m, $30x$m이므로 다음 식이 성립한다.
$70x+30x=1,000$
$\therefore x=10$
따라서 10분이 걸렸다.

15

정답 ③

$\underline{A\ B\ C}\rightarrow\dfrac{A+C}{2}+2=B$
따라서 (　)$=2(12-2)-7=13$이다.

16

정답 ③

A, B, C 세 사람이 각각 화분에 물을 주는 주기인 15일, 12일, 10일의 최소공배수가 60이므로 세 사람이 함께 물을 주는 주기는 60일이다. 6월은 30일, 7월은 31일까지 있으므로 6월 2일에 물을 주었다면 7월 2일은 30일 후이며, 8월 2일은 30+31=61일 후가 된다.
따라서 6월 2일 물을 주고 다음에 같은 날 물을 주는 날은 60일 후인 8월 1일이다.

17

정답 ②

상자 위 칸의 세 수의 평균이 아래 칸의 수이다.
따라서 (　)$=\dfrac{3+7+2}{3}=\dfrac{12}{3}=4$이다.

18

정답 ②

탁구공 12개 중에서 4개를 꺼내는 경우의 수는 $_{12}C_4=495$가지이다.
흰색 탁구공이 노란색 탁구공보다 많은 경우는 흰색 탁구공 3개, 노란색 탁구공 1개 또는 흰색 탁구공 4개를 꺼내는 경우이다.
• 흰색 탁구공 3개, 노란색 탁구공 1개를 꺼내는 경우의 수
　: $_7C_3\times_5C_1=35\times5=175$가지
• 흰색 탁구공 4개를 꺼내는 경우의 수
　: $_7C_4=35$가지
따라서 구하는 확률은 $\dfrac{175+35}{495}=\dfrac{210}{495}=\dfrac{14}{33}$이다.

19

정답 ①

각 열의 숫자는 피보나치 수열을 따른다.
• 1열 : 1, 4, 1+4=5, 4+5=9
• 2열 : 2, 3, 2+3=5, 3+5=8
• 3열 : 3, 3, 3+3=?, 3+?=9
• 4열 : 2, 2, 2+2=4, 2+4=6
따라서 (　)$=6$이다.

20

정답 ⑤

가위바위보를 해서 이길 때마다 계단 3개씩 올라가므로 계단 20개를 올라가려면 7회 이겨야 한다. 여기서 앞선 7회를 연승하거나 8회 중 7회, 9회 중 7회를 이기면 놀이가 끝나므로 마지막 10회는 반드시 이기고 앞선 9회 중 6회는 이기고 3회는 비기거나 져야 한다.
가위바위보를 1회 해서 이길 확률은 $\dfrac{1}{3}$이므로 가위바위보를 9회 해서 6회 이기고 마지막 10회에서 이길 확률은 다음과 같다.
$$\left[_9C_6\left(\dfrac{1}{3}\right)^6\left(\dfrac{2}{3}\right)^3\right]\times\dfrac{1}{3}$$
가위바위보 1회로 비길 확률은 $\dfrac{1}{3}$이므로 가위바위보를 10회 해서 앞선 9회 중 6회 이기고 2회 비기며 마지막 10회에서 이길 확률은 다음과 같다.
$$\left[_9C_6\left(\dfrac{1}{3}\right)^6{}_3C_2\left(\dfrac{1}{3}\right)^2\left(\dfrac{1}{3}\right)\right]\times\dfrac{1}{3}$$
따라서 구하고자 하는 확률은 다음과 같다.
$$\dfrac{_9C_6\left(\dfrac{1}{3}\right)^6{}_3C_2\left(\dfrac{1}{3}\right)^2\left(\dfrac{1}{3}\right)\times\dfrac{1}{3}}{_9C_6\left(\dfrac{1}{3}\right)^6\left(\dfrac{2}{3}\right)^3\times\dfrac{1}{3}}=\dfrac{3}{8}$$

제4회 모의고사 정답 및 해설

제1영역 언어이해

01	02	03	04	05	06	07	08	09	10
①	①	①	①	④	④	③	①	⑤	②
11	12	13	14	15	16	17	18	19	20
②	④	④	③	①	⑤	③	⑤	③	⑤

01　　　　정답 ①

제시문은 프루시너가 발견한 프리온 단백질을 소개하는 글로, 프루시너의 이론이 발표되기 전 분자 생물학계의 중심 이론을 함께 설명하고 있다. 프루시너의 이론을 설명하기 전에 이와 대립하는 기존 분자 생물학계의 주장을 먼저 제시하고 있으므로 전개 방식으로 가장 적절한 것은 ①이다.

02　　　　정답 ①

저작권법에 의해 보호받을 수 있는 저작물은 최소한의 창작성을 지니고 있어야 하며, 남의 것을 베낀 것이 아닌 저작자 자신의 것이어야 한다.

03　　　　정답 ①

제시문은 케렌시아는 힐링과 재미에 머무는 것이 아니라 능동적인 취미 활동을 하는 곳이고, 창조적인 활동을 하기 위한 공간으로 변모해 감을 설명하고 있다. 따라서 ①은 적절하지 않다.

오답분석
② 케렌시아는 다양한 사례를 통해 휴식과 힐링을 위한 자기만의 공간을 의미함을 알 수 있다.
③ 맨케이브, 자기만의 방과 같은 유사한 표현을 볼 수 있다.
④ 북카페, 3프리즌, 책맥 카페 등을 통해 케렌시아를 위한 수익 창출 활동이 나타남을 알 수 있다.
⑤ 케렌시아가 필요한 사람들에게 전시장, 음악회 등 문화 현장에 가는 것을 권함을 알 수 있다.

04　　　　정답 ①

제시문은 유전자 치료를 위해 프로브와 겔 전기영동법을 통해 비정상적인 유전자를 찾아내는 방법을 설명하고 있다.

05　　　　정답 ④

㉠에 해당하는 다른 시각을 가진 사람들의 주장을 요약하면 저작물의 공유 캠페인과 신설된 공정 이용 규정으로 인해 저작권자들의 정당한 권리가 침해받고, 이 때문에 창작물을 창조하는 사람들의 동기가 크게 감소한다는 것이다. 이에 따라 활용 가능한 저작물이 줄어들게 되어 이용자들도 피해를 당한다고 말한다. 따라서 저작권자의 권리를 인정해 주는 것이 결국 이용자에게도 도움이 된다는 주장을 추론할 수 있다.

06　　　　정답 ④

스피노자는 삶을 지속하고자 하는 인간의 욕망을 코나투스라 정의하며, 코나투스인 욕망을 긍정하고 욕망에 따라 행동해야 한다고 주장하였다. 따라서 스피노자의 주장에 대한 반박으로는 인간의 욕망을 부정적으로 바라보며, 이러한 욕망을 절제해야 한다는 내용의 ④가 가장 적절하다.

오답분석
③ 스피노자는 모든 동물들이 코나투스를 가지고 있으나, 인간은 자신의 충동을 의식할 수 있다는 점에서 차이가 있다고 주장하므로 스피노자와 동일한 입장임을 알 수 있다.

07　　　　정답 ③

헤겔은 국가를 사회 문제를 해결하고 공적 질서를 확립할 최종 주체로 설정했고, 뒤르켐은 사익을 조정하고 공익과 공동체적 연대를 실현할 도덕적 개인주의의 규범에 주목하면서, 이를 수행할 주체로서 직업 단체의 역할을 강조하였다. 즉, 뒤르켐은 직업 단체가 정치적 중간 집단으로서 구성원의 이해관계를 국가에 전달하는 한편 국가를 견제해야 한다고 보았다.

오답분석
① 뒤르켐이 주장하는 직업 단체는 정치적 중간 집단의 역할로 빈곤과 계급 갈등의 해결을 수행할 주체이다.
②·④ 헤겔의 주장이다.
⑤ 헤겔 역시 공리주의는 시민 사회 내에서 개인들의 무한한 사익 추구가 일으키는 빈부 격차나 갈등을 해결할 수는 없다고 보았다.

08　정답 ①

'갑돌'의 성품이 탁월하다고 볼 수 있는 것은 그의 성품이 곧고 자신감이 충만하며, 다수의 옳지 않은 행동에 대하여 비판의 목소리를 낼 것이며 그렇게 하는 데에 별 어려움을 느끼지 않을 것이기 때문이다. 또한, 세 번째 문단에 따르면 탁월한 성품은 올바른 훈련을 통해 올바른 일을 바르고 즐겁게 그리고 어려워하지 않으며 처리할 수 있는 능력을 뜻한다. 그러므로 아리스토텔레스의 입장에서는 '엄청난 의지를 발휘'하고 자신과의 '힘든 싸움'을 해야 했던 '병식'보다는 잘못된 일에 '별 어려움' 없이 '비판의 목소리'를 내는 '갑돌'의 성품을 탁월하다고 여길 것이다. 따라서 빈칸에 들어갈 내용으로 가장 적절한 것은 ①이다.

09　정답 ⑤

제시문은 디젤 엔진과 가솔린 엔진을 비교하며, 디젤 엔진의 특징과 효율성을 설명하고 있다. 따라서 (바) 루돌프 디젤의 새로운 엔진 개발 – (나) 기존 가솔린 엔진의 단점 – (아) 가솔린 엔진의 기본 원리 – (가) 가솔린 엔진의 노킹 현상 – (마) 디젤 엔진의 기본 원리 – (사) 디젤 엔진의 높은 압축 비율 – (다) 오늘날 자동차 엔진으로 자리 잡은 디젤 엔진 – (라) 기술 발전으로 디젤 엔진의 문제 극복 순으로 나열하는 것이 적절하다.

10　정답 ②

제시문은 일본의 라멘과 한국 라면의 차이점을 서술하는 글이다. 따라서 (가) 일본 라멘에 대한 설명 – (라) 한국 라면의 특징 – (나) 한국 소비자의 입맛에 맞춰 변화된 라면 – (다) 한국 라면의 독자성 순으로 나열하는 것이 적절하다.

11　정답 ②

제시문은 강이 붉게 물들고 산성으로 변화하는 이유인 티오바실러스와 강이 붉어지는 것을 막기 위한 방법에 대하여 설명하고 있다. 따라서 (가) 철2가 이온(Fe^{2+})과 철3가 이온(Fe^{3+})의 용해도가 침전물 생성에 중요한 역할을 함 – (라) 티오바실러스가 철2가 이온(Fe^{2+})을 산화시켜 만든 철3가 이온(Fe^{3+})이 붉은 침전물을 만듦 – (나) 티오바실러스는 이황화철(FeS_2)을 산화시켜 철2가 이온(Fe^{2+}), 철3가 이온(Fe^{3+})을 얻음 – (다) 티오바실러스에 의한 이황화철(FeS_2)의 가속적인 산화를 막기 위해서는 광산의 밀폐가 필요함의 순으로 나열하는 것이 적절하다.

12　정답 ④

청구범위를 넓게 설정할 경우 선행기술들과 저촉되어 특허가 거절될 가능성이 높아지므로 특허등록의 가능성이 줄어들게 되고, 청구범위를 좁게 설정할 경우에는 특허등록 가능성이 높아지게 된다.

오답분석
① 변리사를 통해 특허출원 명세서를 기재할 수 있다.
② 특허출원은 주로 경쟁자로부터 자신의 제품을 지키기 위해 이루어지나, 기술적 우위를 표시하기 위해 이루어지기도 한다.
③ 특허출원서에는 출원인이나 발명자 정보 등을 기재한다. 발명의 명칭, 발명의 효과, 청구범위 등은 특허명세서에 작성한다.
⑤ 청구범위가 좁을 경우 보호 범위가 좁아져 제3자가 특허 범위를 회피할 가능성이 높아지게 된다.

13　정답 ④

마지막 문단에 따르면 괴델은 '참이지만 증명할 수 없는 명제'가 존재한다고 하였지만, '주어진 공리와 규칙만으로 일관성과 무모순성을 증명할 수 없다.'라고 하였다.

오답분석
① 두 번째 문단에 따르면 유클리드는 공리를 기반으로 끌어낸 명제들이 성립함을 증명하였으나, 공리를 증명하려고 시도하지는 않았다.
② 세 번째 문단에 따르면 힐베르트는 공리의 무모순성과 독립성을 증명할 수 있다고 예상하였다.
③ · ⑤ 괴델은 증명할 수 없어도 참인 명제가 존재한다고 하였으며, 기존의 수학 체계 자체를 부정한 것이 아니라 그 자체 체계만으로 일관성과 모순성을 설명할 수 없다는 불완전성을 정리한 것이다.

14　정답 ③

오답분석
① 삼강령과 팔조목은 『대학』이 『예기』의 편면으로 있었을 때에는 사용되지 않았으나, 『대학』이 사서의 하나로 격상되면서부터 사용되기 시작했다고 하였다.
② 삼강령과 팔조목은 종적으로 서로 밀접한 관계를 형성하고 있어 한 항목이라도 없으면 과정에 차질이 생기는 것은 옳으나, 횡적으로는 서로 독립된 항목이라 보고 있다.
④ 백성의 명덕을 밝혀 백성과 한마음이 되는 것은 제가 · 치국 · 평천하이다.
⑤ 팔조목은 반드시 순서에 따라 이루어지는 것은 아니며, 서로 유기적으로 연관되어 있으므로 함께 또는 동시에 갖추어야 할 실천 항목이라 볼 수 있다고 하였다.

15　정답 ①

(가) 문단은 질서의 사전적 의미를 통해 질서의 개념에 대해 설명하고 있다.

16　정답 ⑤

KCNK13채널이 도파민을 촉진하는 활동을 차단할 수 있다면 폭음을 막을 수 있다고 하였으나 약을 개발하였는지는 제시문을 통해 추론할 수 없다.

오답분석
① 뇌는 알코올이 흡수되면 도파민을 분출하고, 도파민은 보상을 담당하는 화학 물질로 뇌에 보상을 받고 있다는 신호를 보내 음주 행위를 계속하도록 만든다.

② 실험 결과 KCNK13채널을 15% 축소한 쥐가 보통의 쥐보다 30%나 더 많은 양의 알코올을 폭음하였다.

③ 이전에는 도파민이 어떤 경로를 거쳐 VTA에 도달하는지 알 수 없었으나, 일리노이대 후성유전학 알코올 연구센터에서 이를 밝혀냈다.

④ VTA에 도파민이 도달하면 신경세포 활동이 급격히 증가하면서 활발해지고 보상을 얻기 위해 알코올 섭취를 계속하게 만들 수 있다.

17
정답 ③

핵융합발전은 원자력발전에 비해 같은 양의 원료로 3 ~ 4배의 전기를 생산할 수 있다고 하였으나, 핵융합발전은 수소의 동위원소를 원료로 사용하는 반면 원자력발전은 우라늄을 원료로 사용한다. 즉, 전력 생산에 서로 다른 원료를 사용하므로 생산된 전력량으로 연료비를 서로 비교할 수 없다.

오답분석

① 핵융합 에너지는 화력발전을 통해 생산되는 전력 공급량을 대체하기 어려운 태양광에 대한 대안이 될 수 있으므로 핵융합발전이 태양열발전보다 더 많은 양의 전기를 생산할 수 있음을 추론할 수 있다.

② 원자력발전은 원자핵이 분열하면서 방출되는 에너지를 이용하며, 핵융합발전은 수소 원자핵이 융합해 헬륨 원자핵으로 바뀌는 과정에서 방출되는 에너지를 이용해 전기를 생산한다. 따라서 원자의 핵을 다르게 이용한다는 것을 알 수 있다.

④ 네 번째 문단에서 미세먼지와 대기오염을 일으키는 오염물질은 전혀 나오지 않고 헬륨만 배출된다는 내용을 통해 헬륨은 대기오염을 일으키는 오염물질에 해당하지 않음을 알 수 있다.

⑤ 발전장치가 꺼지지 않도록 정밀하게 제어하는 것이 중요하다는 내용을 통해 알 수 있다.

18
정답 ⑤

제시문의 마지막 문단에서 드론의 악용 가능성에 대해 언급하고 있으므로 뒤에 이를 방지하기 위한 법 제정의 필요성에 대한 이야기가 이어져야 한다.

19
정답 ③

보기는 사행 산업 역시 매출의 일부를 세금으로 추가 징수하는 경우가 있지만, 게임 산업은 사행 산업이 아닌 문화 콘텐츠 산업이라고 주장한다. 따라서 글의 흐름상 보기는 게임 산업이 이미 세금을 납부하고 있다는 내용 뒤에 오는 것이 자연스럽다. (다)의 앞 문장에서는 게임 업체가 이미 매출에 상응하는 세금을 납부하고 있음을 이야기하므로 (다)에 들어가는 것이 적절하다.

20
정답 ⑤

보기는 이익의 추구는 의(義)에서 배제돼야 한다고 '그'가 주장했다는 것으로, 이러한 내용은 의(義)가 이익의 추구와 구분돼야 한다고 맹자가 주장했다는 마지막 문단의 내용과 연결된다. 또한 보기에는 앞의 내용이 뒤의 내용의 원인이나 근거가 될 때 쓰는 접속부사 '그래서'가 있으므로 마지막 문단의 끝부분인 (마)에 들어가는 것이 가장 적절하다.

제**2**영역 언어추리

01	02	03	04	05	06	07	08	09	10
④	③	③	④	⑤	④	④	⑤	①	②
11	12	13	14	15	16	17	18	19	20
⑤	④	③	①	⑤	⑤	③	⑤	④	①

01
정답 ④

'운동을 꾸준히 한다.'를 A, '스트레스를 많이 받는다.'를 B, '술을 많이 마신다.'를 C, '간에 무리가 간다.'를 D라고 한다면 첫 번째 명제는 C → D, 세 번째 명제는 B → C, 네 번째 명제는 ~A → D이므로 네 번째 명제가 도출되기 위해서는 빈칸에 ~A → B라는 명제가 적절하다. 따라서 그 대우 명제인 ~B → A가 적절하다.

02
정답 ③

'모든 식물'을 A, '광합성을 한다.'를 B, '사과나무'를 C라고 한다면 첫 번째 명제는 A → B, 세 번째 명제는 C → B이므로 세 번째 명제가 도출되기 위해서는 빈칸에 C → A라는 명제가 적절하다.

03
정답 ③

'영화를 좋아한다.'를 A, '드라마를 좋아한다.'를 B, '음악을 좋아한다.'를 C라고 하면, 첫 번째 명제와 세 번째 명제는 각각 A → ~B, C → ~A이다. 이때, 첫 번째 명제의 대우는 B → ~A이므로 세 번째 명제가 참이 되려면 C → B 또는 ~B → ~C가 필요하다. 따라서 '드라마를 싫어하는 사람은 음악을 싫어한다.'라는 명제가 적절하다.

04
정답 ④

'회사원'을 A, '야근을 한다.'를 B, '늦잠을 잔다.'를 C라고 하면, 첫 번째 명제와 세 번째 명제는 각각 A → B, ~C → ~A이다. 이때, 첫 번째 명제의 대우는 ~B → ~A이므로 세 번째 명제가 참이 되려면 ~C → ~B 또는 B → C가 필요하다. 따라서 '야근을 하는 사람은 늦잠을 잔다.'라는 명제가 적절하다.

05
정답 ⑤

돼지 인형과 토끼 인형의 크기를 비교할 수 없으므로 크기가 큰 순서대로 나열하면 '돼지 – 토끼 – 곰 – 기린 – 공룡' 또는 '토끼 – 돼지 – 곰 – 기린 – 공룡'이 된다. 이때 가장 큰 크기의 인형을 정확히 알 수 없으므로 진영이가 좋아하는 인형 역시 알 수 없다.

06
정답 ④

각 도입규칙을 논리기호로 나타내면 다음과 같다.
• 규칙1. A
• 규칙2. ~B → D
• 규칙3. E → ~A
• 규칙4. F, E, B 중 2개 이상
• 규칙5. ~E and F → ~C
• 규칙6. 최대한 많은 설비 도입

규칙1에 따르면 A는 도입하며, 규칙3의 대우인 A → ~E에 따르면 E는 도입하지 않는다.
규칙4에 따르면 E를 제외한 F, B를 도입해야 하고, 규칙5에서 E는 도입하지 않으며, F는 도입하므로 C는 도입하지 않는다.
D의 도입 여부는 규칙1~5에서는 알 수 없지만, 규칙6에서 최대한 많은 설비를 도입한다고 하였으므로 D를 도입한다.
따라서 도입할 설비는 A, B, D, F이다.

07
정답 ④

먼저 한 달간 약국의 공휴일 영업일수는 서로 같으므로 5일 동안 5개의 약국 중 2곳씩 영업할 경우 각 약국은 모두 두 번씩 영업해야 한다. 세 번째 조건과 마지막 조건에 따르면 D약국은 첫 번째, 두 번째 공휴일에 이미 A약국, E약국과 함께 두 번의 영업을 하였다. E약국 역시 네 번째 조건에 따라 마지막 공휴일에 영업할 예정이므로 모두 두 번의 영업을 하게 되며, A약국도 세 번째 공휴일인 오늘 영업 중이므로 두 번의 영업일을 채우게 된다. B약국이 두 번의 영업일을 채우기 위해서는 네 번째와 다섯 번째 공휴일에 반드시 영업을 해야 하므로 C약국은 자연스럽게 남은 네 번째 공휴일에 영업을 하게 된다.
각 공휴일에 영업하는 약국을 정리하면 다음과 같다.

공휴일	첫 번째	두 번째	세 번째	네 번째	다섯 번째
약국 (횟수)	A(1), D(1)	D(2), E(1)	A(2), C(1)	B(1), C(2)	B(2), E(2)
	D(1), E(1)	A(1), D(2)			

따라서 네 번째 공휴일에 영업하는 약국은 B약국과 C약국이다.

오답분석

① 조건에 따르면 A약국은 첫 번째 또는 두 번째 공휴일에 영업을 하였는데, A약국이 세 번째 공휴일에 영업을 하므로 첫 번째 공휴일에 영업을 할 경우 연속으로 영업한다는 것은 참이 되지 않는다.
② 다섯 번째 공휴일에는 B약국과 E약국이 함께 영업한다.
③ B약국은 네 번째, 다섯 번째 공휴일에 영업한다.
⑤ E약국은 첫 번째 또는 두 번째 공휴일과 다섯 번째 공휴일에 영업을 하므로, 첫 번째와 다섯 번째 공휴일에 영업하는 것이 반드시 참은 아니다.

08

두 번째 조건과 세 번째 조건에 따라 3학년이 앉은 첫 번째 줄과 다섯 번째 줄의 바로 옆줄인 두 번째 줄과 네 번째 줄, 여섯 번째 줄에는 3학년이 앉을 수 없다. 즉, 두 번째 줄, 네 번째 줄, 여섯 번째 줄에는 1학년 또는 2학년이 앉아야 한다. 이때 3학년이 앉은 줄의 수가 1학년과 2학년이 앉은 줄의 수가 같다는 네 번째 조건에 따라 남은 세 번째 줄은 반드시 3학년이 앉아야 한다. 따라서 ⑤는 항상 거짓이 된다.

오답분석
① 두 번째 줄에는 1학년 또는 2학년이 앉을 수 있다.
② 책상 수가 몇 개인지는 알 수 없다.
③ 학생 수가 몇 명인지는 알 수 없다.
④ 여섯 번째 줄에는 1학년 또는 2학년이 앉을 수 있다.

09

정답 ①

9시 5분에 도착한 사람이 각각 J사원, M대리, H과장인 경우를 정리하면 다음과 같다.

• J사원이 9시 5분에 도착한 경우 : 9시 5분에 도착한 J사원이 가장 빨리 도착한 것이 아니므로 조건에 맞지 않는다.

구분	J사원	M대리	H과장
실제 도착 시각	9시 5분	8시 45분	8시 55분
시계	8시 55분	8시 50분	8시 55분
실제 시각과 시계의 차이	+10분	−5분	0분

• H과장이 9시 5분에 도착한 경우 : 도착 시각 간격은 동일하지만, 이 경우 가장 빨리 도착한 사람이 8시 55분에 도착한 것이 되므로 조건에 맞지 않는다.

구분	J사원	M대리	H과장
실제 도착 시각	9시 15분	8시 55분	9시 5분
시계	8시 55분	8시 50분	8시 55분
실제 시각과 시계의 차이	+20분	+5분	+10분

• M대리가 9시 5분에 도착한 경우 : M대리가 9시 5분에 가장 빨리 도착하고, 이후 10분 간격으로 H과장과 J사원이 각각 도착했으므로 모든 조건이 성립한다.

구분	J사원	M대리	H과장
실제 도착 시각	9시 25분	9시 5분	9시 15분
시계	8시 55분	8시 50분	8시 55분
실제 시각과 시계의 차이	+30분	+15분	+20분

따라서 M대리 → H과장 → J사원 순서로 도착했다.

10

정답 ②

세 번째 조건에 따라 파란색을 각각 왼쪽에서 두 번째, 세 번째, 네 번째에 칠할 때로 나눈다.
i) 파란색을 왼쪽에서 두 번째에 칠할 때
  • 노랑 – 파랑 – 초록 – 주황 – 빨강
ii) 파란색을 왼쪽에서 세 번째에 칠할 때
  • 주황 – 초록 – 파랑 – 노랑 – 빨강
  • 초록 – 주황 – 파랑 – 노랑 – 빨강
iii) 파란색을 왼쪽에서 네 번째에 칠할 때
  • 빨강 – 주황 – 초록 – 파랑 – 노랑
따라서 항상 옳은 것은 ②이다.

11

정답 ⑤

B와 C가 초콜릿 과자를 먹고 D와 E 중 한 명 역시 초콜릿 과자를 먹으므로 C가 초콜릿 과자 1개를 먹었음을 알 수 있다. 남은 커피 과자 3개는 A, D, E가 나눠 먹게 된다. 이때 A가 커피 과자 1개를 먹었다면 D와 E 중 한 명은 초콜릿 과자 1개와 커피 과자 1개를 먹고, 나머지 한 명은 커피 과자 1개를 먹는다. 따라서 A와 D가 커피 과자를 1개씩 먹었다면, E는 초콜릿과 커피 두 종류의 과자를 하나씩 먹게 된다.

12

정답 ④

세 번째 명제의 대우는 '운동을 좋아하는 사람은 고전을 좋아한다.'이다. 따라서 두 번째 명제와 연결하면 '사진을 좋아하는 사람은 고전을 좋아한다.'는 명제가 결론으로 적절하다.

13

정답 ③

모든 직원들은 영어, 중국어, 일본어 중 하나를 선택해서 배우는데, 모든 남자직원들은 중국어를 배우므로 일본어와 영어가 남는다. 그리고 어떤 여직원들은 일본어를 배우지 않는다고 했으며, 이 회사의 모든 여직원들이 중국어나 영어 중 하나를 배울 수도 있다. 따라서 영어를 배우는 직원이 있는지는 알 수 없다.

14

정답 ①

A와 E의 진술이 모순이므로 두 경우를 확인하면 다음과 같다.
• A의 진술이 참인 경우
  A와 D의 진술에 따라, 거짓말을 하는 사람은 B, C, D, E이다. 따라서 거짓말을 하는 사람이 1명이라는 조건에 모순이다.
• E의 진술이 참인 경우
  C의 말이 참이므로 A는 거짓말을 하고, B, D는 진실을 말하는 사람이다. 이때 D의 진술에서 전제가 성립하지 않으므로, D의 진술은 참이다.
따라서 거짓말을 하는 사람은 A이다.

15
정답 ⑤

먼저 진희와 희정의 말이 서로 모순이므로, 둘 중 한 명이 거짓말을 하고 있음을 알 수 있다. 이때, 반드시 진실인 아름의 말에 따라 진희의 말은 진실이 되므로 결국 희정이가 거짓말을 하고 있음을 알 수 있다. 따라서 영화관에 '아름 – 진희 – 민지 – 희정 – 세영' 순서로 도착하였으므로, 가장 마지막으로 영화관에 도착한 사람은 세영이다.

16
정답 ⑤

한 사람의 진술이 모두 거짓이므로 서로 상반된 주장을 하고 있는 박과장과 이부장을 비교해 본다.
• 박과장의 진술이 거짓일 경우
  김대리와 이부장이 참이므로 이부장은 가장 왼쪽에, 김대리는 가장 오른쪽에 위치하게 된다. 이 경우 김대리가 자신의 옆에 있다는 박과장의 주장이 참이 되므로 모순이 된다.
• 이부장의 진술이 거짓일 경우
  김대리와 박과장이 참이므로 이부장은 가장 왼쪽에 위치하고, 이부장의 진술이 거짓이므로 김대리는 가운데, 박과장은 가장 오른쪽에 위치하게 된다. 이 경우 이부장의 옆에 주차하지 않았으며 김대리 옆에 주차했다는 박과장의 주장과도 일치한다.
따라서 주차장에 주차된 순서로 '이부장 – 김대리 – 박과장'이 옳다.

17
정답 ③

용인 지점에서는 C와 D만 근무할 수 있으며, 인천 지점에서는 A와 B만 근무할 수 있다. 이때, A는 과천 지점에서 근무하므로 인천 지점에는 B가 근무하는 것을 알 수 있다. 주어진 조건에 따라 A ~ D의 근무 지점을 정리하면 다음과 같다.

구분	과천	인천	용인	안양
경우 1	A	B	C	D
경우 2	A	B	D	C

따라서 B가 인천 지점에서 근무하는 것이 항상 참이 된다.

오답분석
①·② 주어진 조건만으로 A와 B가 각각 안양과 과천에서 근무한 경험이 있는지는 알 수 없다.

18
정답 ⑤

A ~ E의 진술을 차례대로 살펴보면, A는 B보다 먼저 탔으므로 서울역 또는 대전역에서 승차하였다. 이때, A는 자신이 C보다 먼저 탔는지 알지 못하므로 C와 같은 역에서 승차하였음을 알 수 있다. 다음으로 B는 A와 C보다 늦게 탔으므로 첫 번째 역인 서울역에서 승차하지 않았으며, C는 가장 마지막에 타지 않았으므로 마지막 역인 울산역에서 승차하지 않았다. 한편, D가 대전역에서 승차하였으므로 같은 역에서 승차하는 A와 C는 서울역에서 승차하였음을 알 수 있다. 또한 마지막 역인 울산역에서 혼자 승차하는 경우에만 자신의 정확한 탑승 순서를 알 수 있으므로 자신의 탑승 순서를 아는 E가 울산역에서 승차하였다. A ~ E가 승차한 역을 정리하면 다음과 같다.

구분	서울역		대전역		울산역
탑승객	A	C	B	D	E

따라서 'E는 울산역에서 승차하였다.'는 항상 옳다.

19
정답 ④

북한산보다 낮은 도봉산과 관악산보다 북악산이 더 낮으므로 북악산이 가장 낮은 산임을 알 수 있다. 그러나 제시된 사실만으로는 도봉산과 관악산의 높이를 비교할 수 없다.

20
정답 ①

제시된 조건을 기호로 표기하면 다음과 같다.
• B → ~E
• ~B and ~E → D
• A → B or D
• C → ~D
• C → A
C가 워크숍에 참석하는 경우 D는 참석하지 않으며, A는 참석한다. A가 워크숍에 참석하면 B 또는 D 중 한 명이 함께 참석하므로 B가 A와 함께 참석한다. 또한 B가 워크숍에 참석하면 E는 참석하지 않으므로 결국 워크숍에 참석하는 직원은 A, B, C이다.

제**3**영역 자료해석

01	02	03	04	05	06	07	08	09	10
①	⑤	⑤	④	②	④	④	②	③	④
11	12	13	14	15	16	17	18	19	20
③	⑤	⑤	③	①	④	②	③	①	②

01
정답 ④

2023년도에 세 번째로 많은 생산을 했던 분야는 일반기계 분야이므로, 일반기계 분야의 2021년 대비 2022년도의 변화율은 $\frac{4,020-4,370}{4,370}\times100 \fallingdotseq -8\%$이므로 약 8% 감소하였다.

02
정답 ⑤

2021년과 2022년의 차이는 $1.19-1.15=0.04$명이다.

오답분석

①·②·③·④ 그래프를 통해 쉽게 확인할 수 있다.

03
정답 ⑤

선택지에 해당되는 연도의 고용률과 실업률의 차이를 구하면 다음과 같다.
• 2015년 : $40.4-7.6=32.8\%$p
• 2016년 : $40.3-7.5=32.8\%$p
• 2019년 : $41.2-9.1=32.1\%$p
• 2021년 : $42.1-9.8=32.3\%$p
• 2022년 : $42.7-9.5=33.2\%$p
따라서 2022년 고용률과 실업률의 차이가 가장 크다.

04
정답 ④

아시아·태평양의 연도별 인터넷 이용자 수의 증가량은 다음과 같다.
• 2016년 : $872-726=146$백만 명
• 2017년 : $988-872=116$백만 명
• 2018년 : $1,124-988=136$백만 명
• 2019년 : $1,229-1,124=105$백만 명
• 2020년 : $1,366-1,229=137$백만 명
• 2021년 : $1,506-1,366=140$백만 명
• 2022년 : $1,724-1,506=218$백만 명
따라서 전년 대비 아시아·태평양의 인터넷 이용자 수의 증가량이 가장 큰 해는 2022년이다.

오답분석

① 2015년 중동의 인터넷 이용자 수는 66백만 명이고, 2022년 중동의 인터넷 이용자 수는 161백만 명이다. 따라서 2022년 중동의 인터넷 이용자 수는 2015년에 비해 $161-66=95$백만 명이 늘었다.

②·⑤ 표를 통해 쉽게 확일 할 수 있다.

③ 2018년 아프리카의 인터넷 이용자 수는 124백만 명이고, 2022년 아프리카의 인터넷 이용자 수는 240백만 명이다. 따라서 2022년의 아프리카의 인터넷 이용자 수는 2018년에 비해 $240\div124 \fallingdotseq 1.9$배 증가했다.

05
정답 ②

2021년 1분기 방문객 수 대비 2.8%p 감소하였으므로 2022년 1분기 방문객 수는 $1,810,000\times(1-0.028)=1,759,320 \fallingdotseq 1,760,000$ 명이다. 방문객 수 비율은 2020년이 100이므로 $\frac{1,760,000}{1,750,000}\times100 \fallingdotseq 100\%$이다.

06
정답 ④

미국과 중국의 생산자 물가지수 추이는 '증가 – 증가 – 증가 – 감소 – 증가 – 증가'이지만 일본은 2020년에 전년 대비 감소하였다.

오답분석

①·③ 2015년 대비 2021년 생산자 물가지수가 가장 낮게 상승한 나라는 5.81 상승한 일본으로, 이의 4배인 $5.81\times4=23.24$ 이상 상승한 나라는 한 곳도 없다.

② 2018년 대비 2021년 우리나라의 생산자 물가지수 상승률은 $\frac{119.35-108.60}{108.60}\times100 \fallingdotseq 9.89\%$로 다른 나라에 비해 높은 상승률을 보이고 있다.

⑤ 전년 대비 2016년 물가지수 상승폭이 가장 큰 나라는 독일로, 5.06 상승했다.

07
정답 ④

스스로 탐색하여 독서프로그램 정보를 획득한 남성의 수는 $137\times0.22 \fallingdotseq 30$명이며, 관공서, 도서관 등의 안내에 따라 독서프로그램 정보를 획득한 여성의 수는 $181\times0.205 \fallingdotseq 37$명이다.
따라서 관공서, 도서관 등의 안내에 따라 독서프로그램 정보를 획득한 여성의 수 대비 스스로 탐색하여 독서프로그램 정보를 획득한 남성의 수의 비율은 $\frac{30}{37}\times100 \fallingdotseq 81.1\%$이다.

08

인천광역시의 총가구 중 무주택 가구가 차지하는 비중은 다음과 같다.

$$\frac{450,057}{1,080,285} \times 100 ≒ 41.7\%$$

따라서 40% 이상이다.

오답분석

① 전국 총가구 중 전라북도와 경상남도의 총가구가 차지하는 비중은 $\frac{728,871+1,292,998}{19,673,875} \times 100 ≒ 10.3\%$이므로 옳지 않다.

③ 총가구 중 주택소유 가구의 비중은 다음과 같다.

- 충청북도 : $\frac{362,726}{629,073} \times 100 ≒ 57.7\%$

- 강원도 : $\frac{345,955}{620,729} \times 100 ≒ 55.7\%$

따라서 충청북도가 강원도보다 57.7%−55.7%=2%p 더 크므로 옳지 않다.

④ 부산광역시의 주택소유 가구 대비 무주택 가구의 비율은 $\frac{562,912}{791,489} \times 100 ≒ 71.1\%$이므로 옳지 않다.

⑤ 세종특별자치시의 무주택 가구 수는 48,400가구로, 광주광역시의 무주택 가구 수의 20%인 247,469×0.2=49,493.8가구보다 작으므로 옳지 않다.

09
정답 ③

'1권 이상'의 성인 독서율은 2018년 대비 2020년 사례 수 증가율만큼 증가한다. 빈칸 (가)의 50대 성인 독서율의 경우, 2018년 대비 2020년 사례 수가 $\frac{1,200-1,000}{1,000} \times 100 = 20\%$ 증가하였다. 따라서 '1권 이상'의 성인 독서율 (가)에 들어갈 수치는 60×1.2=72가 된다.

10
정답 ④

독일과 일본의 국방예산 차액은 461−411=50억 원이고, 영국과 일본의 차액은 487−461=26억 원이다.

따라서 영국과 일본의 차액은 독일과 일본의 차액의 $\frac{26}{50} \times 100 = 52\%$를 차지한다.

오답분석

① 국방예산이 가장 많은 국가는 러시아(692억 원)이며, 가장 적은 국가는 한국(368억 원)으로 두 국가의 예산 차액은 692−368=324억 원이다.

② 사우디아라비아의 국방예산은 프랑스보다 $\frac{637-557}{557} \times 100 ≒ 14.4\%$ 많다.

③ 인도보다 국방예산이 적은 국가는 영국, 일본, 독일, 한국, 프랑스이다.

⑤ 8개 국가 국방예산 총액은 692+637+487+461+411+368+559+557=4,172억 원이며, 한국이 차지하는 비중은 $\frac{368}{4,172} \times 100 ≒ 8.8\%$이다.

11
정답 ③

㉠ 2020년 전체 업종 대비 상위 2개 업종이 차지하는 비율은 $\frac{40,223+5,949}{51,019} \times 100 ≒ 90.5\%$이고, 2019년 전체 업종 대비 상위 2개 업종이 차지하는 비율은 $\frac{40,874+6,047}{51,556} \times 100 ≒ 91.0\%$이므로 2019년에 비해 낮아졌다.

㉢ 2018년까지 증가했다가 이후 감소하는 것을 확인할 수 있다.

㉣ $\frac{3,079}{38,481} \times 100 ≒ 8.0\%$이므로 6% 이상이다.

오답분석

㉡ 서비스업에 종사하는 외국인근로자 수는 2020년에 2015년보다는 증가했지만 2019년보다는 오히려 감소하였다.

㉤ 제시된 자료만으로는 알 수 없다.

12
정답 ⑤

7급국이 전체 우체국 중 차지하는 비율은 2016년에 $\frac{47}{3,640} \times 100 ≒ 1.3\%$, 2019년에 $\frac{16}{3,506} \times 100 ≒ 0.5\%$로 2016년에 비해 2019년에 감소하였으므로 옳다.

오답분석

① 5급국의 수는 2016년부터 2020년까지 전년 대비 증가 − 증가 − 증가 − 감소 − 감소하였으나, 6급국의 수는 증가 − 감소 − 감소 − 증가 − 불변으로 증감 추이가 상이하다.

② 4급국 수의 2018년 전년 대비 증가율은 $\frac{138-120}{120} \times 100 = 15\%$이므로 옳지 않다.

③ 2017년 취급국의 수는 별정국의 수보다 $\frac{810-754}{754} \times 100 ≒ 7.4\%$ 더 많으므로 옳지 않다.

④ 출장소 수 대비 군우국 수의 비율은 2018년에 $\frac{21}{104} \times 100 ≒ 20.2\%$, 2019년에 $\frac{21}{100} \times 100 = 21\%$로 2019년에 전년 대비 증가하였으므로 옳지 않다.

13
정답 ⑤

2022년 가입자당 월평균 수신료가 가장 높은 방송사는 T사로 8,339원이며, 가장 낮은 방송사는 M사의 4,552원이므로 그 차이는 3,787원이다.

14 정답 ③

(A) : $\dfrac{147,152,697}{838,268,939} \times 100 ≒ 17.6\%$

(B) : $\dfrac{80,374,802}{838,268,939} \times 100 ≒ 9.6\%$

(C) : $137,441,060 \div 90,539 ≒ 152$만 원

15 정답 ①

청바지와의 괴리율 차이는 37.2%이고, 운동복의 괴리율 차이는 40%로 운동복의 괴리율 차이가 더 크다.

오답분석

② 할인가 판매제품 수가 정상가 판매제품 수보다 많은 품목은 세탁기, 유선전화기, 기성신사복, 진공청소기, 가스레인지, 무선전화기, 오디오세트, 정수기로 총 8개이다.

③ 할인가 판매제품 수와 정상가 판매제품 수의 차이가 가장 큰 품목은 라면으로, 30개 차이가 난다.

④ 괴리율이 클수록 권장소비자가격과 판매가격(정상가격 또는 할인가격)의 차이가 큰 것이다. 따라서 세탁기가 23.1%로 가장 크고, 기성숙녀복이 3.0%로 가장 작다.

⑤ 할인가 판매 시 괴리율이 40%가 넘는 품목은 운동복과 청바지 2개이다.

16 정답 ④

ㄴ. 미국 크루즈 방한객 수 대비 미국의 한국발 크루즈 탑승객 수의 비율은 $\dfrac{14,376}{15,462} \times 100 ≒ 93.0\%$이다.

ㄹ. 영국의 한국발 크루즈 탑승객의 수는 일본의 한국발 크루즈 탑승객의 수의 $\dfrac{7,976}{54,273} \times 100 ≒ 14.7\%$이므로 옳다.

오답분석

ㄱ. 전체 크루즈 방한객 수의 순위는 중국, 필리핀, 일본 순서이지만, 한국발 크루즈 탑승객 수의 국가별 순위는 중국, 일본, 미국 순서이므로 다르다.

ㄷ. 필리핀의 한국발 크루즈 탑승객의 수는 기타로 분류되어 있으므로 최대일 때의 인원은 7,976명인 영국보다 1명이 적은 7,975명이다. 따라서 필리핀의 크루즈 방한객 수는 필리핀의 한국발 크루즈 탑승객 수의 최소 $\dfrac{60,861}{7,975} ≒ 7.63$배이다. 필리핀의 한국발 크루즈 탑승객의 수가 7,975명보다 작을수록 그 배수는 더 높아질 것이므로, 최소 7.63배 이상임을 알 수 있다.

17 정답 ②

ㄱ. $2,141 \times 1.3 ≒ 2,783 < 2,925$이므로 옳다.

ㄷ. 2023년 4월 미국인 제주도 관광객 수는 2,056명으로 2022년 4월 홍콩인 제주도 관광객 수의 35%인 $6,066 \times 0.35 ≒ 2,123$명보다 적으므로 옳다.

오답분석

ㄴ. 제시된 자료는 2023년 4월의 전년 대비 증감률에 대한 것이므로, 2023년 3월과 4월을 비교할 수 없다.

ㄹ. 기타를 제외한 2023년 4월 제주도 관광객이 전년 동월 대비 25% 이상 감소한 아시아 국가는 홍콩, 싱가포르, 말레이시아, 인도네시아 4개국이다.

18 정답 ③

(단위 : 천 명, %)

구분	10세 미만	10 ~ 19세	20 ~ 29세	30 ~ 39세
증감	-12	-11	-11	-8
증감률	-7.8	-4.1	-5	-3.8
구분	40 ~ 49세	50 ~ 59세	60 ~ 69세	70세 이상
증감	-30	-7	-17	25
증감률	-8.2	-1.2	-2.4	3.6

19 정답 ①

2022년 11월과 12월의 가입 금액이 자료보다 낮다.

20 정답 ②

광주, 울산, 제주 지역 모두 초등학교 수와 중학교 수의 수치가 바뀌었다.

01	02	03	04	05	06	07	08	09	10
④	④	③	②	①	④	①	①	③	④
11	12	13	14	15	16	17	18	19	20
④	②	④	③	③	①	④	②	②	③

01 정답 ④

나열된 수를 각각 A, B, C라고 하면 다음 규칙이 성립한다.

$A \ B \ C \rightarrow A \times B = -2C$

따라서 ( ) $= 7 \times 4 \times \left(-\dfrac{1}{2}\right) = -14$이다.

02 정답 ④

첫 번째 날 또는 일곱 번째 날에 총무부 소속 팀이 봉사활동을 하게 될 확률은 1에서 마케팅 소속 팀이 첫 번째 날과 일곱 번째 날에 봉사활동을 반드시 하는 확률을 뺀 것과 같다.

마케팅부 소속 5팀과 총무부 소속 2팀을 첫 번째 날부터 일곱 번째 날까지 배치하는 경우의 수는 $\dfrac{7!}{5! \times 2!} = 21$가지이다.

마케팅부 소속 5팀 중 첫 번째 날과 일곱 번째 날에 봉사활동을 할 팀을 배치하는 경우의 수는 두 번째 날부터 여섯 번째 날까지 마케팅부 소속 3팀과 총무부 소속 2팀을 배치하는 경우의 수이므로 $\dfrac{5!}{3! \times 2!} = 10$가지이다.

따라서 첫 번째 날 또는 일곱 번째 날에 총무부 소속 팀이 봉사활동을 하게 될 확률은 $1 - \dfrac{10}{21} = \dfrac{11}{21}$이다.

03 정답 ③

제시된 수열은 분모가 $2^2 + 4$, $3^2 + 4$, $4^2 + 4$, $5^2 + 4$, $\cdots$ 이고, 정수 부분과 분자가 $+1$씩 증가하는 수열이다.

따라서 ( ) $= (1+1)\dfrac{4+1}{3^2+4} = 2\dfrac{5}{13}$이다.

04 정답 ②

서울에서 부산까지 무정차로 걸리는 시간을 x시간이라고 하자.

$x = \dfrac{400}{120} = \dfrac{10}{3} \rightarrow$ 3시간 20분

9시에 출발해 13시 10분에 도착했으므로 걸린 시간은 총 4시간 10분이다. 무정차 시간과 비교하면 50분이 더 걸렸고, 역마다 정차하는 시간은 10분이므로 정차한 역의 수는 $50 \div 10 = 5$개이다.

05 정답 ①

제시된 수열은 정수 부분이 $+2$, $+4$, $+6$, $+8$, $\cdots$ 씩 증가하고, 소수 부분이 $+0.03$, $+0.06$, $+0.09$, $+0.12$, $\cdots$ 씩 증가하는 수열에서 홀수 번째 항이 음수인 수열이다.

따라서 ( ) $= -[(27+8) + (0.33+0.12)] = -35.45$이다.

06 정답 ④

같은 시간 동안 혜영이와 지훈이의 이동거리의 비가 $3:4$이므로 속력의 비 또한 $3:4$이다. 이를 바탕으로 혜영이의 속력을 x/min이라 하면 지훈이의 속력은 $\dfrac{4}{3}x/\text{min}$이다. 또한 같은 지점에서 같은 방향으로 출발하여 다시 만날 때 두 사람의 이동거리의 차이는 1,800m이다.

$\dfrac{4}{3}x \times 15 - x \times 15 = 1,800$

$\rightarrow 5x = 1,80$

$\therefore x = 360\text{m}$

따라서 혜영이가 15분 동안 이동한 거리는 $360 \times 15 = 5,400$m이고 지훈이가 15분 동안 이동한 거리는 $480 \times 15 = 7,200$m이므로 두 사람의 이동거리의 합은 12,600m이다.

07 정답 ①

제시된 수열은 정수 부분이 $+1$, $+2$, $+3$, $\cdots$ 씩 증가하고, 분자는 $+3$씩 증가하고, 분모는 앞의 항의 분모의 $\times 2 - 6$씩 증가하는 수열이다.

따라서 ( ) $= (3+2)\left(\dfrac{8+3}{12 \times 2 - 6}\right) = 5\dfrac{11}{18}$ 이다.

08 정답 ①

3월의 남성 고객 개통 건수를 x건, 여성 고객 개통 건수를 y건이라고 하자.

3월 전체 개통 건수는

$x + y = 400 \cdots$ ㉠

4월 전체 개통 건수는

$(1-0.1)x + (1+0.15)y = 400(1+0.05) \cdots$ ㉡

이를 정리하면 다음과 같다.

$x + y = 400 \cdots$ ㉠

$0.9x + 1.15y = 420 \cdots$ ㉡'

㉠, ㉡'을 연립하면 $x = 160$, $y = 240$이다.

따라서 4월 여성 고객의 개통 건수는 $1.15y = 1.15 \times 240 = 276$건이다.

09 정답 ③

제시된 수열은 앞의 항에 $+(0.5)^2$, $-(0.6)^2$, $+(0.7)^2$, $-(0.8)^2$, $\cdots$ 을 하는 수열이다.

따라서 ( ) $= 11.33 + 1.3^2 = 11.33 + 1.69 = 13.020$이다.

10
정답 ④

빈자리가 있는 버스는 없으므로 한 대에 45명씩 n대 버스에 나누어 탈 때와 한 대에 40명씩 $(n+2)$대 버스에 나누어 탈 때의 전체 학생 수는 같아야 한다.

$45n=40(n+2)$

$\rightarrow 5n=80$

$\therefore n=16$

따라서 학생 수는 $16\times45=720$명이다.

11
정답 ④

제시된 수열은 앞의 항에 -1.25, $\times3$, -1.25, $\times3$, … 을 반복하는 수열이다.

따라서 ( )$=1.57\times3=4.71$이다.

12
정답 ②

농도 5%의 소금물 400g에 들어있는 소금의 양은 $\dfrac{5}{100}\times400=20$g이다. 증발시키면 소금의 양은 그대로이고 소금물의 양과 농도만 변화하므로 식을 세우면 다음과 같다.

$\dfrac{10}{100}\times(400-x)=20$

$\therefore x=200$

따라서 200g의 물을 증발시켜야 한다.

13
정답 ④

제시된 수열은 앞의 항에 $\times3$, $\div2$, $\times3$, $\div2$를 반복하는 수열이다.

따라서 ( )$=46.08\div2=23.04$이다.

14
정답 ③

집에서 회사까지의 거리를 $x$km라 하자.

$\dfrac{x}{16}-\dfrac{x}{40}=\dfrac{45}{60}$

$\rightarrow 3x=60$

$\therefore x=20$

따라서 집에서 회사까지의 거리는 20km이므로 집에서 회사까지 자전거를 타고 가는 데 걸리는 시간은 $\dfrac{20}{16}\times60=75$분이다.

15
정답 ③

전개도를 접어 입체도형을 만들었을 때 마주보는 면에 적혀 있는 수의 합이 일정한 규칙이다. 왼쪽 전개도부터 마주보는 면의 숫자의 합이 각각 6, 8, 10이므로 물음표에 들어갈 숫자는 $10-2=8$이다.

16
정답 ①

시침은 1시간에 30°, 1분에 0.5°씩 움직이고, 분침은 1분에 6°씩 움직인다.

현재 시간이 7시 20분이므로

• 시침이 움직인 각도 : $30\times7+0.5\times20=210+10=220°$

• 분침이 움직인 각도 : $6\times20=120°$

따라서 7시 20분의 작은 각의 각도는 (시침의 각도)-(분침의 각도)이므로 $220-120=100°$이다.

17
정답 ④

앞의 항에 $\times(-4)$, -6이 반복되는 수열이다.

따라서 ( )$=(-456)-6=-462$이다.

18
정답 ②

• 어른들이 원탁에 앉는 경우의 수 : $(3-1)!=2$가지

• 어른들 사이에 아이들이 앉는 경우의 수는 $3!=6$가지

따라서 원탁에 앉을 수 있는 모든 경우의 수는 $2\times6=12$가지이다.

19
정답 ②

앞의 항에 2×3^n을 더해 다음 항을 구하는 수열이다(n은 앞의 항의 순서). 즉, 더해지는 값이 $+6$, $+18$, $+54$, $+162$, … 인 수열이다.

따라서 ( )$=-76-6=-82$이다.

20
정답 ③

삼각형 내부의 숫자와 외부의 숫자의 합이 같다.

따라서 물음표에 들어갈 숫자는 15이다.

LG그룹 온라인 적성검사 OMR 답안카드

고사장

성 명

수험번호

감독위원 확인

(인)

언어이해

1	①	②	③	④	⑤
2	①	②	③	④	⑤
3	①	②	③	④	⑤
4	①	②	③	④	⑤
5	①	②	③	④	⑤
6	①	②	③	④	⑤
7	①	②	③	④	⑤
8	①	②	③	④	⑤
9	①	②	③	④	⑤
10	①	②	③	④	⑤
11	①	②	③	④	⑤
12	①	②	③	④	⑤
13	①	②	③	④	⑤
14	①	②	③	④	⑤
15	①	②	③	④	⑤
16	①	②	③	④	⑤
17	①	②	③	④	⑤
18	①	②	③	④	⑤
19	①	②	③	④	⑤
20	①	②	③	④	⑤

언어추리

1	①	②	③	④	⑤
2	①	②	③	④	⑤
3	①	②	③	④	⑤
4	①	②	③	④	⑤
5	①	②	③	④	⑤
6	①	②	③	④	⑤
7	①	②	③	④	⑤
8	①	②	③	④	⑤
9	①	②	③	④	⑤
10	①	②	③	④	⑤
11	①	②	③	④	⑤
12	①	②	③	④	⑤
13	①	②	③	④	⑤
14	①	②	③	④	⑤
15	①	②	③	④	⑤
16	①	②	③	④	⑤
17	①	②	③	④	⑤
18	①	②	③	④	⑤
19	①	②	③	④	⑤
20	①	②	③	④	⑤

자료해석

번호	①	②	③	④	⑤
1	①	②	③	④	⑤
2	①	②	③	④	⑤
3	①	②	③	④	⑤
4	①	②	③	④	⑤
5	①	②	③	④	⑤
6	①	②	③	④	⑤
7	①	②	③	④	⑤
8	①	②	③	④	⑤
9	①	②	③	④	⑤
10	①	②	③	④	⑤
11	①	②	③	④	⑤
12	①	②	③	④	⑤
13	①	②	③	④	⑤
14	①	②	③	④	⑤
15	①	②	③	④	⑤
16	①	②	③	④	⑤
17	①	②	③	④	⑤
18	①	②	③	④	⑤
19	①	②	③	④	⑤
20	①	②	③	④	⑤

창의수리

번호	①	②	③	④	⑤
1	①	②	③	④	⑤
2	①	②	③	④	⑤
3	①	②	③	④	⑤
4	①	②	③	④	⑤
5	①	②	③	④	⑤
6	①	②	③	④	⑤
7	①	②	③	④	⑤
8	①	②	③	④	⑤
9	①	②	③	④	⑤
10	①	②	③	④	⑤
11	①	②	③	④	⑤
12	①	②	③	④	⑤
13	①	②	③	④	⑤
14	①	②	③	④	⑤
15	①	②	③	④	⑤
16	①	②	③	④	⑤
17	①	②	③	④	⑤
18	①	②	③	④	⑤
19	①	②	③	④	⑤
20	①	②	③	④	⑤

※ 본 답안카드는 마킹연습용 모의 답안카드입니다.

LG그룹 온라인 적성검사 OMR 답안카드

언어이해

번호	1	2	3	4	5
1	①	②	③	④	⑤
2	①	②	③	④	⑤
3	①	②	③	④	⑤
4	①	②	③	④	⑤
5	①	②	③	④	⑤
6	①	②	③	④	⑤
7	①	②	③	④	⑤
8	①	②	③	④	⑤
9	①	②	③	④	⑤
10	①	②	③	④	⑤
11	①	②	③	④	⑤
12	①	②	③	④	⑤
13	①	②	③	④	⑤
14	①	②	③	④	⑤
15	①	②	③	④	⑤
16	①	②	③	④	⑤
17	①	②	③	④	⑤
18	①	②	③	④	⑤
19	①	②	③	④	⑤
20	①	②	③	④	⑤

언어추리

번호	1	2	3	4	5
1	①	②	③	④	⑤
2	①	②	③	④	⑤
3	①	②	③	④	⑤
4	①	②	③	④	⑤
5	①	②	③	④	⑤
6	①	②	③	④	⑤
7	①	②	③	④	⑤
8	①	②	③	④	⑤
9	①	②	③	④	⑤
10	①	②	③	④	⑤
11	①	②	③	④	⑤
12	①	②	③	④	⑤
13	①	②	③	④	⑤
14	①	②	③	④	⑤
15	①	②	③	④	⑤
16	①	②	③	④	⑤
17	①	②	③	④	⑤
18	①	②	③	④	⑤
19	①	②	③	④	⑤
20	①	②	③	④	⑤

자료해석

번호	1	2	3	4	5
1	①	②	③	④	⑤
2	①	②	③	④	⑤
3	①	②	③	④	⑤
4	①	②	③	④	⑤
5	①	②	③	④	⑤
6	①	②	③	④	⑤
7	①	②	③	④	⑤
8	①	②	③	④	⑤
9	①	②	③	④	⑤
10	①	②	③	④	⑤
11	①	②	③	④	⑤
12	①	②	③	④	⑤
13	①	②	③	④	⑤
14	①	②	③	④	⑤
15	①	②	③	④	⑤
16	①	②	③	④	⑤
17	①	②	③	④	⑤
18	①	②	③	④	⑤
19	①	②	③	④	⑤
20	①	②	③	④	⑤

창의수리

번호	1	2	3	4	5
1	①	②	③	④	⑤
2	①	②	③	④	⑤
3	①	②	③	④	⑤
4	①	②	③	④	⑤
5	①	②	③	④	⑤
6	①	②	③	④	⑤
7	①	②	③	④	⑤
8	①	②	③	④	⑤
9	①	②	③	④	⑤
10	①	②	③	④	⑤
11	①	②	③	④	⑤
12	①	②	③	④	⑤
13	①	②	③	④	⑤
14	①	②	③	④	⑤
15	①	②	③	④	⑤
16	①	②	③	④	⑤
17	①	②	③	④	⑤
18	①	②	③	④	⑤
19	①	②	③	④	⑤
20	①	②	③	④	⑤

※ 본 답안카드는 마킹연습용 모의 답안카드입니다.

고사장

성 명

수 험 번 호

⊙	①	②	③	④	⑤	⑥	⑦	⑧	⑨
⊙	①	②	③	④	⑤	⑥	⑦	⑧	⑨
⊙	①	②	③	④	⑤	⑥	⑦	⑧	⑨
⊙	①	②	③	④	⑤	⑥	⑦	⑧	⑨
⊙	①	②	③	④	⑤	⑥	⑦	⑧	⑨
⊙	①	②	③	④	⑤	⑥	⑦	⑧	⑨
⊙	①	②	③	④	⑤	⑥	⑦	⑧	⑨

감독위원 확인

(인)

LG그룹 온라인 적성검사 OMR 답안카드

언어이해

번호	①	②	③	④	⑤
1	①	②	③	④	⑤
2	①	②	③	④	⑤
3	①	②	③	④	⑤
4	①	②	③	④	⑤
5	①	②	③	④	⑤
6	①	②	③	④	⑤
7	①	②	③	④	⑤
8	①	②	③	④	⑤
9	①	②	③	④	⑤
10	①	②	③	④	⑤
11	①	②	③	④	⑤
12	①	②	③	④	⑤
13	①	②	③	④	⑤
14	①	②	③	④	⑤
15	①	②	③	④	⑤
16	①	②	③	④	⑤
17	①	②	③	④	⑤
18	①	②	③	④	⑤
19	①	②	③	④	⑤
20	①	②	③	④	⑤

언어추리

번호	①	②	③	④	⑤
1	①	②	③	④	⑤
2	①	②	③	④	⑤
3	①	②	③	④	⑤
4	①	②	③	④	⑤
5	①	②	③	④	⑤
6	①	②	③	④	⑤
7	①	②	③	④	⑤
8	①	②	③	④	⑤
9	①	②	③	④	⑤
10	①	②	③	④	⑤
11	①	②	③	④	⑤
12	①	②	③	④	⑤
13	①	②	③	④	⑤
14	①	②	③	④	⑤
15	①	②	③	④	⑤
16	①	②	③	④	⑤
17	①	②	③	④	⑤
18	①	②	③	④	⑤
19	①	②	③	④	⑤
20	①	②	③	④	⑤

자료해석

번호	①	②	③	④	⑤
1	①	②	③	④	⑤
2	①	②	③	④	⑤
3	①	②	③	④	⑤
4	①	②	③	④	⑤
5	①	②	③	④	⑤
6	①	②	③	④	⑤
7	①	②	③	④	⑤
8	①	②	③	④	⑤
9	①	②	③	④	⑤
10	①	②	③	④	⑤
11	①	②	③	④	⑤
12	①	②	③	④	⑤
13	①	②	③	④	⑤
14	①	②	③	④	⑤
15	①	②	③	④	⑤
16	①	②	③	④	⑤
17	①	②	③	④	⑤
18	①	②	③	④	⑤
19	①	②	③	④	⑤
20	①	②	③	④	⑤

창의수리

번호	①	②	③	④	⑤
1	①	②	③	④	⑤
2	①	②	③	④	⑤
3	①	②	③	④	⑤
4	①	②	③	④	⑤
5	①	②	③	④	⑤
6	①	②	③	④	⑤
7	①	②	③	④	⑤
8	①	②	③	④	⑤
9	①	②	③	④	⑤
10	①	②	③	④	⑤
11	①	②	③	④	⑤
12	①	②	③	④	⑤
13	①	②	③	④	⑤
14	①	②	③	④	⑤
15	①	②	③	④	⑤
16	①	②	③	④	⑤
17	①	②	③	④	⑤
18	①	②	③	④	⑤
19	①	②	③	④	⑤
20	①	②	③	④	⑤

※ 본 답안카드는 마킹연습용 모의 답안카드입니다.

LG그룹 온라인 적성검사 OMR 답안카드

언어이해

번호	①	②	③	④	⑤
1	①	②	③	④	⑤
2	①	②	③	④	⑤
3	①	②	③	④	⑤
4	①	②	③	④	⑤
5	①	②	③	④	⑤
6	①	②	③	④	⑤
7	①	②	③	④	⑤
8	①	②	③	④	⑤
9	①	②	③	④	⑤
10	①	②	③	④	⑤
11	①	②	③	④	⑤
12	①	②	③	④	⑤
13	①	②	③	④	⑤
14	①	②	③	④	⑤
15	①	②	③	④	⑤
16	①	②	③	④	⑤
17	①	②	③	④	⑤
18	①	②	③	④	⑤
19	①	②	③	④	⑤
20	①	②	③	④	⑤

언어추리

번호	①	②	③	④	⑤
1	①	②	③	④	⑤
2	①	②	③	④	⑤
3	①	②	③	④	⑤
4	①	②	③	④	⑤
5	①	②	③	④	⑤
6	①	②	③	④	⑤
7	①	②	③	④	⑤
8	①	②	③	④	⑤
9	①	②	③	④	⑤
10	①	②	③	④	⑤
11	①	②	③	④	⑤
12	①	②	③	④	⑤
13	①	②	③	④	⑤
14	①	②	③	④	⑤
15	①	②	③	④	⑤
16	①	②	③	④	⑤
17	①	②	③	④	⑤
18	①	②	③	④	⑤
19	①	②	③	④	⑤
20	①	②	③	④	⑤

자료해석

번호	①	②	③	④	⑤
1	①	②	③	④	⑤
2	①	②	③	④	⑤
3	①	②	③	④	⑤
4	①	②	③	④	⑤
5	①	②	③	④	⑤
6	①	②	③	④	⑤
7	①	②	③	④	⑤
8	①	②	③	④	⑤
9	①	②	③	④	⑤
10	①	②	③	④	⑤
11	①	②	③	④	⑤
12	①	②	③	④	⑤
13	①	②	③	④	⑤
14	①	②	③	④	⑤
15	①	②	③	④	⑤
16	①	②	③	④	⑤
17	①	②	③	④	⑤
18	①	②	③	④	⑤
19	①	②	③	④	⑤
20	①	②	③	④	⑤

창의수리

번호	①	②	③	④	⑤
1	①	②	③	④	⑤
2	①	②	③	④	⑤
3	①	②	③	④	⑤
4	①	②	③	④	⑤
5	①	②	③	④	⑤
6	①	②	③	④	⑤
7	①	②	③	④	⑤
8	①	②	③	④	⑤
9	①	②	③	④	⑤
10	①	②	③	④	⑤
11	①	②	③	④	⑤
12	①	②	③	④	⑤
13	①	②	③	④	⑤
14	①	②	③	④	⑤
15	①	②	③	④	⑤
16	①	②	③	④	⑤
17	①	②	③	④	⑤
18	①	②	③	④	⑤
19	①	②	③	④	⑤
20	①	②	③	④	⑤

고사장

성 명

수 험 번 호

⓪	①	②	③	④	⑤	⑥	⑦	⑧	⑨
⓪	①	②	③	④	⑤	⑥	⑦	⑧	⑨
⓪	①	②	③	④	⑤	⑥	⑦	⑧	⑨
⓪	①	②	③	④	⑤	⑥	⑦	⑧	⑨
⓪	①	②	③	④	⑤	⑥	⑦	⑧	⑨
⓪	①	②	③	④	⑤	⑥	⑦	⑧	⑨
⓪	①	②	③	④	⑤	⑥	⑦	⑧	⑨

감독위원 확인

인

2025 최신판 시대에듀 All-New LG그룹
온라인 적성검사 최종모의고사 6회분 + 무료LG특강

개정9판1쇄 발행	2025년 02월 20일 (인쇄 2024년 11월 12일)
초 판 발 행	2020년 10월 15일 (인쇄 2020년 10월 06일)
발 행 인	박영일
책 임 편 집	이해욱
편 저	SDC(Sidae Data Center)
편 집 진 행	안희선 · 윤지원
표지디자인	하연주
편집디자인	양혜련 · 장성복
발 행 처	(주)시대고시기획
출 판 등 록	제10-1521호
주 소	서울시 마포구 큰우물로 75 [도화동 538 성지 B/D] 9F
전 화	1600-3600
팩 스	02-701-8823
홈 페 이 지	www.sdedu.co.kr
I S B N	979-11-383-8277-9 (13320)
정 가	18,000원

시대에듀
대기업 인적성검사 시리즈

신뢰와 책임의 마음으로 수험생 여러분에게 다가갑니다.

대기업 인적성 "기본서" 시리즈

대기업 취업 기초부터 합격까지! 취업의 문을 여는
Master Key!

대기업 인적성 "기출이 답이다" 시리즈

역대 기출문제와 주요기업 기출문제를 한 권에! 합격을 위한
Only Way!

대기업 인적성 "봉투모의고사" 시리즈

실제 시험과 동일하게 마무리! 합격으로 가는
Last Spurt!

앞선 정보 제공! 도서 업데이트

언제, 왜 업데이트될까?

도서의 학습 효율을 높이기 위해 자료를 추가로 제공할 때!
공기업 · 대기업 필기시험에 변동사항 발생 시 정보 공유를 위해!
공기업 · 대기업 채용 및 시험 관련 중요 이슈가 생겼을 때!

01 시대에듀 도서
www.sdedu.co.kr/book
홈페이지 접속

02 상단 카테고리
「도서업데이트」
클릭

03 해당
기업명으로
검색

참고자료, 시험 개정사항 등 정보 제공으로 학습효율을 높여 드립니다.